舞弊审计研究

WUBI SHENJI YANJIU

崔　奇◎著

EMPH 企业管理出版社
ENTERPRISE MANAGEMENT PUBLISHING HOUSE

图书在版编目（CIP）数据

舞弊审计研究 / 崔奇著 . —北京：企业管理出版社，2022.12
ISBN 978-7-5164-2774-3

Ⅰ. ①舞… Ⅱ. ①崔… Ⅲ. ①审计 – 研究 – 中国 Ⅳ. ① F239.22

中国版本图书馆 CIP 数据核字（2022）第 238036 号

书　　名：舞弊审计研究
书　　号：ISBN 978-7-5164-2774-3
作　　者：崔　奇
策划编辑：蒋舒娟
责任编辑：刘玉双
出版发行：企业管理出版社
经　　销：新华书店
地　　址：北京市海淀区紫竹院南路 17 号　　**邮编**：100048
网　　址：http://www.emph.cn　　**电子信箱**：metcl@126.com
电　　话：编辑部（010）68420309　　发行部（010）68701816
印　　刷：北京虎彩文化传播有限公司
版　　次：2022 年 12 月第 1 版
印　　次：2022 年 12 月第 1 次印刷
规　　格：700mm × 1000mm　1/16
印　　张：23 印张
字　　数：340 千字
定　　价：88.00 元

前　言

资本市场的舞弊行为从未停止过，从国际背景看，财务舞弊及其治理已经成为一个全球性的难题。美国在第二次世界大战之前就屡屡有舞弊案件发生。到了 20 世纪后半叶，公众公司财务欺诈和财务舞弊的频率及其规模都急剧增加。进入 21 世纪以来，财务舞弊更是成为全球资本市场关注的焦点，以美国为例，2001 年，美国安然公司（Enron）向美国证券交易委员会（SEC）承认在 1997—2001 年间虚报利润，隐瞒负债高达 110 亿美元。此后不久，施乐、世界通信公司等知名公司的财务舞弊相继曝光，使整个资本市场都笼罩在财务舞弊的浓重阴影之中。这些舞弊案直接促使美国国会通过自 1934 年以来最为严厉的上市公司监管法案——《萨班斯－奥克斯利法案》。2008 年由美国次贷危机引发的金融危机在一定程度上也可以说是财务舞弊的结果。以雷曼兄弟公司为例，一个有近百年历史的投资银行最终难逃轰然崩塌的厄运，成为目前为止美国历史上最大的破产案。其破产的原因在于持有公司大量股票的管理层和员工疯狂投机，而不考虑其他股东的利益。因而美国政府和监管部门在极力挽救金融危机的同时，都将法律之剑直指这类金融公司管理层的财务舞弊行为。

在发展中国家，由于证券市场的不完善和法律监管机制的不健全等因素，资本市场的财务舞弊行为较发达国家更加盛行。我国自建立证券市场以来，上市公司的舞弊行为就层出不穷。较早的重大舞弊案是 1996 年的琼民源财务造假案，其后红光实业、蓝田股份、银广夏、郑百文、科龙等发生的一系列上市公司舞弊案陆续被证券监管部门查处并引起了社会各界的持续关注，其中银广夏舞弊案无疑是最具典型意义的案例，对我国资本市场的影响也尤为深远。2013 年 3 月，中国证券监督管理委员会（以下简称中国证监会）公布了历时两年多调查的绿大地 IPO 欺诈上市案的结果，再次引发资本市场的震动。此案作为中小板民营上市公司欺诈上市第一案，与银广夏舞弊案相距 12 年，但两案在舞弊金额、舞弊手法及外部审计情况等方面都有着惊人的相似之处，相关的中介机构，如证券保荐机构、律师事务所及会计师事务所和注册会计师都受到有史以来最为严厉的惩罚。随着我国法律制度的完善，资本市场的监管日益严格，对投资者尤其是中小股东利益的保护日益加强，资本市场的舞弊行为似乎有所收敛，但近几年，舞弊又有回潮之势。2016 年的欣泰电器舞弊案、2017 年的九好集团虚假重组案、2018 年的康美药业舞弊案、2019 年抚顺特钢财务舞弊案等都引发了资本市场的震动。在监管日益严格的情况下，仍然出现这样严重的财务欺诈舞弊案，不能不发人深省。

相比于资本市场财务舞弊的盛行，舞弊的防范与治理工作却显得相对滞后。现代独立审计制度是为了防止财务舞弊或财务欺诈而出现的，但调查发现，由注册会计师发现的舞弊案并不多，这说明独立审计未能起到有效揭示舞弊的作用，其原因有很多，不仅与经济业务处理的复杂性、舞弊手段的多样性和舞弊者蓄谋实施并精心掩盖有关，也与注册会计师的执业能力、道德水准、审计技术与策略密切相关。财务舞弊不仅危及资本市场的正常运作与资源优化配置，更为严重的是影响了审计行业的公信力乃至整个社会信用体系，对于我国尚不成熟的资本市场来说，其破坏力是不言而喻的。进入 21 世纪以来，我国审计界亦开始关注虚假财务报告和舞弊审计的研究，注册会计师的执业准则经历了 2006 年、2010 年和 2016 年等数次修订，已经与国际审计准则高度接轨。中国会计学会、中国审计学会、中国注册会计师协会等机构相继设立了课题进行专门研究，如何有效识别和治理舞弊，充分发挥独立审计在治理舞弊中的作用，已经成为审计界研究的重要课题之一。

目前，国内外关于舞弊的研究主要集中于三个方面：一是舞弊形成的动因分析；二是舞弊的识别研究；三是舞弊的防范与治理研究。这三个方面有着密切的逻辑关系，动因分析是识别和防范与治理研究的基础，识别研究是为了更好地防范与治理，最终达到抑制舞弊的目的，为投资者、债权人、政府机构等有关信息使用者提供真实、可靠、公允的高质量的会计信息。国外关于舞弊动因的研究成果主要有冰山理论、三角理论、GONE 理论、风险因子理论等，本书主要应用三角理论，结合我国的制度背景和环境因素，对我国上市公司的舞弊行为进行分析。对于舞弊的识别，本书主要涉及红旗标志、财务指标、公司战略特征、特殊交易事项和内幕交易等几个方面。对于舞弊的治理，目前的研究多采用案例研究法，通过对上市公司舞弊行为的原因和手段进行分析，提出一些宏观的治理措施或对舞弊行为及注册会计师的违规行为提出惩罚措施。随着审计准则对注册会计师揭示舞弊的责任规定的变化，以及公众对注册会计师揭示舞弊期望的不断提高，现代审计俨然就是舞弊审计。本书从独立审计的视角来探究财务舞弊产生的原因和识别的方法，提出舞弊审计的概念框架，明确舞弊审计中注册会计师必须遵守的职业行为规范，并对舞弊审计的方法及注册会计师查找与揭示舞弊的技术策略进行系统研究。

在上述研究的基础上，本书提出了如下观点。一是资本市场的舞弊行为从现实的角度来说是无法根除的，正因如此，独立审计作为防范财务舞弊的最后一道防线，其执业的质量及揭示舞弊的有效性在舞弊治理中的重要性日益凸显。二是随着经济业务的日益复杂多元，财务舞弊也日益呈现出动机复杂化、手段多样化、规模扩大化、舞弊链条系统化的特征，舞弊的防范与治理压力空前加大，审计的难度和审计风险也空前加大。舞弊行为的不断变化也促使审计理念、技术及策略不断创新。三是舞弊审计事关审计技术，却绝不是单纯依靠审计技术能解决的。舞弊审计更强调一种思维，注册会计师只有在舞弊审计中时刻保持职业怀疑，运用职业判断去分析所有可能的舞弊风险因素，才能恰当评估舞弊风险，有效履行揭示舞弊的责任。为了适应舞弊审计的要求，除了要改变审计理念，确立舞弊导向的审计思维，更重要的是注册会计师要恪守职业道德，确保独立审计灵魂——独立性的真实存在。没有独立性的审计只能是形式审计，审计质量的提高、公众利益的保护、资本市场的健康发展都将无从谈起。

本书作者一直致力于审计理论、上市公司财务舞弊、财务信息质量分析、舞弊审计等方面的研究，本书的写作得到了很多老师、同事和朋友的鼓励，在此表示衷心的感谢。由于个人能力及水平有限，研究可能存在许多不足之处，诚请各位专家、同行批评指正。

崔奇

2022 年 8 月

目　录

第 1 章

导　论

资本市场掀起的一次次舞弊浪潮使得舞弊治理成为世界范围内的一个难题，不仅发展中国家的舞弊层出不穷，资本市场发育成熟、监管严格的发达国家同样存在严重的舞弊行为。舞弊不仅侵害了报告使用者的利益，给投资者造成巨大损失，而且破坏了证券市场赖以生存和发展的信用基础，引发证券市场前所未有的信用危机，严重影响了证券市场在优化资源配置中的重要作用和市场经济的健康发展。因此，在舞弊规模不断扩大，舞弊的后果越来越广泛地影响整个社会的现实背景下，防范和治理舞弊成为各国政府监管部门、广大投资者和独立审计市场关注的焦点，也成为审计职业界和学术界研究的重点。

1.1 研究背景

1.1.1 舞弊与反舞弊成为全球资本市场关注的焦点

舞弊可以说是资本市场的顽疾，无论如何防范和治理，都从未能使其消失过。二十世纪二三十年代出现的公司财务舞弊风暴导致纽约股市崩溃，世界经济倒退几十年，在第二次世界大战之前屡屡有舞弊案件发生，到了20世纪后半叶，财务欺诈和舞弊的频率及规模都急剧增加。进入21世纪后，全球资本市场再一次掀起舞弊浪潮。以美国为例，2001年，美国安然公司（Enron）向美国证券交易委员会（SEC）承认在1997—2001年间虚报利润，并且隐瞒负债高达110亿美元。安然事件直接导致当时“五大”之一的安达信覆灭。随后不久，涉及施乐、世界通信、默克制药等知名公司的财务舞弊案相继曝光，使整个资本市场都笼罩在财务报告舞弊的浓重阴影之中。

在发展中国家，由于证券市场的不完善和法律监管机制的不健全等因素，上市公司舞弊行为较发达国家更加盛行。我国上市公司的财务舞弊也是层出不穷。较早的重大舞弊案是1996年的琼民源财务造假案，其后红光实业、蓝田股份、银广夏、郑百文、科龙等发生的一系列上市公司舞弊案陆续被证券监管部门查处并引起社会各界的持续关注，其中银广夏舞弊案无疑是最具典型意义的案例，对我国资本市场的影响也尤为深远。2006年，上海国家会计学院财务舞弊研究中心发布了2005年度十大现金舞弊案、十大财务舞弊案、二十大掏空上市公司案等三大榜单。2009年，五粮液在其公告中承认其在2007年虚增营业收入10亿元。2013年，绿大地IPO欺诈上市案以及万福生科、紫光古汉等财务舞弊案再次引发资本市场的震动。随着我国法律制度的完善，资本市场的监管日益严格，对投资者尤其是中小股东利益的保护日益加强，资本市场的舞弊行为似乎有所收敛，但近几年，舞弊又有回潮之势。2016年的欣泰电器舞弊案、2017 年的九好集团虚假重组案、2018 年的康美药业舞弊案、2019 年抚顺特钢财务舞弊案等都一次次引发资本市场的震动。在市场监管日益严格的情况下，仍然出现这样严重的欺诈舞弊案，不能不发人深省。

这些舞弊案不仅严重影响了资本市场在优化资源配置中的重要作用和市场经济的健康发展，而且破坏了资本市场赖以生存和发展的信用基础，引发前所未有的信用危机。舞弊与反舞弊成为全球资本市场关注的焦点。

1.1.2 公众的期望使揭示舞弊成为注册会计师的主要责任

从独立审计产生开始，注册会计师便被赋予了揭露舞弊的历史使命。但是在审计发展过程中，注册会计师是否承担揭露舞弊的责任以及如何面对这一责任，审计界对此的态度却一直处于变化之中。

在独立审计发展初期，社会公众和审计职业界均认为揭示舞弊是财务报表审计的主要目标，如早期的蒙哥马利的《审计学》列示了审计的三大目标，其中第一项就是侦查舞弊。

20 世纪 40 年代以后，审计职业界的态度发生了明显变化，审计师更倾向于认为在财务报表审计中，揭示舞弊只是目的之一，而不是全部责任。

20 世纪 60 年代以来，随着管理舞弊的日益增多，社会对审计的需求不断增加，公众对注册会计师揭示舞弊的期望、对注册会计师承担揭露舞弊责任的呼声越来越高。

美国的注册会计师在 20 世纪 70 年代陷入前所未有的诉讼浪潮之中，当时的八大会计师事务所均面临繁多的民事诉讼，许多会计师事务所都承担了巨额的经济损失，这引发了独立审计师对舞弊审计的重视。

1978 年美国成立了审计责任委员会，这个委员会的报告中提到：“多数审计师把揭发舞弊视为次要目的。对此，包括很有见识的财务报告利用者在内的社会大众都把揭发舞弊看成审计必要的和重要的目的。”

长期以来，审计职业界常常利用审计工作的局限性进行辩解，但事实是，独立审计承担着天然的社会责任，如果审计人员对查找和揭示舞弊都不能承担足够的社会责任，社会公众还能从审计人员那里得到什么呢?

20世纪80年代，美国公众公司的舞弊、破产事件及其独立审计的失败事件接连不断，人们对注册会计师的失望有增无减，投资大众强烈要求注册会计师查出经营者的舞弊行为（主要是虚假的财务报告舞弊）。

美国注册会计师协会（AICPA）成立的科恩委员会的研究结果表明，社会公众（包括财务报表使用者）认为：审计人员应对舞弊行为的揭露以及关于被审计企业管理人员欺诈和违法行为的报告负有更大的责任，而且应向有关利害关系方详尽报告审计过程的发现。

因此，在现代审计阶段，查找并揭示舞弊是注册会计师不容回避的社会责任。

1.1.3 国内外审计准则的修订不断强化注册会计师揭示舞弊的责任

从国内外独立审计准则的演进及审计实务的发展来看，查找和揭示舞弊从来都是注册会计师的主要责任，而且不断得到强化。

美国AICPA从20世纪70年代开始，为了应对财务报表舞弊审计的需要，对有关舞弊审计准则不断做出相应调整，形成了美国舞弊审计准则的四次变迁。其首次制度变迁（1977年）即实现了由不承认注册会计师在财务报表审计中负有舞弊审计的责任，转变为承认并认同注册会计师负有审计舞弊的责任，这种根本性立场与观念的转变对整个独立审计界产生了深远的影响。其后的三次制度变迁在提升注册会计师舞弊审计的效果、保证实施的审计程序能够查出重大性质的舞弊等方面做出了一系列富有成效的改进。安然事件后，AICPA于2002年10月发布了新准则SAS No.99《财务报表审计中对舞弊的关注》，围绕注册会计师如何提高发现舞弊的能力、应在多大程度上承担发现舞弊的责任等方面进行了重大修改，正式承认注册会计师在审计中对揭示舞弊的责任。2004年2月，国际会计师联合会（IFAC）下属的国际审计与鉴证准则委员会（IAASB）颁布了《国际审计准则第240号——审计师在财务报表审计中对舞弊考虑的责任》，取代了2002年颁布的《国际审计准则第240号——审计师在财务报表审计中对错误和舞弊考虑的责任》，目的就是提高注册会计师执行财务报告审计时发现和揭露公司财务舞弊的能力，并在进一步提升职业怀疑精神、积累识别舞弊的经验、规定风险评估程序、扩大询问和了解的范围、强调了解舞弊环境的重要性、加强对舞弊导致的重大错报风险的识别和评估、对舞弊导致的重大错报风险的具体反应方式和做出反应的审计程序及对审计证据的评价等方面凸显关于舞弊审计责任的规定的新变化。

在我国资本市场经历了1993—2003年的重大舞弊案集中爆发期后，我国审计界亦开始关注虚假财务报告和舞弊审计的研究，注册会计师的执业准则也在经历了2006年、2010年、2016年多次修订后实现与国际审计准则高度接轨。在《中国注册会计师审计准则第1141号——财务报表审计中与舞弊相关的责任》中，不仅对注册会计师在财务报表审计中与舞弊相关的责任进行了规范，明确被审计单位治理层和管理层对防止或发现舞弊负有主要责任，同时也对注册会计师发现和报告舞弊的责任做出了明确的规定。审计准则也以积极的姿态，设定了注册会计师发现舞弊的责任，明确地指出舞弊与财务报表错报之间的固有联系。由于舞弊通常会导致财务报表重大错报，合理保证发现导致财务报表重大错报的舞弊就不是注册会计师的分外之事，而是应尽职责。

1.1.4 遵守审计职业规范与制定有效的审计策略成为舞弊审计的关键

从现实的角度来看，在充满利益诱惑而又千变万化的资本市场中根除舞弊行为几乎是不可能的，因此，资本市场的舞弊与反舞弊也必将是一个永恒的研究课题。在舞弊审计中，注册会计师掌握规范的审计技术与审计策略是有效揭示舞弊、防范审计失败、提高审计质量和维护行业声誉的关键。这基于以下两个因素的考虑。

1. 与财务舞弊相关联的审计失败后果非常严重

独立审计是市场经济监督体系中不可缺少的机制之一，资本市场的发展促进了注册会计师行业的快速发展。上市公司涉及的经济利益主体最多，因此也是注册会计师最能也最应该发挥作用、担负起“经济警察”的监督责任的领域。但是注册会计师行业在蓬勃发展的同时，其中存在的问题也通过大量质量低下的审计报告反映出来。资本市场舞弊狂潮一再掀起，而且几乎每一个舞弊案同时也是一个典型的审计失败案。审计失败对整个证券市场的根本性冲击是打击了投资者的信心，导致经济资源的不合理配置，证券市场赖以生存和发展的信用基础和“公开、公平、公正”的原则受到极大的破坏。实证研究数据表明，财务舞弊案与审计失败案共同使证券市场资源配置功能发生了较大幅度的下降，也使注册会计师行业面临前所未有的诚信危机。

2. 风险导向审计在应对舞弊方面存在局限性

现代风险导向审计强调审计风险主要来源于客户会计报表的错报风险，而客户会计报表的错报风险主要来源于整个企业的战略风险和经营风险。因此，现代风险导向审计是以客户的经营风险为导向，运用战略管理的行业组织模型与资源基础模型分析客户内外部经营风险及其对审计的影响。这一方法要求注册会计师分析客户的重要战略风险以及重大交易类别，从而确定关键经营环节，再对关键经营环节进行分析，从而得出关于剩余风险的结论，并根据剩余风险推导出具体审计目标以及相应的实质性测试方案，再执行实质性测试，从而完成审计工作。但是，这种以客户经营风险分析为导向的审计模式被认为是会计师事务所和注册会计师不顾财产所有者和社会公众的利益而采取的明哲保身的做法，从根本上改变了独立审计的本质，极易诱发注册会计师的道德风险。而且在实务中，风险导向审计也始终缺乏具体的操作指引，风险评估的准确性并不高，尤其是难以发现管理层绕过内部控制实施舞弊的风险。在安然公司、世界通信公司等财务报告舞弊丑闻曝光后，国际会计公司对风险导向审计进行了反思，在很大程度上又退回到原来的审计方法论，风险导向审计在应对舞弊方面存在的缺陷和障碍使其在实务应用中出现困境。

上述背景促成了舞弊审计概念的提出，舞弊审计的概念强调在整个审计过程中，在遵循执业准则和职业道德的前提下，注册会计师应当始终保持职业谨慎和职业怀疑态度，充分运用职业判断，识别舞弊信号并准确评估舞弊风险，运用适当的审计方法与技术设计个性化审计程序查找并揭示舞弊，这样，审计策略的制定和审计技术的应用就成为决定舞弊审计目标实现的关键。

1.2 研究意义

在舞弊与反舞弊成为全球资本市场关注和研究的焦点的国际背景下，研究资本市场财务舞弊的形成规律，规范独立审计准则对舞弊行为的判定标准，提高对舞弊的识别能力，设计和确立注册会计师对舞弊行为审计的技术与策略有着现实的意义。

1. 有利于提高注册会计师识别舞弊的能力

从国内外的研究文献来看，绝大部分对于财务舞弊的研究都是以案例分析的方式出现的，本书也通过案例分析的方式，对国内外重大舞弊案例中涉案上市公司的舞弊动机及手段、公司治理、外部审计等方面进行分析，提出在传统的基于红旗标志和财务指标分析方法识别舞弊的基础上，从财务报表整体性的视角，结合公司的战略特征、特殊经营业务、内幕交易、公司治理、非财务指标等识别舞弊的方法。当然，我们也必须看到，在我国的市场环境中，上市公司的财务舞弊有着特殊的制度背景，发生的原因和表现特征也具有一定的特殊性。通过对重大舞弊案例进行分析，总结和归纳财务舞弊的预警及识别信号，充分了解各种财务舞弊的动机和手段，有利于指导注册会计师发现舞弊风险的来源，准确分析上市公司发生舞弊的内外部环境，把握舞弊的高风险领域，判断舞弊发生的可能性，从而提高识别舞弊的能力。

2. 有利于提高注册会计师的专业胜任能力

国内外的实证研究都表明，注册会计师的专业胜任能力对于舞弊具有明显的抑制作用，注册会计师如果没有较高的舞弊识别能力和较强的专业素质及高超的职业判断能力，就无法发现和揭示财务舞弊行为，也就无法实现舞弊审计的目的。注册会计师专业胜任能力的提高对于揭示舞弊、提高审计质量、防范审计风险具有重要作用。舞弊审计程序的设计和审计证据的获取都需要注册会计师有非常高的反舞弊能力，对注册会计师的知识结构及审计过程中的分析判断能力提出更高的要求，需要注册会计师运用全部的经验、知识和能力，集中审计项目组的智慧来完成。这不仅有利于从根本上转变审计人员的思维方式，更有利于从整体上带动注册会计师专业胜任能力的提升，使其更好地履行查找与揭示舞弊的社会责任。同时，以揭示舞弊为导向的审计理念也有助于注册会计师更有针对性地制定审计策略，用高度的职业怀疑和职业关注去查找舞弊，不断提高专业胜任能力，更好地实现审计目标。

3. 有利于更好地维护社会公众利益

维护公众利益这一社会责任是注册会计师的职业价值所在，注册会计师也只有维护好社会公众的利益，才能赢得社会公众的信任。前世界银行行长沃尔芬森在第15届世界会计师大会上指出："注册会计师是正直的监护人，注册会计师在道义上和伦理上的责任就是为大众利益服务，离开了这个立场，注册会计师就没有继续存在的必要。"但是大量舞弊案的爆发严重损害了社会公众的利益，也使独立审计行业身陷信用危机之中。不断加大的审计期望差以及由此引起的社会公众对注册会计师的信任程度降低引起各国的广泛关注，而注册会计师与客户合谋舞弊的现象的普遍存在，更使独立审计行业的公信力雪上加霜。在社会公众不断要求审计师承担起舞弊审计责任的现实情况下，无论是从社会公众的要求考虑，还是从审计职业界自身利益考虑，审计界只有积极承担起舞弊审计责任，以更积极的态度应对舞弊，不断提高审计质量，满足社会公众的期望，才能挽救行业信用危机，重塑职业形象，真正担负起“经济警察”的角色，更好地维护公众的利益。

1.3 研究方法与内容

1.3.1 研究的视角与方法

1. 研究的视角

运用科学的分析方法和原则来规范和界定论题的分析内容至关重要。本书遵循从提出问题、运用有关理论分析到最终提出解决问题的策略的研究思路展开研究。从理论上讲，资本市场的舞弊行为应包括上市公司、投资者、证券机构（甚至包括监管机构）等各方的舞弊行为。由于上市公司的规范经营与健康发展和独立审计市场的发展与完善有着天然的纽带关系，因此，本书的整体研究视角界定为资本市场中与独立审计相关联的舞弊行为及其审计策略，研究的基本原则如下。

（1）研究主线

就审计主体而言，国家审计、内部审计和注册会计师审计均可能涉及对舞弊行为的审计，由于本书以资本市场中上市公司的舞弊行为为研究对象，而与上市公司财务舞弊关联最为紧密的审计主体是注册会计师，因此，本研究以注册会计师作为审计主体并以注册会计师审计为主线来界定分析内容。如没有特定说明，本书中所提及的审计人员均指注册会计师，不考虑国家审计与内部审计的相关人员。

（2）研究对象

舞弊在上市公司中的表现是多方面的，既有管理层的集体舞弊行为，也有员工个人的舞弊行为，或二者兼而有之。通常按照实施的主体来划分，舞弊可分为管理层舞弊和员工舞弊。鉴于绝大多数的重大财务舞弊案都属于管理层舞弊，为使研究对象更为明确，并体现舞弊审计的特殊性，本书以管理层舞弊为主要分析对象，不过多考虑对员工舞弊行为的分析及员工舞弊行为对财务报告的影响。

（3）研究目标

总结舞弊理论研究的成果，分析舞弊行为的形成原因、影响因素等都是为了提出治理和防范舞弊行为的措施。本书最终的研究目标是在分析研究的基础上，提出舞弊审计的概念框架、职业规范与审计策略。这是本书研究的出发点，也是落脚点。

2. 研究方法

（1）文献研究法

检索国内外财务舞弊的各种数据与相关文献，在阅读、分析文献的基础上对相关文献和资料进行归纳、比较和总结，同时，依据三角理论、冰山理论、影响因子理论等对资本市场中上市公司财务舞弊的动因、影响财务舞弊的制度环境因素、财务舞弊的判定及识别进行研究，揭示舞弊的规律性特征，确立舞弊审计的概念框架与审计策略，得出相关研究结论。

（2）案例研究法

为帮助注册会计师在高风险的执业环境下更好地应对舞弊，提高舞弊识别能力和执业质量，研究结合我国资本市场实际，以典型舞弊案例为素材，对于上市公司舞弊的手段、动因等采用案例研究的方法，通过整理、归类和系统分析，揭示舞弊的深层次症结和内在规律，寻求治理舞弊的方案，以便更有针对性地设计相关的审计策略，更好地实现审计目标。

1.3.2 研究内容

本书共分为 14 章。

第 1 章是导论。本章首先阐述研究背景，其次阐述对资本市场的舞弊及其审计策略进行研究的现实意义，随后明确研究的方法及主要内容，最后指出研究的创新之处。

第 2 章是舞弊的相关概念。本章在梳理了国内外不同文献对舞弊概念界定的基础上，为避免混淆，明确本书所指的舞弊概念与财务报告舞弊、财务舞弊、财务欺诈、管理舞弊等概念等同，然后对与舞弊相关的几个概念进行辨析。

第 3 章是舞弊动因理论。本章介绍了国外舞弊动因理论研究的成果，分析了多种舞弊动因的理论关系，并对国内舞弊动因的理论研究进行综述，最后运用舞弊三角理论对我国上市公司的舞弊行为进行动因分析。

第 4 章是舞弊影响因素分析。本章主要从经济、制度、环境以及成本价值的角度分析资本市场中影响舞弊行为的各种因素，解释这些因素与舞弊行为的关系，从而帮助注册会计师提高舞弊识别的能力，以有效设计舞弊审计的技术程序与方法，提高审计效率。

第 5 章是舞弊的主要手段。本章通过对国内外典型舞弊案例的分析，总结了常见的舞弊手段及“创造性”会计行为对财务报告的影响，并对国内外舞弊手段的特点进行了对比，同时对这些舞弊案的审计存在的问题进行剖析。

第 6 章是舞弊的识别与判定。本章主要介绍了各种舞弊识别的方法，包括基于红旗标志对舞弊的识别、通过经营能力分析进行舞弊的识别、财务指标与非财务信息结合的识别方法，以及从其他一些角度如特殊经营业务、公司战略特征、内幕交易、内部控制等识别舞弊，以帮助注册会计师全面提高舞弊的识别能力。

第 7 章是舞弊审计责任的演进。本章首先总结了美国舞弊审计准则的制度变迁情况及国际舞弊审计准则关于舞弊审计责任的规定的变化，然后说明我国独立审计准则中关于舞弊审计责任的规定的演进情况，系统说明注册会计师在舞弊审计中应承担的相关责任。

第 8 章是舞弊审计相关研究及概念框架。本章介绍了舞弊审计概念提出的理论与现实背景，阐述了舞弊审计的概念与特征，确立了舞弊审计的流程，分析了舞弊审计与常规风险导向审计相比所具有的优势及理念上的创新。

第 9 章是舞弊审计的职业行为规范。本章针对舞弊行为本身以及舞弊审计的特点，主要论证了舞弊审计中注册会计师职业判断能力和保持必要职业关注的重要性，并特别论述了作为注册会计师灵魂的独立性在舞弊审计中的重要性。

第 10 章是舞弊审计的方法。本章针对舞弊审计的特点，详细介绍了头脑风暴法、战略推理法、数据挖掘技术和心理学相关理论与方法在舞弊审计中的应用，并指出这些方法本身的局限性以及在运用中应注意的问题。

第 11 章是舞弊审计的技术策略。本章介绍了舞弊审计的技术策略，包括舞弊审计中的基本思路、对舞弊应做出的适当反应以及舞弊审计的程序设计策略，并指明针对高风险客户的特别审计策略以及如何恰当表达审计意见，最后说明在出现审计失败并发生法律诉讼时，注册会计师法律责任的归责原则，指出注册会计师应对法律诉讼的抗辩策略。

第 12 章是舞弊审计风险模型。随着社会经济的发展和企业经营的复杂化，独立审计面临的不确定性因素增加，审计风险更加难以评价和控制。如何认识不断变化的审计环境下的审计风险，怎样评估和控制这种风险，都是现代审计人员不得不面临的课题。舞弊审计对注册会计师的舞弊风险识别和评估能力的要求非常高，只有突破传统风险导向审计风险模型的局限性，充分关注并掌握不同审计环境下舞弊审计风险的特征，才能对舞弊风险进行有效评估和控制，并最终完成舞弊审计工作。

第 13 章是舞弊审计实施的制约因素及对策。独立审计作为舞弊的制度性防范措施，是舞弊治理机制中的最后一道防线，对于舞弊的查证和揭示有着不可回避的社会责任。在我国目前与舞弊治理相关的机制并不完善、审计职业界的实务水平与准则规范的要求还存在相当差距的现实环境下，实施舞弊审计也不可避免地会面对各种制约性因素，其有效实施依赖于注册会计师职业道德水平和执业能力的提高、行业监管机构监督力度的加强以及法律制度的完善。

第 14 章是研究结论与后续研究方向。本章总结全书的研究成果，并指出后续研究方向。

1.4 研究创新

研究贵在创新，本书的创新之处体现在以下三个方面。

（1）将经济学的观点运用于舞弊影响因素的分析

舞弊行为同其他违法性经济行为一样，是行为人所处经济环境中各种趋利思想及特定经济制度安排的综合产物，也是行为人心理动机与各种制度安排相互碰撞而衍生的负面结果，是行为人在对舞弊行为的利得与损失进行权衡后的行为选择。因此，从行为经济学角度分析舞弊行为，探究上市公司舞弊行为的形成原因、结果和影响，可以从根源上全面揭示上市公司舞弊的成因，也为探究上市公司财务舞弊行为规律及制定审计策略提供了一个新的切入点和分析方法。

（2）提出舞弊识别的新视角

舞弊的识别一般通过对红旗标志或财务指标的分析计算来进行，但随着经济业务的复杂化和舞弊手段的不断翻新，利用红旗标志或财务指标分析识别舞弊的有效性在不断降低，有时甚至是无效的。因此，识别舞弊的方法必须有所创新。实际上，目前对舞弊识别的研究更多地聚焦在公司治理和管理层的道德与诚信上，更关注公司的战略发展前景。本研究强调表内信息与表外信息结合、财务指标与非财务指标结合、公司当前经营情况与战略发展相结合，从公司战略特征、特殊经营业务和内幕交易、公司治理等方面来提高舞弊的识别能力，提出了舞弊识别的新视角。

（3）规范了舞弊审计的思路与策略

在舞弊审计中，注册会计师必须通过各种“行动方针和斗争方式”，以有效的审计策略及审计技术的运用来确定舞弊行为的存在，并有针对性地获取相关的审计证据，以实现舞弊审计的证据支持，来达到舞弊审计的最佳效果。因此，清晰的审计思路、有效的审计技术与程序、科学的审计策略对于舞弊审计的成败具有决定性作用。研究确立了舞弊审计的基本审计技术，并利用舞弊行为各种表现手法的关联性建立了审计思路、技术与策略。同时，研究也特别强调了舞弊审计更多地体现为一种思维方式，注册会计师独立性的保持、职业判断能力的提升和必要的职业关注在舞弊审计中都至关重要。

第 2 章

舞弊的相关概念

国内外有关舞弊的理论研究文献体现出不同的角度和观点，很多专家对于舞弊的定义也进行了广泛的探讨，但是不同国家和地区由于政治、经济、文化等方面的差别，对于舞弊的理解和概念上的界定也有所不同。可以说，舞弊是一个非常宽泛的概念，包括人们所能够设想的所有通过虚报等方式牟取利益的行为。由于舞弊总是导致对经济业务活动的不真实、不合规反映，因此，在审计理论与实务研究中，我们可以将财务舞弊、会计舞弊与财务报告舞弊视为同义词，相关准则则只以“舞弊”来界定。

2.1 国外关于舞弊概念的界定

"舞弊"一词常用来表示蓄意欺骗或误导他人，并由此引致不公平待遇或其他危害。在国外，舞弊通常分为一般意义的舞弊和特定意义的舞弊。一般意义的舞弊指个人实施的舞弊；特定意义的舞弊指公司实施的舞弊，即财务报告舞弊。由于财务报告舞弊通常由公司管理层实施，因此，许多文献和教材都把财务报告舞弊与管理舞弊视为同义词。

《韦伯斯特新大学辞典》将舞弊定义为一种故意掩盖事实真相的行为，并以诱使他人丧失有价值的财物或法定权利为目的。《朗文词典》则将舞弊定义为利用欺骗的手段获利的一种行为，该种行为会受到法律的制裁。《牛津字典》将舞弊定义为一种违法的欺骗行为或者通过错误的表述实现不公正利益的行为。

财务报告舞弊的定义可以从很多权威报告与教材、学术期刊、实务性文献及官方声明中找到。

埃利奥特（Elliott，1980）和威林厄姆（Willingham，1980）将财务报告舞弊定义为"管理层通过误导性的财务报告来损害投资者和债权人利益的故意舞弊"。

美国注册舞弊审核师协会（Association of Certified Fraud Examiners，ACFE，1993）对财务报告舞弊的定义如下：有意地、故意地错报或漏报重要事实，或者提供误导性会计数据，以及在与其他所有可获得的信息一起考虑时，可能导致阅读者改变或调整判断和决定的会计数据。

全美反舞弊性财务报告委员会（1999）对财务舞弊的定义是：公司在对外财务报告中，由于故意的或轻率的行为，无论是虚报还是漏列，导致形成误导性的财务报告，对投资者的投资决策产生实质性的影响。

美国注册会计师协会（AICPA）在其颁布的《审计准则公告第 16 号》中将舞弊解释为故意编制虚假的财务报告，如管理人员蓄意虚报，有时也指管理人员舞弊、盗用财产。在《审计准则公告第82号——财务报表审计中对舞弊的关注》(1997)中首次以权威组织的身份阐明舞弊的基础是判断会计报表中的错误陈述是否出于故意，并采用了狭义的舞弊概念，认为虽然舞弊是一个广义的法律概念，但注册会计师的兴趣只在于那些导致财务报表实质性错报的行为，认为舞弊包括舞弊性会计信息和资产盗用两种类型，并将财务报表舞弊界定为财务报告中的故意错报或漏报。

国际内部审计师协会（IIA）指出，舞弊是所有具有欺诈、隐瞒和破坏信任特征的非法行为。

2004年2月，国际会计师联合会（IFAC）下属的国际审计与鉴证准则委员会（IAASB）颁布了《国际审计准则第240号——审计师在财务报表审计中对舞弊考虑的责任》，将舞弊定义为：管理部门、治理部门、雇员或第三方中的单人或多人故意通过欺骗获取不公正或非法利益的行为。

2.2 国内关于舞弊概念的界定

《现代汉语词典》对“舞弊”一词的释义为：用欺骗的方式做违法乱纪的事情。我国有关法律文献对舞弊的界定通常为：利用职务之便牟取个人利益或掩盖事实真相，欺骗他人，使他人利益受损。

黎仁华（2002）认为舞弊是指为获得非法利益而采用不法手段所实施的故意行为，在上市公司的信息披露中一般表现为有目的的欺骗或谎报重大财务事实的不诚实行为。

何红（2002）认为财务报告舞弊是舞弊的一种，是管理层违反会计信息披露的相关制度，故意编制和披露虚假财务会计信息及有意忽略其他的财务会计信息，以欺骗财务报告使用者、实现自身目的的犯罪行为。

秦江萍、段兴民（2005）指出：财务舞弊是行为人以获取不正当利益为目的，有计划、有针对性和有目的地故意违背真实性原则，违反国家法律、法规、政策、制度和规章规范，导致会计信息失真的行为。

袁春生（2010）将财务舞弊定义为公司违法违规且受到证券监管机构公开处罚的行为，并将财务舞弊的情形分为违规购买股票、虚构利润、虚列资产、擅自改变资金用途、推迟披露、虚假陈述、出资违规、重大遗漏、大股东占用上市公司资产、其他等几大类。

2016 年财政部颁布、修订的《中国注册会计师审计准则第 1141 号——财务报表审计中与舞弊相关的责任》将舞弊定义为：被审计单位的管理层、治理层、员工或第三方使用欺骗手段获取不当或非法利益的故意行为。该准则同时指出，舞弊是一个宽泛的法律概念，注册会计师关注的是导致财务报表发生重大错报的舞弊。

2.3　本书关于舞弊概念的界定

综合以上内容可以看出，这些定义从不同的角度对舞弊的内涵进行了诠释，但是由于舞弊具有多种多样的形式，因此无法对舞弊进行统一的、绝对化的定义，只能将其概括性地称为一种“非诚信的行为”。

财务舞弊是舞弊的一种，它是管理层有意识地采用各种方式和手段，违背公认会计原则（GAAP），故意编制和披露虚假财务会计信息，歪曲地反映企业某一特定日期的财务状况和某一会计期间的经营成果和现金流量，对企业的经营活动情况做出不实陈述，以欺骗财务报告使用者，并实现自身目的的犯罪行为。

归纳起来，舞弊应当具备以下几个要素。

①行为动机。舞弊是一种主观故意性行为，一般来说，行为人（或称舞弊主体）所实施的舞弊是有计划、有针对性和有目的地故意违背事实性原则，违反国家法律、法规、政策、制度和规章规范，导致会计信息错报或相关利益人利益受损的行为。主观故意性还说明，舞弊行为人在实施舞弊的过程中，采取的是欺骗手段，这种欺骗手段可以是隐匿事实，也可以是提供虚假信息，由于是主观故意的，因此一般都精心掩

盖，或者故意向注册会计师提供虚假陈述。

②行为性质。舞弊是违反国家法律、法规、政策、制度和规章规范的行为，为国家法律、法规所不容。从违规的具体方式来说，可以是主动侵占资产或利益，也可以是隐瞒事实，或是对正当公平的市场交易关系的损害。无论舞弊以何种方式进行，都超出了正常的界限，意味着对行为规范的背离，行为人因此要承担相应的责任。

③行为后果。舞弊行为人以获取不正当利益为目的，其行为后果主要体现为三个方面：一是行为人从侵害他人或组织利益的过程中获得了私人或组织利益；二是舞弊行为导致有关经济活动的记录违反了真实性和合法性原则，财务报表出现重大错报；三是舞弊行为对利益相关人产生误导，使其利益遭受损害。

在审计职业界，通常会使用财务舞弊、财务报表舞弊、财务报告舞弊、会计舞弊、管理舞弊、财务欺诈等概念，为与审计准则中关于舞弊的描述和用词方式保持一致，本书将上述概念统称为“舞弊”。

2.4 舞弊的分类

2.4.1 按照舞弊主体分类

按照舞弊行为实施的主体来划分，舞弊可分为雇员舞弊和管理舞弊。

1. 雇员舞弊

雇员舞弊是组织内部的雇员以欺骗性手段不正当地获取组织的钱财或其他财产的行为。雇员舞弊通常涉及自身所能够接触到的资产，因此一般与雇员的职务密切相关，其主要手段是制造虚假单据、越权和盗窃资产。雇员舞弊通常会损害组织利益，是现代组织单位中常见的一种舞弊行为。

雇员舞弊与其他类型的舞弊相比，其特征主要表现在以下几个方面。

（1）对利益的追逐是最突出的特征

企业通常要为雇员提供完成任务的各种条件和手段，并根据雇员任务的完成情况，即根据劳动数量或质量给付报酬，雇员个人也要承担对企业的各项职责和义务。但是，出于经济利益的驱使，企业和个人双方都可能弄虚作假。雇员通过非法手段追求额外报酬的强烈动机处处存在。

（2）制度缺陷为雇员舞弊提供机会

有了动机不一定会产生舞弊，舞弊的产生还要依赖一定的外部环境。雇员舞弊通常与雇员的职务密切相关，通过与他人合谋或串谋等方式实施。相关控制制度不健全或敏感物质管理不严是这类舞弊发生常见的环境条件。这类舞弊是公司组织中最常见的舞弊行为，可能包括占用公司一般物品的非重大舞弊，也包括挪用公司巨额资产进行非法活动等危害公司利益的重大舞弊。

（3）雇员舞弊的基本形式是侵占资产

雇员舞弊侵占资产的具体手法和方式有很多，主要包括贪污、挪用资金和侵占其他资产。贪污资金是指雇员利用职务上的便利，侵吞、窃取、骗取或者以其他手段非法占有公司资金的行为。这一类舞弊主要发生在那些能接触到现金收支的雇员身上，经常发生在内部控制薄弱的中小型企业。

2. 管理舞弊

管理舞弊是管理层蓄谋的舞弊行为，主要体现为编制虚假财务报告来欺骗投资者和债权人以及其他外部利益相关者。管理舞弊的实施者是拥有足够高职位、可驾驭内部会计控制或凌驾于内部会计控制之上的管理层，而把管理层和内部会计联系起来的是财务报告，因此，许多学者将“管理舞弊”与“财务报告舞弊”视为同义词。

管理舞弊不同于雇员舞弊，主要有以下三个方面的典型特征。

（1）参与者高层性

管理舞弊的参与主体的层级都比较高，在组织内部担任一定的管理职务，甚至是最高级职务，其舞弊行为可能回避或凌驾于内部控制制度之上，因而往往难以通过正常的内部控制制度加以预防或发现。

（2）实施手段隐蔽性

管理层实施舞弊一般都是精心筹划、蓄意掩盖，手段具有很强的隐蔽性，通过发布带有误导性、不符合事实的财务报告或虚假信息，获取不当利益或误导利益相关者做出不正确决策。这类舞弊运用常规性的审计程序往往难以发现，而很多情况下是隐藏了很久或是已经造成难以挽回的损失时才会被发现。

（3）牵涉者众多

管理舞弊通常都是大规模、集团化、系统化的，或利用高端技术进行所谓的“运作”，通过建立与第三方之间的关联关系来虚构公司间的虚假交易，从而实现舞弊行为表面上的合法性，并在财务报告上体现公司财务状况良好或快速发展的假象。除了第三方，管理舞弊行为的最终完成还可能要得到相关证券机构、法律机构、外部审计服务机构等的配合。

需要指出的是，雇员舞弊和管理舞弊的划分不仅仅是以舞弊的行为主体为标准，两种舞弊行为的目的往往具有根本性区别。雇员舞弊是为了获取个人利益而损害企业的利益，管理舞弊通常是为了企业的利益而损害企业外部利益相关者的利益。与雇员舞弊相比，管理舞弊通常是集体行为，在手段上更为隐蔽，在组织上更为周密，在目标上更为明确，在人员上更为高层化，当然在审计中也更难以被发现，其所造成的危害也比雇员舞弊更大。

2.4.2 按照舞弊实施对象分类

舞弊通常与经济活动相关，注册会计师在审计中通常只需要关注导致财务报告发生重大错报的舞弊。与财务报表审计相关的舞弊包括对财务信息做出虚假报告和侵占资产两种类型。

对财务信息做出虚假报告是指为了迎合市场预期和特定监管要求、

追求以财务业绩为基础的私人报酬最大化、偷逃或骗取税款、骗取外部资金或掩盖侵占资产的事实等目的，管理层通过操纵误导财务报表使用者对公司业绩或盈利能力的判断的行为。管理层实施舞弊的手段主要包括：编制虚假会计记录；滥用或随意变更会计政策，不恰当地调整会计估计所依据的假设及改变原先做出的判断；故意漏记、提前确认或推迟确认报告期内发生的交易或事项；构造复杂的交易以歪曲财务状况或经营成果；篡改与重大或异常交易相关的会计记录和交易条款。

侵占资产是指管理层或员工非法占用单位资产的行为，其手段主要包括：贪污收入款项；盗取货币资金、实物资产或无形资产；对虚构的商品或劳务付款；将单位资产挪为私用。侵占资产通常伴随虚假的文件记录，目的是隐瞒资产缺失或未经适当授权使用资产的事实。

2.5　舞弊相关概念辨析

在实务中，与舞弊相关但又不同、容易混淆的概念有会计信息失真、会计错误、会计违规和盈余管理、利润操纵、财务报告粉饰等，为进一步明确会计舞弊的概念及特征，划清其与上述概念的界限，进行如下分析。

2.5.1　舞弊与会计信息失真

我国最初将舞弊称为会计信息失真，严格地说，这是不准确的。舞弊表示一种行为，而会计信息失真表示一种结果和现象。舞弊必然会导致会计信息失真，但会计信息失真却并不一定由舞弊所致，也可能存在其他原因，简单地将会计信息失真理解为舞弊是以现象掩盖本质。

吴联生（2003）将会计信息失真分为规则性失真、违规性失真和行为性失真三类：规则性失真是指会计规则本身不科学或不完善所导致的会计信息失真；违规性失真是指会计规则执行者故意违背会计规则而导致的会计信息失真；行为性失真是指会计规则执行者在没有故意违背会计规则动机的条件下由于实施不当的会计规则执行行为所导致的会计信息失真。

由于会计准则、制度总是处于不断的改进和完善的过程中，又总是不可避免地存在这样或那样的缺陷，因此规则性失真在实际工作中是不可避免的，也正因如此，绝对真实的会计信息是不存在的。但不容回避的一个事实是，公司管理层往往利用会计准则和制度本身的缺陷，在实际工作中实施各种形式的盈余管理和会计操纵，打规则的擦边球，因此，对规则性信息失真的治理也只能通过及时修订和完善会计准则和制度来进行。而会计信息行为性失真往往是由技术水平不足，操作失当或对准则、制度的理解有误所致，可理解为由会计错误导致的信息失真，在工作中也是难以避免的，一般是通过提升执行人的综合素质和业务能力来减少。会计信息违规性失真是由一系列导致财务报表不实表述的会计行为所致。从严格意义上说，会计违规并不等同于舞弊，会计违规是一种更为广泛的概念，只有当会计违规行为损害了会计信息使用者的利益时，会计违规才演变为舞弊，也就是说，会计违规包含舞弊，舞弊是会计违规的一种，虽然两者从技术上很难区分，但我们可以从两者所导致的经济后果来将其区分开来。违规性失真既是治理的重点，也是治理的难点。

2.5.2 舞弊与会计错误

目前，对舞弊概念普遍认同的观点是：它是一种不诚实的违法行为，且伴随着有目的的欺骗或有意识的重大会计事项虚假陈述。会计错误又称会计差错，是指会计人员在记录、分类、制单及编制财务报表的过程中，由于工作疏忽、业务技能不熟练等客观原因所造成的会计信息不实行为。会计错误与舞弊既有联系，也有区别。

《中国注册会计师审计准则第 1141 号——财务报表审计中与舞弊相关的责任》对舞弊与会计错误的表述为：财务报表的错报可能由于舞弊

或错误所致；舞弊与错误的区别在于，导致财务报表发生错报的行为是故意行为还是非故意行为。可见，划分会计错误与会计舞弊的标准是导致错报的行为是否出于故意。会计错误是一种主观上非故意导致会计报表错报的行为，行为人也不存在不良动机或企图；舞弊是故意的，是有计划、有预谋的行为，利用政策、法律法规、制度等的漏洞，以非法获得经济上或其他方面的利益为目的。

从行为主体角度来看：会计错误的行为人一般只是会计人员，是个体行为；而舞弊的行为人基本上是管理层，甚至包括治理层人员，往往是一种集体行为。

从行为后果来看：会计错误与舞弊都会造成财务报表信息的不实反映，都会提供错误的会计信息，但是由于会计错误产生时行为人没有预谋，行为人处于不自觉和无意识状态，错误发生后也未进行掩盖，因此会计错误一般表现比较明显，易于被发现和纠正，对财务报表的影响较小；而舞弊经过行为人的精心策划和蓄意实施，往往表现得比较隐蔽，不易被发现，对财务报表的影响较大甚至导致财务报表完全失实。另外，由于会计错误是行为人的无意过失，行为人一般不需要承担法律责任；而舞弊是一种违法行为，行为人要承担法律责任。

虽然错误与舞弊划分的标准是“是否出于故意”，但是“是否出于故意”往往很难判断，工作中也很难取证，这也给舞弊的行为人提供了以错误之名掩盖舞弊之实来推卸或逃避法律责任的机会。两者虽有本质的区别，但在实际工作中，对舞弊的定性并不容易，需要有充分的证据。

2.5.3　舞弊与盈余管理

严格地说，无论是舞弊还是盈余管理，都不是一个简单的会计问题，其行为都会受到管理层的心态、公司内部治理、外部经济环境、政策法律等诸多因素的影响。两者有很多共性，但也有着本质的区别。

1. 概念界定不同

如前所述，舞弊是企业管理层违反会计规范要求，有意识地采用各种方式和手段，蓄意编制和披露虚假会计信息，歪曲或掩盖事实，对企业的经营活动做出不实陈述，以欺骗财务报告使用者并达到自身目的的行为。

但关于盈余管理的定义，会计学界一直存有许多不同意见。美国会计学家威廉·R. 斯考特（William R. Scott）在其《财务会计理论》中表示，盈余管理是会计政策的选择具有经济后果的一种具体表现，是指经营者在一系列的会计政策（如公认会计准则）中自行选择时，选择那些使自身效用或企业市场价值最大化的会计政策的行为。美国另一位会计学家凯瑟琳·雪珀（Katherine Schipper）在其著名的《盈余管理评论》一文中，在会计数据信息具有有用性的基础上，将盈余管理定义为有目的地干预对外财务报告过程以获取某些私人利益的“披露管理”。可见，盈余管理是在会计政策规范允许的范围内，或在不违反会计政策规范的前提下，通过对企业对外报告的会计信息进行控制或调整，达到自身利益最大化的行为。

2. 性质不同

从概念的界定上，我们可以看出二者有着本质的区别。舞弊是以欺骗为目的、在违背相应规范和法律的前提下蓄意实施的行为，是已经突破政策和法律界限的违法行为，如果情节严重还可能构成犯罪；而盈余管理是在遵守或不违背会计规范和法律的前提下实施的选择性行为。很多学者认为盈余管理是合法的，应该说这种观点并不准确，很多上市公司的盈余管理行为是在充分研究和运用会计规范的弹性和缺陷及法律的漏洞的情况下实施的，虽然有些手段是合法的，但也有些手段处于合法与不合法之间的“灰色地带”。准确地说，盈余管理是一个中性的概念，是还没有突破法律底线的一种不违法行为。

与盈余管理相近的另一个概念是会计操纵。会计操纵是利用会计准则中的漏洞和模糊定义达到特定的财务报告目的，是对会计准则的一种滥用。准确地说，会计操纵处于盈余管理向舞弊转变的过渡地带，比盈余管理更接近舞弊；舞弊虽然也具有机会主义的行为特征，但比操纵行为的性质更为严重，不仅违反了会计准则的规定，而且很可能触犯法律并构成犯罪。

第 3 章

舞弊动因理论

舞弊是舞弊行为主体为达成利益目标的主动行为，任何形式的舞弊都有一定的动因，因此，舞弊动因分析是识别与治理舞弊的起点。国内外关于舞弊的研究最初都是从舞弊动因分析开始的。探讨影响舞弊发生的动因和机理，对于发现舞弊发生的规律，从而有针对性地制定审计策略具有重要意义。

3.1　国外舞弊动因理论研究

国外对财务舞弊的研究主要以美国为主，迄今已有近百年历史，其对于舞弊的动因分析、识别、防范与治理等相关研究大多基于美国完善和成熟的外部治理市场。关于舞弊动因的研究产生了冰山理论（二因素论）、三角理论（三因素论）、GONE 理论（四因素论）、舞弊风险因子理论和五因素理论等。

3.1.1　冰山理论（二因素论）

最早将冰山理论应用于舞弊研究的是美国的 G · 杰克 · 波罗格纳（G. Jack Bologna）和加拿大的罗伯特 · J. 林德奎斯特（Lindquist Robert J.）。冰山理论形象地把舞弊比喻为海平面上的一座冰山，露在海平面上的只是冰山的一角，更庞大的危险部分隐藏在海平面以下，并以“可否观察到”为标准把导致舞弊行为的各种因素分为两类：可观察到的结构部分（露出海平面的部分）和不易观察到的行为部分（潜藏在海平面下的部分）。可观察到的舞弊结构的部分实际上是组织内部管理方面（如内部控制、公司治理等）的问题，这是客观存在且容易鉴别的；而不易观察到的舞弊行为的部分是更主观化、个性化，更容易被刻意掩饰的行为人的态度、感受、价值观念、满意度、鼓励等意识形态。

舞弊的冰山理论说明，一个公司是否可能发生舞弊，不仅取决于其内部控制制度的健全性和严密性，更取决于该公司是否存在财务压力，是否有潜在的败德可能性。该理论强调，在舞弊风险因素中，个性化的行为因素更为危险，必须多加注意。因此注册会计师在审计时，不仅应关注结构方面的因素，对内部控制、内部管理的情况进行评价，更应注重个体行为方面的考虑，用职业判断来分析和挖掘人性方面的舞弊风险。

3.1.2 三角理论（三因素论）

舞弊动因的三角理论是由美国内部审计之父劳伦斯·B.索耶（Lawrence B. Sawyer）在20世纪50年代提出的。索耶认为，舞弊的产生必须有异常需要、机会和合乎情理三个条件，为后来舞弊学理论的发展奠定了基础。

美国注册舞弊审核师协会（ACFE）的创始人史蒂文·阿伯雷齐特（W. Steve Albrecht）进一步丰富和发展了三角理论，形成了目前被普遍接受和广泛应用的经典舞弊三角理论。这一理论认为，舞弊的产生由压力（Pressure）、机会（Opportunity）和自我合理化借口（Rationalization）三要素组成，就像必须同时具备一定的热度、燃料、氧气这三要素才能燃烧一样，缺少了上述任何一项要素，舞弊都不可能真正形成。

舞弊者具有舞弊的动机是发生舞弊的首要条件。压力要素是舞弊者的行为动机，舞弊的压力大体上包括经济压力、恶癖压力、与工作相关的压力和其他压力四种类型，其中经济压力最为严重。事实上，任何类型的舞弊行为都源于压力，只是具体形式不同而已。

只有舞弊者具有舞弊的机会，舞弊才可能成功。机会提供实施舞弊的条件和时机，机会要素指的是舞弊者不仅可实施舞弊，而且能将其舞弊行为掩盖起来不被发现，或者能够逃脱惩罚的条件。机会要素的存在，使得舞弊动机的实现成为可能。形成舞弊的机会主要有：缺乏发现企业舞弊行为的内部控制、无法判断工作的质量、信任过度、缺乏惩罚措施、信息不对称、能力不足、无效的评价机制和审计制度不健全，等等。舞弊机会的有无或多少，还进一步受到规范舞弊行为的法律系统、该职位所属的行业性质及其在组织系统中的重要程度和涉足该领域各种力量的强弱等因素的影响。

合理化借口是指舞弊者进行舞弊找到的适当理由。在面临压力并获得机会后，舞弊者还需要一个适当的舞弊理由。“借口”主要取决于个人的道德取向，舞弊者的道德、品质和价值观会促使其主动犯错，并能为自己的行为找到借口，使之合理化。只有能够对舞弊行为予以合理化解释，舞弊者才能心安理得。因此，对于舞弊的防范与治理，既要通过加强内部控制来消除舞弊机会，还应通过消除“压力”和“借口”来抑制舞弊。

阿伯雷齐特的舞弊三角理论在发展中又形成了两种不同的观点：一种观点认为，三项要素相辅相成，缺一不可，缺少了任何一项要素都不可能真正形成企业舞弊；另一种观点认为，这三项因素中，只要其中一项因素足够强，即使其他两项因素较弱也会诱发舞弊。舞弊三角理论是在谈及舞弊时被应用最为广泛的理论，也是发展最为完善的舞弊动因理论。

3.1.3　GONE 理论（四因素论）

GONE 理论是一个在美国流传最广的舞弊与反舞弊的著名理论，是 1993 年美国学者杰克·波洛格纳（G. Jack Bologna）、罗伯特·J. 林奎斯特（Robert J. Lindquist）和约瑟夫·威尔斯（Joseoph T. Wells）提出的。该理论认为，会计舞弊由 G、O、N、E 四个因素组成，它们相互作用，密不可分，没有哪一个因素比其他因素更重要，它们共同决定了舞弊风险的程度。其中：G 为 Greed，指贪婪；O 为 Opportunity，指机会；N 为 Need，指需要；E 为 Exposure，指暴露。这四个英语单词的首字母组合是 GONE，因此这一理论被称为 GONE 理论。

GONE 理论说明当舞弊者有“贪婪”之心，且又非常“需要”进行舞弊而获取相关利益时，只要“机会”得当并认为事后不会“暴露”，就一定会实施舞弊，其中“贪婪”与“需要”在很大程度上与行为人个人（潜在舞弊者）相关，“机会”与“暴露”在很大程度上与组织环境（潜在受害者）有关。四项因素中：“贪婪”是指道德规范水平，主要属于个人主观思维因素，是行为个体内心个性的一种特征，受到社会价值判断和道德环境因素的影响；“机会”是实现舞弊行为的可能的途径与手段，同潜在的舞弊者在组织中掌握权力的大小和地位的高低有关；“需要”实际构成了舞弊行为的动机，往往由一系列复杂的因素构成，但最基本的动机通常是经济需求；“暴露”包括舞弊被发现和揭露的可能性以及对舞弊者惩罚的性质及程度两部分内容，它影响着舞弊者事前做出是否实施舞弊的决定。

同舞弊三角理论相比较，GONE 理论增加了一个暴露因子，实质上表达了舞弊产生的四个条件，认为舞弊行为被发现和揭露的可能性大小以及被发现和揭露后的处罚强弱会影响舞弊者是否实施舞弊行为。因此，该理论在实质上与舞弊三角理论相同，可认为是对舞弊三角理论的完善和再解释。

3.1.4 风险因子理论

舞弊风险因子理论是波洛格纳等人在 GONE 理论基础上发展形成的舞弊动因理论，是迄今最为完善的关于形成舞弊的风险因子的学说。该理论把舞弊风险因子分为个别风险因子与一般风险因子，它们相互作用、密不可分，共同决定舞弊风险程度。

个别风险因子是指个人道德品质、感知等差异造成的舞弊的风险因素。个别风险因子因人而异，是在组织控制范围之外的因素，包括道德品质与动机。首先，道德品质因子表现了更广泛的道德品质方面的内容，它与个人的内在特性息息相关。如果不能知晓某人心思，就很难了解某人具有何种特性；即使知道这些特性，个人的解释仍旧起一定的作用。此外，社会价值亦有同样的影响。其次，舞弊者进行舞弊的动机有很多，但大多数与经济需要有关。从企业的角度来说，可通过营造有利环境、公平对待雇员、员工培训和监督以及关注那些与动机有关的现象等措施实施反舞弊。

一般风险因子是指那些主要由进行自我防护的组织或实体来控制的因素，包括以下几项内容。

①潜在的舞弊者进行舞弊的机会。这一因子主要是指相对于舞弊

所针对的财产或对象而言的舞弊者的位置。舞弊发生的机会因子不可能完全消除，消除机会的任何努力都将是非经济的和反生产力的，只要组织存在有价值的财产，而且这些财产由其他人（包括员工、顾客及供应商）流转或控制，舞弊发生的机会就永远存在。

②舞弊被发现的概率。在企业舞弊发生机会的既定水平下，可以通过增加发现舞弊的概率来降低舞弊风险。另外舞弊高发现率也起着抑制舞弊的预防作用。舞弊发现的可能性主要取决于内部控制制度和外部审计监管制度。尽管这些制度不可能杜绝舞弊行为的发生，但应该足以防止大多数重大舞弊行为的长期存在。

③舞弊被发现后舞弊者受罚的性质和程度。发现舞弊本身并不足以威慑舞弊行为，还必须存在潜在的犯罪逆向结果，即应存在着逆向结果的观念。虽然目前还没有惩罚与舞弊发生率关系的相关研究，但传统理念表明，惩罚的性质与程度在逻辑上具有威慑作用。

一般风险因子其实是抑制舞弊的内外部环境、制度等。当一般风险因子与个别风险因子结合在一起，并且被舞弊者认为有利时，舞弊就会发生。

3.1.5 五因素理论

五因素理论是锡比霍拉·瑞扎伊（Zabilhollah Rezaee，2005）在对胜腾、HBO 医疗管理软件、尚彬、安然、微战略等 20 家公司的舞弊案例进行重新审视后，在其著作《财务报告舞弊学习指南》中提出的，他用“犯罪”（CRIME）来表述舞弊的五个侧面，认为五个相互影响的因素能解释那些知名的财务报告舞弊。C 代表造假者（Cooks），表示大部分上市公司的财务舞弊是在公司首席执行官（CEO）、首席财务官（CFO）、董事长、主计长和公司控制人参与、鼓励或赞同的情况下发生的，是对财务报告进行的数字游戏；R 代表各种秘诀（Recipes），表示舞弊的方式众多，包括高估收入、资产和低估负债、费用等，一般从中期报告开始舞弊，其中盈余管理是最为普通的财务报告舞弊方法；

I 代表动机（Incentives），表示公司进行财务舞弊的各种动机，最平常的动机常常是为迎合华尔街对公司的盈余预测而形成的经济动力与刺激；M 代表监管机制（Monitoring），表示以董事会、审计委员会、外部审计和监管机构为主体的直接监督机制以及以股东、机构投资者、分析师、投资银行为主体的间接监督机制，这些监督机制的弱化是舞弊成因之一；E 代表最终结果（End Results），表示财务舞弊所带来的严重后果。

国外五种舞弊动因理论经历了一个承前启后的过程。冰山理论强调在舞弊风险因素中，个性化的行为因素更为危险，需要得到更多的注意（何红，2002）；三角理论与 GONE 理论注重运用心理学与行为学的成果对财务主体的行为与诱因进行分析，实际上是对冰山理论中介性因素的深化与发展，但忽略了对结构因素的分析。对此，会计舞弊风险因子理论将冰山理论与三角理论和 GONE 理论结合起来，既注重对舞弊主体的行为分析，也强调结构对行为的影响。不过，这四种规范性理论有一个共同的缺陷，就是很难直接用于实证分析。财务报告舞弊的五因素论则是在对一系列财务舞弊案例进行实证分析的基础上，将风险因子理论在财务舞弊的研究中加以具体化，并为后来舞弊的实证研究提供了一个可操作性的分析框架（袁春生，2010）。

3.2 国内舞弊动因理论研究

对舞弊动因的研究离不开对舞弊主体所处的法律框架背景和资本市场发展和成熟程度的考虑。我国大陆法系的法律背景与上述研究所基于的英美法系的法律框架背景差异甚大。同时，由于制度环境的不同，我国与美国在舞弊动因方面存在较为明显的差别。以舞弊动机为例，虽然我国也存在降低政治成本、提高股票价格、避免违反债务契约等动机假说，但其表现形式不尽相同，而分红计划动机、代理人竞争动机等假说在我国目前尚不具备充分的基础。同时，我国上市公司的舞弊还存在一些根植于我国具体国情的特殊动机，如获取上市资格动机、保持或获取配股资格动机、保留“壳”资源动机、利益补偿动机、职务升迁动机等。国内的很多专家学者在借鉴国外理论研究成果的基础上，结合我国的实际情况，运用理论研究和实证研究相结合的方法，提出了有关的舞弊动因理论（假说）。

朱国泓（2001）通过描述性统计和案例研究，认为上市公司激励权安排失当（高级管理层的激励不足和激励空缺）、会计控制弱化是中国上市公司舞弊的土壤，从激励与会计控制的视角出发，提出了舞弊的二因素假说。

何红（2002）通过分析和实证检验认为影响中国上市公司舞弊的主要因素主要有四个方面，即利益驱动、恶化的财务状况、激励约束机制、道德，提出了四因素论。

娄权（2004）从思想文化、动机、机会和经济利益权衡角度分析财务报告舞弊的成因，在此基础上提出财务报告舞弊的四因子假说，认为当文化、动机、机会和权衡四个影响因子都具备时，财务报告舞弊就会发生。

梁杰、刘英男（2005）根据 SAS No.99 提出的“舞弊三角”风险测试模式，结合我国企业的实际情况，提出了舞弊三元素理论。该理论指出：诱因、机会和手段是财务报告舞弊的三个元素，即巨大的利益驱动成为舞弊的原动力，环境控制的缺乏使舞弊成为可能，变化多样的欺诈手段促成舞弊的实现。当舞弊的三个因素同时具备的时候，舞弊就很可能发生。

屈文州、蔡志岳（2007）以 2001 年至 2005 年间因信息披露违规行为而被监管机构处罚的 188 家 A 股上市公司及其 188 家配对公司为研究对象，运用 Logistic 回归模型对公司信息披露违规的动因进行了实证研究，发现大股东掏空程度、内幕交易程度、盈余管理程度与违规行为正相关。

朱锦余、高善生（2007）认为有许多因素导致了管理舞弊行为，且这些因素相互影响，主要有董事会和审计委员会监督不力、管理层的贪婪、高层主管的不当商业行为、无效的审计、不严密的法规、不充分透明的信息披露和漠不关心的股东等。

张程睿、蹇静（2008）认为财务状况、控制人动机（融资动机、规避管制动机、法律成本动机、股票报酬优化动机）、公司治理结构、环境与制度等方面共同作用，影响着上市公司的信息披露策略及其违规信息披露行为。

3.3 基于三角理论的舞弊动因分析

2002 年，美国注册会计师协会发布的 SAS No.99《财务报表审计中对舞弊的关注》全面引入三角理论，描述了舞弊普遍存在的三方面环境特征，即动机／压力、机会、态度／企图使舞弊合理化，要求注册会计师从这三个方面关注舞弊风险因素，并结合从专家及其他人员处获得的相关信息来综合评价舞弊风险。

2004 年 2 月，国际会计师联合会下属的国际审计与鉴证准则委员会颁布了《国际审计准则第 20 号——审计师在财务报表审计中对舞弊考虑的责任》(ISA240)，其中引入了舞弊三角理论，主张在舞弊审计中要从根源上查找舞弊，并指出：一项舞弊行为通常是如下舞弊风险因素合力产生的结果——策划舞弊的动机或压力、进行舞弊的机会、使舞弊合理化的态度或借口，三个舞弊风险因素同时出现就意味着发生舞弊的可能性非常大，审计人员必须予以足够的关注。

我国财政部 2006 年颁布的《中国注册会计师审计准则第 1141 号——财务报表审计中对舞弊的考虑》中也同样采用舞弊三角理论，其中第十二条明确指出，舞弊的发生通常涉及下列因素：动机或压力、机会、借口。2010 年 10 月修订后的《中国注册会计师审计准则第 1141 号——财务报表审计中与舞弊相关的责任》应用指南，也明确指出：无论是编制虚假财务报告还是侵占资产，均涉及实施舞弊的动机或压力、机会以及借口。

考虑到美国准则、国际准则和我国的审计准则均明确提出运用三角理论识别财务舞弊，因此，本研究结合我国上市公司特点，运用三角理论进行舞弊动因分析。

1. 舞弊的动机 / 压力

现代企业所有权与经营权的分离产生了委托代理问题。由于管理层的利益与所有者利益存在不一致性，股东通过设计合理的薪酬合约来激励管理层，使其为股东创造更多的财富。而薪酬合约的考核一般以公司财务报表的有关指标为主，有些薪酬合约会利用公司股价指标，但是公司股价又与财务报告所表现的业绩密切相关，因此，管理层要取得高的薪酬必然会实施财务报告舞弊。

在美国，管理层通过财务报告舞弊，制造虚假的业绩来迎合华尔街财务分析师的盈利预测，从而保持股价。一方面，达到预期的业绩目标可以取得高年薪；另一方面由于股价表现良好，管理层的股票期权收益也较高，管理层舞弊的主要动机是个人经济利益的最大化。我国上市公司舞弊的动机表现也有所不同，其主要的压力或动机来自经济利益及其他隐形的政治、声誉、职务升迁等方面。如果企业的经营业绩没有达到预期水平，一方面会影响管理层当前的薪酬，另一方面会造成股价的下跌，既可能使得管理层未来收益下降（股权激励或股票期权激励），又可能使公司面临被接管的危险，意味着管理层控制权收益的丧失。在我国，国有企业的管理层是控股股东委派，如果公司业绩没有达到预期的目标，可能会影响控投股东的利益，使得主要高级管理人员面临职务升迁的压力。因此，在经济利益和职务升迁的压力下，管理层就极有可能实施舞弊，提供虚假的财务报告。

我国上市公司中，对高级管理人员普遍存在激励不足和激励空缺、激励错位的问题，对高管层的激励制度安排不当、高管报酬水平低等现象都为舞弊行为的发生提供了动机。张维迎（1999）和张正堂（2003）等学者的研究也表明，我国企业管理层获得的控制权收益往往是其获得的直接经济收益的数十倍，并且控制权收益具有损失后不可补偿的特点。如果根据会计指标来决定管理层的去留，就很可能使得管理层在公司业绩没有达到预期目标时，利用舞弊来保住其职位，从而保住其控制权收益。我国经理人市场还很不成熟，上市公司高级管理层一般由大股东任命。另外，国有上市公司的管理层除了获得直接的货币报酬和控制权收益外，还有作为候选人在政府部门任职的机会，而在升迁前，所在公司的经营业绩好坏是组织部门对其能力进行评估的主要指标。为确保职务升迁，当公司的经营业绩没有达到预期目标时，管理层人员就有动机实施舞弊。

2. 舞弊的机会

公司治理机制是防范舞弊的重要内在制度安排，公司治理机制的弱化为舞弊行为的实施提供了制度内的机会。在我国经济转轨时期，由于“所有者缺位”等产权结构的限制和市场机制环境的缺陷，上市公司内部人控制的现象非常严重，主要表现为：政府通过直接任免管理层来实现最终控制权，但由于国有的产权缺位，管理层拥有过多的控制权，管理者与所有者（政府）之间的信息不对称直接导致内部人控制。此外还有两个重要原因导致我国上市公司内部人控制：一是政府赋予管理层的收益权与责任不对称，对管理层来说，与其提高公司的经营业绩和效率多拿奖金，还不如通过对企业的控制权，享受在职消费牟取其他经济利益；二是国有产权缺乏所有者真正的严格监督和硬约束，国有产权代表既没有动力也没有能力对经营者进行有效约束和监督。政府仅通过任免管理层等行政手段来约束企业，而政府权力由其代理人政府官员来实现，同样存在委托代理问题。在内部人实际控制的企业，在缺乏必要的监督和约束机制的情况下，内部人在很大程度上控制了会计信息系统，会计不再为所有者和债权人等提供客观公正的信息，而成为内部人滥用控制权牟取私利的工具。

公司建立股东大会、董事会、经理层形成权力机构、决策机构和执行机构，层层负责，各司其职，同时监事会履行监督职责。朱国泓（2004）通过对沪深上市公司的随机抽样，分析上市公司的内部控制情况，研究发现，上市公司董事兼任高级经理的现象非常普遍，可能直接影响董事监督经理，影响财务会计信息生成的质量和效果。从监事与董事人员对比分析中发现，监事在监督董事层和经理层、检查公司财务的过程中处于非常不利的地位；从监事的文化层次、专业水平来看，监事监督董事和经理违规的能力不容乐观；从监事会的角色和地位来看，88.6% 的公司监事会处于股东大会与董事会之间，但由于前面分析的三个因素的影响，监事会的功能难以发挥。另外，由于没有赋予监事会对董事的任免权，也没有监事会履行职责的程序性保障制度，缺少监事会对董事会行为的有效制约措施，因此，监事会制度成为一种摆设；上市公司设置的专门应对财务报告中的舞弊和对其他违规违法行为进行审计的内部审计部门的现实情况无法令人满意。除此之外，上市公司虽然设置审计委员会或类似机构，并由独立董事担任主任委员，但从独立董事的绝对数量和比例来看，其发挥监督和抑制舞弊的作用非常有限。上市公司治理结构的缺陷和相对薄弱的内部控制环境为舞弊行为提供了条件，成为滋生舞弊的肥沃土壤。

同样，外部监督存在的漏洞和缺陷也为财务报告舞弊提供了机会。在现实中，许多财务报告中的舞弊都是利用现行会计准则或证券监管法规方面存在的漏洞实现的。以规则为基础的现行会计准则，很容易通过组织“设计”和交易“创新”来规避。会计准则修订和完善的滞后性也为上市公司利用会计准则的真空和漏洞进行财务报告舞弊提供了机会。朱国泓（2004）通过将上市公司财务报告舞弊与相关法律法规、准则实施时间分布进行对照发现，我国会计准则和相关法律法规颁布的滞后的确是造成上市公司舞弊的重要原因之一。

3. 舞弊的借口

借口是财务舞弊形成的重要因素，为了使舞弊行为与舞弊者自身的价值观、道德观以及行为准则相符，舞弊者必须寻求某个理由对其行为进行合理化，才能在做出舞弊行为后心安理得。上市公司财务报告中的舞弊有些是利用会计准则的漏洞来实现的，如利用不恰当的会计估计或会计方法的变更，利用不恰当的会计处理方法等使经济业务合理化，这是从会计技术上将财务报告舞弊在表面上合理化；有些舞弊则明显违背会计准则的要求，无法以会计处理加以掩盖。但是，从更深层次分析，会计的结果实际上是人的行为选择的结果，由于上市公司管理层由一群利益高度相关的成员组成，人员数量少，内部容易协调，相互监督成本低，很容易形成一种利益共同体，因此，几乎所有的财务报告舞弊都是高级管理层集体行动和集体决策的结果。法不责众的心态在一定程度上为集体犯罪行为提供心理辩解，集体理性的侥幸与辩护是舞弊发生的心理基础。特别是在中国，一些上市公司的集体舞弊往往有着冠冕堂皇的理由，如实现企业脱困、解决就业、增加税收等，管理层认为舞弊并不是为了自己的私利，这为舞弊行为提供了强大的心理支持。

第 4 章

舞弊影响因素分析

前述国外对舞弊动因进行研究形成的冰山理论、三角理论、GONE 理论和风险因子理论及美国在安然事件后颁发的《萨班斯－奥克斯利法案》，以及我国对《会计法》《公司法》《证券法》及《会计准则》和《中国注册会计师执业准则》的修订，这些都从侧面反映了资本市场舞弊的严重影响。舞弊是一个非常复杂的社会经济问题，广泛应用的三角理论虽然为分析舞弊产生的动因提供了一定的帮助，但是从经济、制度、心理等不同的角度和方面去分析舞弊行为，可以从根源上更全面地认识舞弊的成因。

4.1　舞弊的经济学分析

利用行为经济学理论和主要观点来分析资本市场中的舞弊行为可以有效分析与解释经济环境中会计信息与会计行为的关系，从而帮助注册会计师从舞弊行为人的心理上剖析行为根源，解释舞弊行为的特征，从而有针对性地设计审计技术程序与方法，提高审计程序发现舞弊的有效性。

4.1.1　从经济人本性和信息不对称看舞弊

经济人假设认为，人都是自私自利的，每个人总是在追求自己认为有价值的东西，经济人能够通过"收益 - 风险"分析，权衡每种方案的利弊得失，采取最有利的行动，从而最大化自身收益。而在现代企业这种契约集合中，契约存在不完备性，并且这种不完备的契约是通过会计工具来规范的，因此当事人有动机通过舞弊来实现其利益最大化。以上实际上提出了两个方面的问题：一方面，舞弊是经济人的本性，舞弊可以解释为经济人受到利益驱动所做出的一种理性化的决策；另一方面，相关利益者为什么能够进行舞弊？因为存在信息不对称。在现代公司体制下，公司内部人员一般来说是作为会计信息提供者出现的，外部人员则是作为会计信息的使用者出现的。内部人员作为信息提供者具有更显著的信息优势，他们更加了解公司的真实情况。由此可见，在利益驱动和信息不对称因素影响下，信息提供者和其他利益相关者可能产生财务舞弊的动机。

在实际经济活动中，利益驱动的相关者有很多。就财务报告审计而言，除了企业自身，会计师事务所作为中介机构也是重要的舞弊参与者。一方面，审计机构为了与企业实现所谓的长期合作而帮助企业舞弊，换句话说，在企业与会计师事务所的契约关系中，前者是服务的买方，后者是服务的卖方，前者具有卖方服务的选择权的服务费用的支付权；另一方面，就会计师事务所本身而言，也存在为了维护与客户的契约关系并使自身效用最大化、降低服务成本而放弃审计独立性的动机。

4.1.2 从委托代理理论看舞弊

现代公司所有权与经营权分离的产权结构模式产生了以信任为基础，由资产所有者选择经营者委托其管理资产的委托代理运营模式，这种形式下的委托人与代理人之间产生了委托代理关系，但是，两者的目标并不一致。一方面，作为委托人的股东希望实现公司市场价值最大化，从而获得更高的投资回报和剩余收益；而作为代理人的经营者为追求自身人力资本（如社会地位、才能等）的增值和自身利益（报酬）的最大化，可能会损害其他利益相关者的利益。正如美国宪法之父麦迪逊所说："如果人人都是天使，政府管理将会成为多余。"另一方面，作为代理人的经营者，其报酬通常是根据反映经营者业绩的指标来确定的，这样虽然有助于经营者通过努力工作使经营业绩不断提高，但也导致一些经营者为了获取更高的报酬，凭借对公司经营管理实际情况的掌握，利用舞弊来实现自己的私欲。在实际工作中，限于股东时间、精力以及契约的不完备性，经营者的舞弊是很难完全制止的。也可以说，委托代理问题是形形色色财务舞弊的重要根源，财务舞弊因此层出不穷。

我国经济中，国有经济成分占很大比例。大量研究表明，国有控股企业所有权归属模糊问题更加容易引起财务报告舞弊。对董事层而言，市场意义的董事层不仅享有剩余索取权，而且享有剩余控制权，但是在我国国有产权模式下，董事们只享有剩余控制权而不享有剩余索取权，这两种权利的分裂，可能会导致董事层滥用控制权，从而导致不必要的后果；对经理层而言，由于产权没有真正界定，经理层在为自身获取利益方面更加大胆，这主要是因为监管不力，在产权属于国家的情况下，政府相关部门没有足够的激励来实现其监管职责。

4.1.3　从有限理性看舞弊

1978 年诺贝尔经济学奖得主、美国教授希尔伯特·西蒙（Herbert Simon）在其《管理行为》一书中针对完全理性和非理性问题提出了有限理性理论，他认为，现实生活中的人处于完全理性和非理性之间的有限理性状态。此后，西蒙对有限理性进行了系统研究，并在他对人类认知系统的研究中深入论述和逐步完善了这一理论。西蒙认为，有关决策的合理性理论必须考虑人的基本生理限制以及由此而产生的认知限制、动机限制及其相互影响，因此他认为，人们所探讨的应当是有限理性，而不是全知全能的完全理性。他还明确区分了程序理性和结果理性。程序理性强调的是行为过程的理性，而不只是注重结果本身；而结果理性则强调结果对预定目标的符合程度，而不在意产生这一结果的行为程序。

财务报告舞弊在很大程度上是指所提供的财务报告及相关业绩评价指标不真实，虚报了企业的实际情况。而我们的业绩评价指标又大多是针对特定目标完成状况的考核与衡量。从某种意义上讲，现行企业业绩评价指标体系在一定程度上已经成为财务报告舞弊的诱因。从有限理性理论角度来看，我们在实际工作中过于注重结果理性，把注意力都集中在利润、投资报酬率、每股收益等财务评价指标上，而较少运用和分析相关的非财务性评价指标，只强调企业“最后结果如何”“是否达到既定目标”“与过去和相关单位比处于何种水平”等，而不问企业是通过什么程序或采取哪些过程来达到这种结果的。正是我们对于结果的过于重视，对于财务信息产生过程的忽视，促成了企业的短期行为以及会计造假、违规交易等一系列行为，导致财务报告舞弊行为屡禁不止。

4.2　舞弊的成本价值分析

任何市场活动中的舞弊行为，其本质上都是一种超越市场界限而牟取超额利润的经济行为。舞弊行为通常是行为人经过预先的利弊权衡后付诸实施的，而不是因行为人一时冲动发生的，从一个理性的角度去分析，舞弊行为人在实施舞弊行为时都应该考虑其成本与收益，以实现利润最大化。当成本大于收益时，即弊大于利时，舞弊行为则劳而无获、得不偿失，舞弊行为人就可能放弃或中止舞弊行为。因此，对舞弊行为进行成本价值分析，思考如何提高舞弊的成本，降低舞弊的收益，对于治理舞弊有一定的理论和实践意义。

舞弊行为的成本是指舞弊行为人实施舞弊行为的全部支出，包括现实的支出和未来可能的支出，具体包括：舞弊行为过程中的时间、劳动、费用和智力支出（交易成本）；法律制裁的风险（受罚成本）；从事合法正当活动可能获得的收益（机会成本）；社会对舞弊行为的负面评价及行为人的心理道德损失（道德成本）。

1. 个体支出

舞弊行为人的时间、劳动、费用和智力支出构成了直接支出，其大小取决于三个方面的因素。一是市场运行机制的完善程度。完善的运行机制可以堵住我国经济在转轨过程中形成的漏洞，从而降低舞弊行为发生的概率。二是经济监督机制效能的高低。在大部分的舞弊行为中，行为人均利用了职务便利，或利用自身职务与舞弊行为人构成舞弊行为共犯，这也是一些注册会计师与上市公司形成舞弊合谋的原因之一。三是社会规范体系的完备程度。当前社会处于转型过程中，原有的价值观念和行为模式受到严重冲击，而新的价值观念和行为模式尚未被普遍接受或正在形成中，呈现社会失范的状态，舞弊行为的增加正是社会失范的一种表征，规范体系的全面建立会有效防范舞弊行为，提高舞弊行为的成本。

2. 惩罚代价

舞弊行为者因舞弊行为而受到的法律制裁是舞弊行为成本之一。法律制裁的目的不仅在于对违法犯罪的惩罚和对行为人的教育，也在于震慑意图实施违法犯罪行为的人。法律制裁的威慑力与制裁的严厉性、确定性、及时性三个要素有着密切的关系。刑罚的严厉性是制裁的首要特征，其科学设置尤其重要，刑罚过于严厉则会遭到公众的不满和抵制，不能得到公众的支持；相反，如果严厉性不足，则会激发违法犯罪行为人对法律的蔑视心理，不足以形成威慑力，妨碍刑罚功能的发挥。刑罚的确定性，表现为发现舞弊并对舞弊适用刑罚的概率，反映的是舞弊行为者受到制裁的现实可能性。刑罚的威慑力除了体现于刑罚的严厉程度与现实中刑罚适用的必然性程度之外，还体现于适用刑罚与实施舞弊的时间间隔，即刑罚的及时性。及时地惩罚违法犯罪，有利于提高刑罚的威慑力，减少受害人的损失。法律制裁的风险，构成舞弊犯罪成本最主要的部分，它与刑罚的严厉性、确定性、及时性有着正相关关系，即严厉性、确定性、及时性越高，制裁的风险越大，犯罪成本就越高。在市场经济条件下，任何涉足经济活动的利益主体，其目的都是获得最大化利润，如果利润的吸引力远远超过刑罚的威慑力，则惩治风险在利润面前就会成为微不足道的成本，资本市场中舞弊行为的泛滥与舞弊的惩罚成本过低密切相关。

3. 可预期的合法收益

舞弊行为人为实施舞弊行为而放弃的从事合法活动所可能获得的收益即为舞弊行为的机会成本，也叫选择成本。如果机会成本高，就会有较少的人选择舞弊行为；反之，如果从事合法正当的经济活动阻力重重，预期收益比舞弊收益低，舞弊动因则具有增长之势。有些国家为防止公务员舞弊和腐败而采用的“高薪养廉”措施就是基于此原理。影响合法经济活动收益的因素有很多，主要有市场运行对合法经济活动的保护程度、经济环境、市场不确定性因素以及社会保障体系的完善程度等。

4. 道德损失

舞弊行为者实施舞弊行为的最终目的是最大限度地满足自己的需求，但会遭受来自社会的负面评价、良心上的不适或自我谴责。这种精神的、道德的、社会的评价在社会公众生活效用函数中所占比例越大，则犯罪成本就越高，犯罪的欲望就会降低而动因趋小。这一成本主要是受社会道德状态的影响，社会平均道德水平越高，道德的约束力越强，犯罪成本就越高，犯罪率就会下降。道德约束是一种自我约束，它相对于法制背后的国家强制力而言，是一种软约束，但是道德规范一旦内化为人的信念，其作用是不容忽视和替代的。

4.3 舞弊的制度因素分析

从制度经济学的角度来看，制度是集体行动控制个体行动，这种控制是通过利益诱导和禁例的方式进行的（林毅夫，1994）。因为制度中的个体有各自的利益，都在追求自身利益最大化，但是由于受到其他个体行为的影响，每个个体都不可能无限地扩大自身的利益，因此，在制度中每个个体都希望达到帕累托最优，制度的形成是多方博弈的结果，并且成为博弈双方或多方自愿执行的有约束力的行为规则。将这一理论用于舞弊行为分析中，可以认为，舞弊同其他违法性经济行为一样，是人的趋利行为在特定制度背景下的产物，是人的心理动机与各种制度相碰撞的结果。刘峰等（2004）从理性经济人的角度，认为公司管理层对会计信息的操纵并非随意且无约束的，他们总是要考虑当时环境下各种制度的约束与限制，最终选择他们认为的得大于失的方式。从经济学角度解释，舞弊行为是一定制度环境下的相关当事人在对利弊得失进行权衡后做出的选择，任何公司在舞弊前都会将实施舞弊与保持会计信息真实性所形成的效用进行比较，当前者大于后者时才将舞弊付诸行动。

一般意义上讲，如果一定时期的制度安排鼓励提供高质量的会计信息，并对实施这种行为的主体给予奖励，则会计违法行为减少，会计守法行为增加；反之，如果市场不奖励，甚至使提供高质量会计信息的主体受到损失，而那些提供虚假会计信息的主体能获得不菲的收益，则会计违法行为趋于泛滥，会计守法行为大大减少。财务舞弊行为的发生，与企业所面临的财务压力、公司内部治理是否规范、信息披露规范的约束程度、审计监督是否有效、外部监管是否严格等一系列因素相关。资本市场是由上市公司、投资者、中介机构、自律机构和政府监管机构共同组成的金融市场，市场参与各方相互博弈、相互影响，因此，对于上市公司舞弊行为本质的分析还要结合特定的制度背景、市场环境来进行。

我国一些学者结合制度背景对舞弊问题进行了研究。刘立国、杜莹（2003）对从 1994 年至 2002 年 6 月因会计舞弊而被中国证监会处罚的 25 家上市公司及 25 家作为控制样本的上市公司从股权结构和董事会特征两个方面，对公司治理与会计舞弊之间的关系进行了实证分析，结果表明：法人股比例、执行董事比例、内部控制与会计舞弊的可能性正相关；流通股比例与会计舞弊的可能性负相关；公司第一大股东为国有资产管理局、公司有一个更大规模的董事会会加大会计舞弊的可能性。刘峰等（2004）研究了我国近年来的制度环境的变化，认为法律风险缺失导致会计准则的改进并不能很好地反映到会计信息质量上来。陈胜蓝和魏明海（2006）基于市场化进程指数，考察了投资者保护与会计信息质量间的关系。刘冬荣、刘建秋（2005）研究认为，从契约的角度考察，舞弊行为是会计诚信契约自动履行失败的结果。在我国的经济转轨过程中，报酬契约的隐性激励、债务契约流于形式、法律契约的软约束、政治性契约的博弈性冲突和公司内部治理契约缺失，是造成我国会计诚信契约履行障碍特别严重的制度原因。

4.4　舞弊的环境因素分析

舞弊总是生成于一定的时间和空间之中，其手段随着社会政治经济的大环境和企业内部管理的小环境的变化而不断翻新 . 尽管不能简单地说环境造就了舞弊，但是环境对舞弊确有不容忽视的制约、控制或者催生、促进作用。从舞弊的动因理论来看，舞弊行为人面临的压力、机会等都是舞弊发生的环境因素，行为主体的舞弊动机一旦与适宜的环境相融合，就容易迅速演变为舞弊的实际行动。因此，环境是舞弊的重要诱因之一，环境因素与舞弊之间具有相关性、依存性，除此之外，环境因素还具有先导性、互动性，环境因素总是先于舞弊发生而存在，是其基础条件之一，同时环境还是舞弊的晴雨表，能够提前感知和指示舞弊，对舞弊环境特征的研究可以为我们防范、识别和治理会计舞弊提供坐标方位。

舞弊环境是指舞弊行为产生、发展的客观背景、前提条件、特定时期及特殊机遇，是舞弊存在和生长发育的土壤。舞弊环境包括两个方面：一是内部环境，即组织内部的经济环境、管理环境、人际环境、制度环境和其他环境等；二是外部环境，即组织外部的社会环境、政治环境、经济环境、法律环境和文化环境等。财务舞弊的环境因素是指有利于财务舞弊存在的情况和条件，包括内部环境因素和外部环境因素，由于财务舞弊的行为主体主要是管理层，管理层所在的公司是舞弊的载体，因此，本研究所述影响舞弊的内部和外部环境因素是指有利于管理层实施舞弊行为的环境。

4.4.1 外部环境因素

关于舞弊的外部环境，理论界有较多论述。学者们普遍认为舞弊是市场经济发展到一定阶段的特定产物，有着深刻的历史背景和时代特征，也是全球经济发展进程中遇到的共性问题之一。现阶段我国资本市场上的舞弊行为不可避免地受到政治文明、管理体制、传统思想、法律法规和文化习俗等外部因素的制约和影响，具有特定历史时期的烙印。

1.“假”象丛生的社会经济环境

在体制转轨时期，社会的有序与无序并存，舞弊现象非常普遍，财务舞弊只是社会经济生活中诸多“假”的一个方面，人们对于“假”的敏感度不断下降，对于“假”的危害性认识水平也在下降，有人说财务舞弊是能接受的、可容忍的，再假的账也没有假酒、假药可怕。众多的“假”之间恶性互动，且相互支托，互为条件，而造假者低廉的造假成本、无关痛痒的惩罚和巨额的收益都让舞弊造假者前仆后继，不仅严重恶化了社会舞弊治理的环境，动摇了社会诚信的基础，形成了积重难返、法不责众的局面，甚至可能导致整个社会道德的沦丧，处于这种环境下的以道德、监管、审计、法律、自律等构筑的舞弊防线其实十分脆弱，在巨大的经济利益面前不堪一击。

2. 失衡的利益格局

市场经济构造了各经济主体利益多元化的格局，企业产权结构中的债权人、所有者、投资者、经营者和其他相关利益群体各自的利益重心和关注的焦点都是不同的：债权人关心的是按时收回本金和利息；所有者关心的是投入的资产能否保值增值；经营者关心的是其经营活动能否带来超额利润；证券市场的投资者关心的是上市公司股价的涨落和公司的业绩是否与其期望相符；等等。由于持有不同的经济期望和经济目标，所以各利益关系方的利益驱动机制是不同的，众人利益目标的一致和平衡是偶然的，不一致或冲突是常态，各利益方都在这种常态化的不平衡和冲突中进行利益博弈。由于经营者处于特殊的有利地位，实际占有和操纵资产，直接经营管理着企业，创造着各投资者所共享的收益，生成并提供会计信息等，所以在客观上拥有从其自身利益最大化出发，将会计信息的披露纳入自我利益目标实现途径的特权。我国目前由于经营者的激励机制和约束机制尚未完全建立，经营者的附加劳动和超额贡献，尤其是其创业投入和风险性经营回报未得到充分肯定和应有体现，因此经营者更容易出现“维权”和“利益自卫”行为。财务舞弊往往是经营者利用信息不对称的独特地位，采用的低成本、低风险、高收益、多回报的手法之一。

3. 法律法规的缺乏或不健全

上市公司舞弊与法律、法规、规则的缺乏或不健全有密切的关系。与会计信息规范相关的法律主要有《会计法》《公司法》《证券法》等，还有一些行政法规，如《股票发行与交易管理暂行条例》《公开发行股票公司信息披露实施细则》《公开发行股票公司信息披露内容与格式准则》，但这些法律法规的实际执行效果并不理想。主要的问题一是规则的制定滞后于实践的发展，缺乏整体性、预见性和前瞻性，不能达到标本兼治的目标；二是有关规则条文过于宽泛，缺乏详细解释，可操作性不强，不能有效地规范和指导实际工作；三是法律法规的执行不力，特别体现为对违法、违规者的查处不及时和惩罚不力，往往以经济处理代替行政处理，以行政处分代替刑事处罚，使违规者的收益远远大于违规成本。

除非舞弊行为在会计市场和社会上引起巨大反响，否则作为会计责任主体（管理层）的会计违法行为几乎不需要承担任何法律责任，这在一定程度上“鼓励”了会计违法行为，而“排斥”了会计守法行为。

同时，健全的民事赔偿责任法律制度的缺乏，对投资者权益的有力保护的缺失，更进一步助长了舞弊行为的泛滥。

4. 独立审计监督制度的低效

法律、法规环境存在的问题使得防范舞弊的重担落在注册会计师身上，但是审计监督制度的失效无疑使这“最后一道防线”陷于崩溃。

根据中国证监会的要求，上市公司聘请会计师事务所必须经过股东大会的批准和独立董事的同意，但现实中公司治理结构运行的结果是，聘请注册会计师的真正权力掌握在管理层手中，管理层决定了审计机构的聘任、续聘、费用支付等重要事项，导致经营者本人既是被审计人，也是审计的委托人。这种审计委托模式的缺陷直接导致了作为监督者的会计师事务所和注册会计师对客户经济上的依赖，而作为被监督者的被审计单位则成为注册会计师的“衣食父母”。

审计市场成了一个买方市场，会计师事务所和注册会计师在合同谈判中处于弱势地位，面对管理层的“特殊要求”，注册会计师的选择只有两个，要么被解聘，要么屈服；在竞争激烈的审计市场，能否争夺到客户关系着会计师事务所的生存的发展，在这种压力下，注册会计师的选择往往是后者，甚至与管理层合谋共同实施欺诈，给虚假的财务报告贴上合法的标签。

频频曝光的财务舞弊案已经使公众质疑注册会计师的职业道德，审计监督的低效成为一个不容回避的问题。

4.4.2　内部环境因素

虽然外部环境因素对舞弊的影响至关重要，但是公司管理层并不能改变外部环境，往往是利用外部环境的有利之处实施舞弊，而内部环境则是管理层完全能够控制的，因此，内部环境对于舞弊的影响更为直接、全面，也更具有渗透力。

1. 公司治理结构的缺陷

我国现行上市公司的股权结构普遍不合理，国家股、法人股所占比重过大且股权高度集中，企业"内部人控制"现象严重，代表投资者的董事会形同虚设，国有企业的所有者缺位，独立董事缺乏独立性，造成内部相互牵制和制约的机制缺失。

公司治理结构的重大缺陷使得大公司，特别是上市公司，控股股东兼经营者集公司经营权、决策权、管理权和监督权于一身，客观上给经理人和大股东实施舞弊提供了便捷通道，处于管理层的大股东可以超越内部控制，直接授意、指使会计人员舞弊，这几乎不存在任何管理障碍和技术困难。

2. 内部控制不健全或无效

设置科学、运行有效的内部控制在一定程度上利于防范和发现会计舞弊。管理混乱，内部稽核和有关查错防弊措施不力，不能针对关键部位设置有效的内部控制也是导致财务舞弊的重要因素之一。但是由于财务舞弊的实施主体是管理层，管理层以特殊地位可以轻易地凌驾于内部控制之上而导致内部控制失效。所以，有效的内部控制能够发现员工舞弊，但对于防范管理层舞弊并没有多大作用。

3. 与政府部门关系密切

很多上市公司的管理层人员曾经是国家公职人员，与政府部门的关系亲密，甚至拥有某些荣誉性职务，这可以说是一种无形的而又无法准确衡量的软权力，往往能给上市公司带来巨大的利益，甚至可能形成其违法行为的庇护，而且其方式主要是隐性的，这些往往导致舞弊行为的发生。

第 5 章

舞弊的主要手段

进入21世纪后，国内外众多舞弊案件不仅舞弊金额特别巨大，后果极其严重，而且舞弊的手法也越来越复杂和隐蔽。前事不忘，后事之师。对注册会计师来说，分析舞弊案例，熟悉各种舞弊的手段不仅是实施舞弊审计的必然要求，也是科学制定审计策略、避免审计失败的前提。

5.1　重大舞弊案例手段分析

5.1.1　安然公司（Enron）舞弊案

安然公司（以下简称安然）的舞弊规模在美国可谓史无前例，它使美国、欧洲及亚洲的债权银行损失 50 多亿美元，使持有安然股票的共同基金及退休金者损失数十亿美元，同时也危及华盛顿的政治家们。

1. 安然的主要舞弊手段

按照财务报告舞弊动因的理论分析，安然舞弊案的发生囊括了四因素理论中的所有因素。首先，安然的管理层具备贪婪和需求两大要素。安然的管理层想把安然构建成美国乃至世界第一大公司，为实现这一目标，安然实施了"从美国到印度、从能源管道到宽带网络"的疯狂扩张政策。但这种盲目扩张并未成功，当管理层无法实现许诺的发展速度时，就开始寻求"人工增长法"，即通过秘密交易和"创造性"的会计方法来粉饰业绩以便继续博取投资者的青睐。而为了保住自己的分红，安然管理层毫无羞耻感地"盗取"公司员工和广大投资者的财富。这样，亏空黑洞越来越大，在承认了 12 亿美元的虚假利润后，安然又挣扎了大约六个星期，终于宣告破产。其次，安然的保密措施在为其财务报告舞弊行为提供契机的同时，也能有效地防止外人揭穿舞弊行为。一方面，安然以防范竞争对手为由，以商业秘密名义把收入或利润的细节保护起来；另一方面，他们提供的财务数据通常过于烦琐和混乱不清，连为标准普尔公司这样的债务评级公司负责财务分析的专业人员都无法弄清这些数据的来由。

安然实施舞弊的具体手段如下。

①构造特殊目的实体（SPE）。SPE 即为了特定目的而构造的实体，是一种金融工具，企业可以通过它在不增加企业资产负债表中负债的情况下融入资金，并利用其进行表外融资，隐匿债务。从 1997 年以来，

安然通过“组织创新”“交易设计”和“衍生工具”等方式，创立了近3000家SPE和其他子公司，其中900家设在“避税天堂”。由于不合并SPE财务报表的条件比较宽松，安然处心积虑地将几乎所有SPE都设计为不需要纳入合并范围的实体。利用SPE，安然进行表外融资，筹集数十亿美元的资金，将SPE的资产纳入合并资产负债表，将利润纳入公司业绩，却将数亿美元的债务转至不见于公司资产负债表的附属公司或合资企业的账上。通过不纳入合并报表范围的SPE进行不具有经济实质的对冲交易和出售回购等关联交易，安然达到夸大利润、隐瞒亏损、提高信用等级的目的。

②空挂应收票据。通过空挂应收票据，将不应记作收入的款项记作收入，将不确定收入计入公司盈利，高估资产和净资产10亿美元。2000年第1季度、2001年第1季度，安然两次向其控制的RAPTOR公司发行普通股，均在没有收到认股款的情况下，分别确认1.72亿美元和8.88亿美元的实收资本和应收票据。

③利用关联交易虚构利润。安然通过与有限合伙企业LGM公司的关联交易，以偏离公允价值的方式虚构利润5.57亿美元；通过出售资产给LGM公司确认利润8730万美元；通过受让LGM公司控制的5个SPE的股权确认这些SPE与风险管理有关的利润4.7亿美元。

④设立有限合伙企业，制造资金来源，隐瞒与转移风险，操纵利润。安然通过与尚未对外公开的合伙企业编造业务交易，虚增利润。同时，安然建立了极为复杂的公司体系和合伙企业网络组织体系，依此进行关联方交易，以迷惑投资者和债权人，自我交易，内部循环，隐瞒巨额损失。

⑤“创造性”会计政策的运用。安然通过对金融工具的“创造性”应用，使本来不流动或流动性很差的资产流动起来。安然运用所谓的市场计价法会计，并通过“推算税前收益目标”来营造公司正在不断扩大的假象。安然还创造了非常复杂的财务结构，在安然向SEC递交的报告中，陈述的内容十分复杂，连华尔街的分析师和会计学教授都看不懂。

安然发现本国法律、法规和会计准则存在的漏洞和缝隙，借助高科技手段，利用金融工具与衍生金融工具的交易特性，利用美国监管机构对财务和金融创新反应迟钝的特点，利用人们对美国法律和会计制度的信心实施舞弊，特别是其成功地利用了某些资产项目评估的非准确性，新兴产业及其运行的不确定性和对其审计的困难性，利用了某些业务边缘的非清晰性及其账务处理的非规则性，利用了复杂的经营网络隐藏其实质性业务，通过提供大量垃圾信息转移公众和投资者的视线，有效地实施并巧妙地掩饰舞弊行为。

2. 安达信的审计情况

自安然 1985 年成立时起，安达信会计师事务所就一直为其提供审计服务。令人遗憾的是，在十余年的审计过程中，安达信会计师事务所既没有审计出安然虚构利润，也没有发现其巨额债务，实在难逃审计合谋的嫌疑。

①出具严重失实的审计报告和内部控制评价报告。安达信 1997—2000 年为安然出具的均为无保留意见审计报告，其中 1999—2000 年的报告加了解释性说明，主要对开办费及部分能源合同所涉及的会计政策的变更进行说明。2000 年安达信对安然内部控制能够合理保证财务报表可靠性的声明出具了认可的评价报告。以 1997 年，安达信提出的审计调整金额为 5100 万美元，占当年净利润的 48.6%，在安然拒绝调整的情况下，安达信仍然发表了无保留意见，严重违反了公认审计准则的规定。

安达信在发现安然存在严重会计问题的情况下，并未采取必要的纠正措施。由于意识到安然的会计政策和方法太激进，2001 年 2 月，安达信的合伙人就曾讨论过解除与安然的业务关系。2001 年 8 月，安达信部分高级合伙人曾开会讨论安然发展部副总裁沃特金斯对安然会计问题的警告。可见，安达信已意识到安然的会计问题的严重性，却未向 SEC 汇报，也未采取必要措施纠正已签发审计报告的错误。

②独立性丧失。安达信在审计过程中严重缺乏独立性。安达信在为

安然提供审计鉴证服务的同时，还为其提供咨询服务。在安达信对安然每年1亿美元的收费中，有50%以上来自咨询服务。安然的财务总监曾明确告诉法庭，安然就SPE涉及的每一笔业务安排都与安达信进行沟通，并经过安达信的同意，因此完全可以认为安达信在安然事件中与安然串通舞弊。

安然是安达信的第二大客户，2000年度安达信向安然收取费用高达5200万美元，其中咨询服务费用达到2700万美元。1997—2000年，安达信提供SPE交易策划及其会计处理的咨询收费高达570万美元，其他咨询服务还包括代理记账和外包的内部审计。安然许多高级职员来自安达信，包括首席财务主管、首席会计主管和公司发展部副总经理在内的大约100名雇员曾在安达信就职。

③销毁审计档案，妨碍司法调查。以客观、真实的证据为依据的审计，被帕通（Paton）和利特力顿（Littleton）称为英国对审计行业的最重要贡献。但是安达信在得知美国证券交易委员会要对安然破产案进行调查后，竟然大量销毁其与安然有关的审计档案，让人怀疑这不完全是由判断失误造成的审计失败案，被销毁的审计档案中很可能藏有不可告人的事实。2001年10月23日，首席审计师大卫·邓肯竟然要求审计小组执行总部文件保管政策的指令，销毁大量关于安然的审计档案。销毁审计档案是对注册会计师职业道德的公然挑衅，不仅使安达信的信誉丧失殆尽，而且加大了安达信串通舞弊的嫌疑。2002年3月，美国司法部正式以妨碍司法公正罪对安达信提起公诉。

5.1.2 世界通信公司（Worldcom）舞弊案

20世纪90年代，世界通信公司（以下简称世通）收购了几十家公司，公司规模迅速膨胀。1999年6月21日，公司股价攀上每股64.50美元的高位，市值冲破1960亿美元。需要指出的是，在公司执行总裁埃伯斯实施的大多数并购案中，世通都不需要支付现金，而是以股票交换达到目的，方式是以自己的持股或通过增发新股来交换被收购方的股票，以获取足够的控股权。转折点出现在 2000 年，世通想要并购竞争对手 Sprint 公司，宣布的并购金额高达 1290 亿美元，但收购行动遭到了美国和欧洲反垄断机构的联手阻击，这一流产的购并案使世通元气大伤，从此走上了下坡路。2001 年，世通与其他同行一样遭遇了世界电信业的不景气，股票市值缩水到 250 亿美元，同时，对 MCI 公司的收购使世通背上了沉重的负担，公司经营举步维艰。在这种情况下，为了保持股价，继续吸引投资者，世通只能铤而走险，选择造假。

1. 世通的主要舞弊手段

世通的舞弊手法大致有以下几种类型。

①滥用准备金，冲销线路成本。滥用准备金科目，利用以前年度计提的各种准备（如递延税款、坏账准备、预提费用）冲销线路成本，以夸大对外报告的利润。经美国证券交易委员会（SEC）和司法部查实，这类造假金额高达 16.35 亿美元。

②冲回线路成本，夸大资本支出。世通的高管人员以“预付容量”为借口，要求分支机构将原已确认为经营费用的线路成本冲回，转至固定资产等资本支出账户，以此降低经营费用，调高经营利润。SEC 和司法部已查实的这类造假金额高达 38.52 亿美元。

③分摊收购成本，蓄意低估商誉。世通除了在线路成本方面弄虚作假外，还利用收购兼并进行会计操纵。在收购兼并过程中利用所谓的未完工研发支出（In- process R&D）进行报表粉饰，这是美国上市公司惯用的伎俩。其做法是，尽可能将收购价格分摊至未完工研发支出，并作为一次性损失在收购当期予以确认，以达到在未来期间减少商誉摊销或避免减值损失的目的。

④随意计提固定资产减值，虚增未来期间经营业绩。世通一方面通过确认 31 亿美元的未完工研发支出压低商誉，另一面通过计提 34 亿美元的固定资产减值准备虚增未来期间的利润。收购 MCI 时，世通将 MCI 固定资产的账面价值由 141 亿美元调减为 107 亿美元，此举使收购 MCI 的商誉虚增了 34 亿美元。按照 MCI 的会计政策，固定资产的平

均折旧年限约为4.36年，通过计提34亿美元的固定资产减值损失，世通在收购MCI后的未来4年内，每年可减少约7.8亿美元的折旧。而虚增的34亿美元商誉则分40年摊销，每年约为0.85亿美元。每年少提的7.8亿美元折旧和多提的0.85亿美元商誉摊销相抵后，世通在1999—2001年每年约虚增6.95亿美元的税前利润。

⑤借会计准则变化之机，大肆进行巨额冲销。世通将收购MCI所形成的商誉确认为301亿美元，并分40年摊销。公司在舞弊被发现之前5年中的商誉及其他无形资产占其资产总额的比例一直在50%左右，高额的商誉成为制约其经营业绩的沉重包袱。为此，世通以会计准则变化为“契机”，利用巨额冲销来消化并购所形成的代价高昂的商誉。美国财务会计准则委员会（FASB）2001年7月颁布了142号准则《商誉及其他无形资产》，不再要求上市公司对商誉及其他没有明确使用年限的无形资产进行摊销，而改为减值测试并计提减值准备。这一准则的出台对于世通来说如获至宝。在2001年度财务报告中，公司发出了2002年度业绩将大幅下降的预警，拟在2002年第二季度计提150亿~200亿美元的商誉减值准备。世通的高层直言不讳地表示，由于142号准则不再要求对商誉及其他没有明确使用期限的无形资产进行摊销，世通每年可减少13亿美元的摊销费用。

2. 世通的外部审计情况

具有讽刺意味的是，世通的外部独立审计机构仍然是安达信。世通舞弊案的揭露给了因安然事件而处于风雨飘摇境地的安达信致命一击。至少从1999年起，安达信一直为世通出具无保留意见的审计报告。可以说，安达信对世通的财务舞弊负有不可推卸的重大过失审计责任。安达信对世通的审计失败，主要有以下几个原因。

①缺乏独立性。安达信2001年共向世通收取了1680万美元的服务费用，其中审计收费440万美元、税务咨询费760万美元、非财务报表审计（主要是外包的内部财务审计）费用160万美元、其他咨询服务费用320万美元。自1989年起，安达信一直担任世通的审计师，直到

安然事件发生后，世通才在 2002 年 5 月 14 日辞退安达信。安达信在过去的十几年既为世通提供审计服务，也向其提供咨询服务。此外，世通历来是安达信密西西比杰克逊（世通总部所在地）分所最有价值的单一客户，这一事实不禁让人对安达信的独立性产生怀疑，杰克逊分所的设立，目的就是保住世通这一给安达信带来不菲收入的客户。

②未能保持应有的职业审慎和职业怀疑。安达信向美国证券交易委员会（SEC）和司法部门提供的 1999—2001 年审计工作底稿表明，安达信在这三年里一直将世通评估为具有最高等级审计风险的客户。这说明安达信已经认识到世通的会计及财务报告具有重大的审计风险，这种风险主要源于世通制定了过于激进的收入和盈利目标。换言之，安达信已经意识到世通具有报表粉饰或财务舞弊的动机。但是，面对如此高风险的审计客户，安达信没有保持应有的职业审慎和职业怀疑。安达信对世通的线路成本、准备金计提和转回、收入确认和商誉减值等重大事项的审计，几乎完全依赖世通高层的管理声明书，而不是建立在获取充分适当审计证据的基础上，以至世通审计委员会在 2002 年 6 月向安达信通报世通利用冲销线路成本虚构利润时，安达信向新闻媒体的解释是世通高层并没有在管理层声明书中将此事告知安达信。可见，安达信的做法严重违反了 GAAS 关于应有职业审慎和职业怀疑的相关规定，负有重大过失责任。

③没有充分了解世通的会计程序。GAAS 要求注册会计师在了解被审计单位经营业务和相关内部会计控制的基础上，恰当地编制审计计划，据以合理制定和实施能够发现导致财务报表重大错报漏报的错误与舞弊的审计程序。GAAS 特别强调注册会计师在编制审计计划前，应当了解可能对财务报表产生重大影响的交易、事项、程序和惯例。但安达信没有按照 GAAS 的要求，对世通的相关会计控制和程序进行充分了解，导致其未能合理制定和实施有助于发现财务舞弊的审计程序。

④没有获取足以支持其审计意见的直接审计证据。安达信没有获取世通通过转回准备金以冲销线路成本的直接证据，而是过分依赖管理层

的声明，以至于未能发现世通在2000年第三和第四季度以及2001年第三季度至少将过去计提的16.35亿美元的准备金用于冲销线路成本的舞弊行为。这些转回分录均属于“空白记账凭证”，无一例外地缺少相关的原始凭证或其他证明材料。具体地说，安达信没有充分考虑来自财务报告信息系统之外的会计分录的有效性。尽管世通为了掩饰其舞弊行为，采用化整为零的方式，将12亿美元的转回冲销分录拆成几百笔分录，以逃避安达信的审计，但安达信如果检查了总账记录或者要求审阅结账后的调整分录，完全可以发现这些没有原始凭证做支撑的会计分录的可疑之处。

稍有一点审计常识的注册会计师都知道，转回已计提的准备金是上市公司调节利润的惯用伎俩，因此，对于准备金的借方发生额必须进行重点审计。而安达信竟然对16.35亿美元的准备金转回无动于衷。从重要性水平的角度看，世通在2000年第三和第四季度通过转回准备金虚增了12.35亿美元的利润，占当年对外报告净利润的29.7%，2001年通过转回无线通信部门已提取的坏账准备虚增了4亿美元的利润，占当年对外报告净利润的26.6%，均远远超出约定俗成的重要性水平（通常为净利润的5%~10%）。对于如此重大的事项，安达信竟然视而不见，连起码的职业敏感性都没有。

5.1.3 银广夏舞弊案

在我国资本市场的发展过程中，银广夏公司（以下简称银广夏）舞弊案无疑是最具典型意义的案例，其舞弊金额之巨、舞弊手段之多样堪称登峰造极，其对资本市场影响之深远、对注册会计师公信力损害程度之严重堪称史无前例。这样极端的个案虽然并不多见，但对监管部门和注册会计师来说仍有着极强的警示作用。

1. 银广夏的主要舞弊手段

中国证监会的调查结果表明，银广夏在1998—2001年间虚增巨额利润，从原料购进到生产、销售、出口等环节，公司伪造了全部单据，包括销售合同、发票、银行票据、出口报关单和所得税免税文件等。也就是说银广夏为了达到虚增销售和利润的目的，以伪造的方式实施了“一条龙”的造假。

① 1998 年度财务报告披露虚假利润 1776.10 万元。银广夏将 1995 年、1997 年配股资金 3000 万元投入广夏银川天然物产有限公司，以收取配股资金利息并冲减财务费用等手段，虚增利润 404 万元。银广夏控股子公司武汉世贸在 1999 年 3 月 3 日与购买方武汉商业发展股份有限公司（集团）签订解除 1998 年销售世贸大厦第 23~25 层房产协议后，没有根据企业会计准则调减 1998 年销售收入，导致虚增销售收入 5664 万元，虚增利润 2690.40 万元。按银广夏与武汉世贸权益比例计算，银广夏虚增利润 1372.10 万元。

② 1999 年度财务报告披露虚假利润 17781.86 万元。天津广夏 1999 年度采取伪造销售、采购合同和发票，伪造银行票据、海关出口报关单，伪造所得税免税文件等手段，致使银广夏虚增利润 15981.88 万元；芜湖广夏 1999 年度少转玻璃制品销售成本 268.23 万元，少计利息 33.44 万元，多提固定资产折旧 130 万元，多计书报费 56.04 万元，多计营销费 31.98 万元，上述合计净虚增利润 83.65 万元，致使银广夏虚增利润 35.98 万元；银广夏将配股资金投入广夏银川天然物产有限公司和贺兰山葡萄酒公司，以收取配股资金利息并以此冲减财务费用等手段虚增利润 1764 万元。

③ 2000 年度财务报告披露虚假利润 56704.74 万元。天津广夏 2000 年度采取伪造销售、采购合同和发票，伪造银行票据、海关出口报关单等手段，致使银广夏虚增利润 52287.38 万元；芜湖广夏 2000 年度采用少计销售成本、少计管理费用、少计经营费用等手段，致使银广夏虚增利润 277.36 万元；银广夏下属海韵文化公司在不具有电视片《中国博物馆》产权的情况下，虚构该片广告收入 3000 万元，致使银广夏虚增利润 2670 万元；银广夏将 1999 年配股资金 10455 万元以增资扩股方式投入贺兰山葡萄酒公司，以收取配股资金利息冲减财务费用等手段虚增利

润1470万元。

④2001年1~6月份财务报告披露虚假利润894万元。银广夏将1999年配股资金10455万元以增资扩股方式投入贺兰山葡萄酒公司，收取配股资金利息894万元并以此冲减财务费用，银广夏虚增利润894万元。

⑤隐瞒重大事项，披露虚假信息。1997年3月17日，银广夏董事局对深圳广夏软盘配件有限公司、深圳广夏微型软盘有限公司、深圳广夏录像器材有限公司做出报停和注销的决定，公司未按有关规定进行披露，并在1999—2001年年中报中继续虚假披露。1997年3月18日，银广夏在未履行资产收购相关程序情况下，非法收购大股东深圳广夏文化实业有限公司资产——已关停的深圳广夏软盘配件公司，此重大事项公司未按有关规定进行披露。银广夏1999年、2000年年报均披露1999年配股资金30388.96万元已全部投入承诺的配股资金项目。经查，配股承诺投资项目的投入为17816.88万元，其余配股资金被银广夏董事局及其控股子公司占用及借款，其中支付董事局经费1200万元。银广夏在2000年年报中披露，以价值4351万元的超临界萃取设备作为投资，对芜湖广夏华东玻璃制品股份公司进行增资扩股，并在此基础上设立了芜湖广夏生物技术股份公司，公司注册资本7535万元，其中：银广夏出资3337.59万元，持股44.29%；天津广夏出资2637.25万元，持股35%。经查，芜湖广夏华东玻璃制品股份公司在2001年3月6日才更名为芜湖广夏生物技术股份公司，注册资本为3184万元，股东构成及其持股比例也未发生变化，银广夏持股比例为30%，天津广夏并无出资。

2. 银广夏的外部审计情况

银广夏案件披露以后，公众在声讨上市公司的同时，对中介机构的信任也大打折扣。深圳中天勤会计师事务所的注册会计师作为为社会公众和广大投资者提供鉴证服务的专业人士，却对银广夏的巨额利润造假视而不见，并持续多年出具无保留意见的审计报告，其专业技能和职业操守受到公众的普遍质疑，整个行业的社会形象因此受到严重的冲击。

调查发现注册会计师的执业行为存在以下重大过失。

（1）对财务报告及相关信息中显示的异常变动缺乏应有的关注

通过分析银广夏的财务报告及相关信息可以看到，公司在很多重要财务数据及会计信息上存在异常变动。

①关键产品投入产出异常。2000 年度生产卵磷脂的投入产出比率较 1999 年度大幅下降的异常情况（事务所工作底稿显示，银广夏萃取产品——卵磷脂 1999 年度的投入产出率为 14 ∶ 1，2000 年度投入产出率为 3.2 ∶ 1），注册会计师既未实地考察，又没有咨询专家意见，而轻信管理层声称的“生产进入成熟期”。

②水电能耗比异常。银广夏的生产成本中，2000 年水电费支出 70 余万元，1999 年支出 20 余万元，平均每吨原材料消耗水电费 50 元，公司报表显示生产量很大，且主要生产动力为电能。

③人工费、能源费异常。银广夏的分月产量统计显示各月产量有较大波动，但与产量有对应关系的直接人工费用、能源费用无明显波动。

④运输费异常。1999 年度天津广夏的运输费用为 9.9 万元，在 2000 年出口量剧增的情况下，运输费反而下降为 0.9 万元。

⑤收入利润指标异常。从 1998 年开始，银广夏净利润保持了强劲增长，从 1998 年的 5847 万元增长至 2000 年的 41756 万元，年均增长水平达到了 121%，其中 2000 年较 1999 年利润增长 226%，就同期上市公司的表现来看，这是罕见的。2000 年天津广夏主营业务增长 5.2 亿元，主营业务利润增长 4 亿元，可以估算出天津广夏毛利率接近 80%。对于低成本、高回报的产业，如果不存在非常强的技术壁垒，这种利益将迅速被新的市场进入者瓜分。因此，种种数据都显示银广夏的收入利润指标比较异常。

⑥税收异常。银广夏 2000 年度合并报表实现 4.23 亿元的利润总额，应缴所得税为 739 万元，综合所得税税率仅为 1.75%。另外，公司披露所适用的增值税税率为 17%，但从 2000 年年报中可以知道，公司 2000 年年报增值税只交 5 万元，而销售收入 2000 年度为 8.27 亿元，毛利为

5.43 亿元，从毛利率判断，公司产品增值比率较大，故应交增值税税额也应该较大，若以 5.43 亿元估算，公司应当计交的增值税至少为 9000 万元，对如此巨大的差异，银广夏没有合理的解释。

⑦不正常的巨额合同。银广夏 2000 年主营业务收入比上年增加 5.25 亿元，但天津广夏 2000 年 1 月与德国诚信贸易公司签订的一单合同，其销售额就达到约 4.7 亿元。从数量上看，此一单合同金额就与本年较上年营业收入的增加额大致相当，整个企业的收入依赖于一家公司，蕴涵着巨大的经营风险。

⑧应收账款异常。2000 年年末，银广夏应收账款 4 亿多元，占应收账款总额的 77%，其中德国诚信贸易公司欠款达 2.6 亿元，欠款原因是依合同执行进度付款。而在 2000 年年末预付账款中，银广夏支付德国西伊利斯公司 1.6 亿元预付设备款。两笔巨额款项均涉及德国企业，其真实性有待查证。

⑨外销免税异常。1999 年和 2000 年，天津广夏披露执行“外销销项税全免，进项税全部内销抵扣”的增值税政策，对于这一不符合国家税法规定的异常现象，注册会计师没有予以应有的关注，而完全依赖公司的虚假陈述。

（2）形式化、程序化地执行函证、存货监盘等审计程序

对于银广夏年报审计，注册会计师也执行了函证程序，但存在以下问题。

1999 年度，在对银广夏应收德国诚信贸易公司账款（德国诚信贸易公司应收账款占公司全部应收账款的 50% 以上）进行函证时，对于收到的由客户提交的、来自德国捷高公司北京办事处的回函传真件（回函单位名称不一致，明显属于“有迹象显示不可靠的函证”），没有实施进一步的追加审计程序或替代测试，即对该项应收账款予以确认。而且在对天津广夏的审计过程中，注册会计师未能严格执行应收账款函证控制程序，将所有询证函交由公司发出，并未要求公司债务人将回函直接寄达注册会计师处。在审计天津广夏 2000 年度会计报表时，共发出应收账款询证函 14 封，至审计报告日未收到一封回函，注册会计师虽部分

实施了替代测试，但取得的审计证据中没有海关报关单，运输单位的运单、提单等来自公司外部的重要原始凭证，仅根据公司内部证据就全额确认应收账款。

（3）对获取的存在缺陷的证据缺乏专业关注

银广夏年报审计工作底稿曾记录，银广夏向德国诚信贸易公司销售货物，却从德国捷高公司北京办事处收取部分货款计 5400 万元，该收货确认书在行文格式和语言文字上都不符合一般商业惯例。另外，也有部分货款直接冲减从德国购买设备的预付款，被审计单位提供的《天津市三资企业进口货物审验通知单》中填列的内容为“从出口萃取产品的应收款中抵扣”，但该单据并非来自外汇管理局。银广夏向北京瑞杰商贸公司等采购原材料价格高达 2.3 亿元，但对方开具的是普通发票而不是增值税专用发票，而且其供货合同内容非常简单，仅有六条，共计 166 个字，如此巨额的供货合同，条款却极为简单，甚至连有关产品品质的条款都没有，执行现场工作的注册会计师只是复印了合同，在工作底稿中没有显示他们对合同产生任何怀疑。

在审计天津广夏 1999 年度财务报表时，审计工作底稿中有公司提供的、存在明显差异的真假两种海关报关单，注册会计师对真假两种报关单未予以必要关注。在这些报关单上，每种商品的“出口商品编号”均为空白，这是明显不符合报送单的填写规定的。注册会计师仅根据天津市北辰区国税局出具的证明的传真件，即确认 1998—2000 年免征企业所得税的政策。

从上述违规事实可以看出，深圳中天勤会计师事务所缺乏必要的质量控制程序，注册会计师在执业中不仅没有做到勤勉尽责，连起码的职业怀疑和职业关注都没有，独立性完全丧失，难逃与银广夏共谋实施舞弊欺诈的嫌疑。

5.1.4　绿大地舞弊案

绿大地欺诈上市舞弊案与银广夏舞弊案在舞弊金额之巨大、舞弊方式之多样、舞弊手段之低劣等方面有着惊人的相似之处。

1. 绿大地的主要舞弊手段

翻看绿大地上市后的公告可以发现以下现象：频繁的业绩预告修正、高管数次离奇离职、三度更换审计机构。绿大地欺诈上市案中，造假手段之拙劣、虚增金额之庞大着实让人触目惊心。

（1）在招股说明书中虚增资产、虚增业务收入

在上市前的2004年至2007年6月间，绿大地使用虚假的合同、财务资料，虚增资产7011.4万元。绿大地还采用虚假苗木交易，编造虚假会计资料，或通过绿大地控制的公司将销售款转回，虚增营业收入总计2.96亿元。绿大地的招股说明书包含了上述虚假内容。根据云南云审司法鉴定中心的司法鉴字（2011）第07号《司法会计鉴定意见书》（下称司法鉴定）证实，绿大地存在以下几种虚增的情况：2004年2月，绿大地购买马龙县旧县村委会土地960亩，金额为955.20万元，虚增土地成本900.20万元；2005年4月，绿大地购买马龙县马鸣乡土地四宗，共计3500亩，金额为3360.00万元，虚增土地成本3190.00万元；截至2007年6月30日，绿大地在马龙县马鸣基地灌溉系统、灌溉管网等项目上价值虚增797.20万元；2007年1~3月，绿大地对马鸣乡基地土壤改良价值虚增2124.00万元；绿大地在招股说明书披露2004年至2007年1~6月累计收入为62629.51万元，虚增收入29610.29万元。

（2）上市后仍旧虚增资产，虚增收入

通过虚增业绩上市的绿大地在上市后并没有停下虚构的脚步，上市后还通过伪造合同等方式来虚增业绩。2007—2009年间，绿大地通过伪造合同和会计资料，虚增资产2.88亿元；采用虚假苗木交易，编造虚假会计资料或通过受其控制的公司将销售款转回等手段，虚增收入共计2.5亿元。

经司法鉴定证实，绿大地在上市后有以下几种虚增的情况：2008年，绿大地会计报告披露的购买马龙县月望乡9000亩土地使用权价值8370万元，经鉴定虚增价值8370万元；2008年，绿大地会计报

告披露，购建月望基地灌溉系统投入 4270.00 万元，经鉴定虚增价值 3438.02 万元；2008 年，绿大地会计报告披露的月望基地土壤改良投入 4527.30 万元，经鉴定虚增价值 4527.30 万元；2009 年，绿大地会计报告披露的购置广南林地使用权价值 11011.05 万元，经鉴定虚增价值 10407.06 万元。绿大地 2007 年度会计报告披露营业收入 25746.55 万元，其中虚增收入 9659.90 万元；2008 年度会计报告披露营业收入 34194.76 万元，其中虚增收入 8564.68 万元；2009 年度会计报告披露营业收入 43949.59 万元，其中虚增收入 6856.09 万元。自 2007 年至 2009 年累计虚增收入约 25080 万元。

（3）虚构与实际控制公司之间的关联交易

绿大地上市前后的业绩虚增可谓煞费苦心，为了达到上市的目的，经过何学葵、蒋凯西、庞明星的共谋、策划，由赵海丽、赵海艳登记注册了 35 个由绿大地实际控制的关联公司，采用伪造合同、发票等手段虚构交易业务，以达到虚增资产和收入的目的。绿大地的苗木采购大户订单在 2004 年 1 月至 2007 年 6 月为公司增加营业收入、净利润做出重要贡献。根据绿大地招股书，2004 年至 2007 年上半年，绿大地的重要销售客户有昆明鑫景园艺工程有限公司、昆明润林园艺有限公司、昆明滇文卉园艺有限公司、昆明自由空间园艺有限公司、昆明千可花卉有限公司、昆明天绿园艺有限公司等一大批昆明企业以及部分成都、北京企业。但上市后，这些曾经的采购大户陆续神秘蒸发。北京都丰培花卉有限公司 2006 年 12 月 25 日被吊销了营业执照，昆明天绿园艺有限公司 2008 年 4 月 15 日被吊销了营业执照，昆明鑫景园艺工程有限公司于 2010 年 2 月 3 日在昆明市工商局办理了工商注销手续，昆明自由空间园艺有限公司 2010 年 3 月 18 日办理了工商注销手续，成都贝叶园艺有限公司与成都万朵园艺有限公司同时在 2008 年 6 月 5 日注销，且两家公司均成立于 2005 年 11 月 15 日。2009 年到 2010 年，金额巨大的销售退回突然出现。2010 年 4 月 30 日披露确认 2008 年苗木销售退回 2348 万元；与此同时，绿大地确认 2009 年苗木销售退回金额高达 1.58 亿元。

（4）2009 年报虚增利润，五度变脸

2009 年 10 月 30 日，该公司发布 2009 年三季报称，预计 2009 年度净利润同比增长 20%~50%（其 2008 年度净利润为 8677 万元）；2010 年 1 月 30 日，该公司发布 2009 年度业绩预告修正公告称，将 2009 年净利润增幅修正为较上年下降 30% 以内；随后，该公司 2010 年 2 月 27 日第三次发布 2009 年度业绩快报时，净利润却又变为 6212 万元；三天后，绿大地又发布 2009 年度业绩预亏及持续旱灾的重大风险提示公告，预计 2009 年度经营业绩可能出现亏损；2010 年 4 月 28 日，绿大地又发布 2009 年度业绩快报修正公告，将净利润修正为亏损 1.2796 亿元，再次大逆转。2010 年 4 月 30 日正式公布 2009 年年度报告时，绿大地 2009 年净利润定格为亏损 1.5123 亿元；同一天，绿大地发布第一季度报告，每股收益只有 0.1 元，较上年同期暴跌。绿大地 2010 年 6 月 17 日发布的《关于 2010 年一季度报表更正差异的专项说明》显示，其原一季报的营业收入少计 10 万元，营业利润多计 67.57 万元，净利润多计 52.57 万元。

（5）滥用会计差错

绿大地公布的报告中差错不断，其 2010 年一季报中仅合并现金流量项目就有多达 26 项差错，其中有 8 项差错涉及金额几千万元，涉及金额上亿元的差错多达 12 项。2010 年 4 月 30 日，绿大地发布关于前期会计差错更正情况的专项说明称，公司对 2008 年因销售退回未进行账务处理，本期对该项前期差错进行更正，追溯调整减少 2008 年度合并及母公司营业收入 23485195.00 元，追溯调整减少 2008 年度合并及母公司营业成本 11947362.81 元，追溯调整增加 2008 年度合并及母公司应付账款 11537832.19 元，调减合并及母公司年初未分配利润 10384048.97 元，调减合并及母公司年初盈余公积 1153783.22 元。

2. 绿大地外部审计情况

绿大地自 2007 年年末上市，三年的时间更换了三家审计机构，而且每次更换都发生在年报披露前夕。第一次更换审计机构的时间是 2008

年 10 月 14 日，绿大地董事会审议通过，改聘中和正信会计师事务所替代深圳市鹏城会计师事务所，在此之前，深圳市鹏城会计师事务所与绿大地合作时间长达 7 年；第二次更换审计机构的时间是 2009 年 11 月 6 日，同样在年报披露前夕，当时公司还遭遇业绩“变脸”、撤销定向增发等事件影响；2011 年 1 月 11 日，在 2010 年年报披露前及饱受市场争议的时刻，绿大地第三次更换审计机构。

为绿大地发行股票并上市，深圳市鹏城会计师事务所对绿大地 2004 年、2005 年、2006 年年度财务报表和 2007 年半年度财务报表进行审计并出具无保留意见的审计报告。中国证监会对深圳市鹏城会计师事务所处罚的原因包括未勤勉尽责、未对部分银行账户进行函证、未真实完整编制工作底稿，对签字注册会计师处罚的原因是未勤勉尽责。

此案涉及的另一家会计师事务所是四川华源会计师事务所，绿大地原财务顾问庞明星是该事务所所长兼主任会计师。而庞明星原所在的会计师事务所正是深圳市鹏城会计师事务所，也是华源会计师事务所的合作伙伴。在绿大地欺诈上市过程中，庞明星利用财务上的专业知识，为绿大地实施舞弊在技术上和策略上提供支持，最终被追究刑事责任。

5.1.5　康美药业舞弊案

2019 年，曾被誉为民族医药健康产业一面旗帜的康美药业 300 亿元财务造假案再一次震荡了整个资本市场。和当年的银广夏一样，康美药业的神话背后是谎言和欺骗，奇迹一般的业绩背后是疯狂造假，自 2016 年至 2018 年连续 3 年的有组织、有预谋、系统性的财务造假涉案金额之巨大、性质之严重、影响之恶劣几乎刷新了在此之前国内所有财务舞弊案的纪录。同时，康美药业案作为我国首例证券集体诉讼案，也是资本市场发展历史上的一个标志性案件。

1. 康美药业的主要舞弊手段

康美药业的舞弊手段用“无所不用其极”来形容都丝毫不为过。

2020 年 5 月 13 日，中国证监会发布了对康美药业及 22 名相关责任人员的处罚决定书，详细通告了康美药业的财务造假事实。

（1）虚增营业收入、利息收入及营业利润

2016 年年度财务报告中虚增营业收入 89.99 亿元，多计利息收入 1.51 亿元，虚增营业利润 6.56 亿元，占合并利润表当期披露利润总额的 16.44%。2017 年年度财务报告中虚增营业收入 100.32 亿元，多计利息收入 2.28 亿元，虚增营业利润 12.51 亿元，占合并利润表当期披露利润总额的 25.91%。2018 年半年度财务报告中虚增营业收入 84.84 亿元，多计利息收入 1.31 亿元，虚增营业利润 20.29 亿元，占合并利润表当期披露利润总额的 65.52%。2018 年年度财务报告虚增营业收入 16.13 亿元，虚增营业利润 1.65 亿元，占合并利润表当期披露利润总额的 12.11%。

（2）虚增货币资金

2016 年 1 月 1 日至 2018 年 6 月 30 日，康美药业通过不记账，虚假记账，伪造、变造大额定期存单或银行对账单，配合营业收入造假伪造销售回款等方式，虚增货币资金。通过上述方式，康美药业 2016 年年度财务报告虚增货币资金 22548513485.42 元，占公司披露总资产的 41.13% 和净资产的 76.74%；2017 年年度报告虚增货币资金 29944309821.45 元，占公司披露总资产的 43.57% 和净资产的 93.18%；2018 年半年度报告虚增货币资金 36188038359.50 元，占公司披露总资产的 45.96% 和净资产的 108.24%。

（3）虚增固定资产、在建工程、投资性房地产

康美药业在 2018 年年度财务报告中将前期未纳入报表的亳州华佗国际中药城、普宁中药城、普宁中药城中医馆、亳州新世界、甘肃陇西中药城、玉林中药产业园等 6 个工程项目纳入表内，调增固定资产 11.89 亿元，调增在建工程 4.01 亿元，调增投资性房地产 20.15 亿元，合计调增资产总额 36.05 亿元。经查，2018 年年度财务报告中调整纳入表内的 6 个工程项目均不满足会计确认和计量条件，导致虚增固定资产 11.89 亿元，虚增在建工程 4.01 亿元，虚增投资性房地产 20.15 亿元。

（4）未按规定披露控股股东及其关联方非经营性占用资金的关联交易情况

2016 年 1 月 1 日至 2018 年 12 月 31 日，康美药业在未经过决策审批或授权程序的情况下，累计向控股股东及其关联方提供非经营性资金 11619130802.74 元用于购买股票、为控股股东及其关联方偿还融资本息、垫付解质押款或支付收购溢价款等用途。这些信息均未在 2016 年至 2018 年的年度财务报告中披露。

2. 康美药业的外部审计情况

为康美药业实施年度财务报告审计的是广东正中珠江会计师事务所，该所与康美药业合作了近 20 年，2017 年以前一直出具无保留意见的审计报告，累计收取审计服务费用高达 3235 万元。多年的合作使正中珠江与康美药业早已具有利益一致性，独立性的丧失使审计毫无质量可言。经中国证监会调查核实，其审计情况存在如下违规事实。

① 2016 年和 2017 年年报审计期间，正中珠江未对康美药业的业务管理系统实施相应审计程序，未获取充分适当的审计证据。康美药业使用捷科系统进行业务信息管理，使用金蝶 EAS 系统进行账务信息处理。正中珠江相关审计人员明知如此，却未执行审计程序了解金蝶 EAS 系统与捷科系统之间数据的勾稽关系，未能关注两个系统的数据是否存在差异，未分析差异形成的原因及造成的影响，未实施必要的审计程序；在实施内控测试、实质性程序中，仅从金蝶 EAS 系统中获取审计证据，没有追溯至捷科系统，也没有说明未追溯至捷科系统的理由，获取的审计证据不具有充分性和适当性。

②正中珠江对康美药业 2016 年和 2017 年财务报表的审计存在缺陷。2016 年和 2017 年，康美药业的货币资金、营业收入均存在舞弊风险，正中珠江在进行审计时，对货币资金、营业收入的风险评估结果错误；所实施的内部控制测试程序和实质性程序均存在重大缺陷；在实施风险应对措施时，未严格执行舞弊风险应对措施；制定审计计划和执行审计程序违反诚信原则，未对函证保持有效控制，对明显异常或相互矛

盾的审计证据未保持应有的职业怀疑，未执行进一步审计程序消除疑虑，导致未获取充分、适当的审计证据，甚至出现审计项目经理苏创升严重违反独立性要求，配合康美药业财务人员拦截询证函、将伪造的走访记录作为审计证据的行为，涉嫌审计合谋。最终，正中珠江出具的康美药业 2016 年财务报表审计报告存在虚假记载。

③正中珠江对康美药业 2018 年财务报表的审计存在缺陷。2018 年度，康美药业的营业收入存在舞弊风险，中药材贸易属于当期营业收入异常且重要的组成部分，正中珠江对其单独执行实质性审计程序以应对存在的舞弊风险。但是在风险识别与评估阶段，部分审计底稿未认定营业收入科目存在舞弊风险或特别风险，未就由舞弊导致的财务报表重大错报的可能性执行相关的审计程序，存在重大缺陷；在对中药材贸易收入审计过程中，除社保缴纳记录为外部证据外，其余证据均属于内部证据，而社保缴纳记录无法直接证明中药材贸易业务与康美药业存在关联，且与相关人员的访谈笔录存在相互矛盾之处，另外，该社保记录是从康美药业取得的，并非直接从独立第三方获取。正中珠江未获取充分、适当的审计证据；未严格执行审计计划，只执行部分设计的审计程序，导致对舞弊风险应对不足；对获取的多份存在明显异常或相互矛盾的审计证据未执行进一步审计程序消除疑虑。

5.2 美国上市公司主要舞弊手段

即使在号称拥有全世界最发达、最透明、监管体系最完备的资本市场的美国，证券欺诈与舞弊案也是层出不穷、屡禁不止。而且从舞弊案所运用的舞弊手法中可以看出，舞弊可以通过很多方式实现，舞弊者往往同时采用多种舞弊手段来达到目的，舞弊表现形式日趋多样化和复杂化，且均是集体性的管理舞弊，往往动用整个组织的资源和力量，具有行为规模系统、涉及面广泛、牵涉的会计资料较多，且手法老到、技术含量高、舞弊指向明确等特征。

1. 虚构存货

无论是回顾美国历史上的舞弊案件，还是分析近年来的舞弊案件，从中都可以看出，利用存货的舞弊发生频率很高。存货项目种类繁多并且具有流动性强、计价方法多样的特点，所以存货高估成为资产计价舞弊的主要部分。美国法尔莫公司利用存货舞弊的手法最为典型。在长达 10 年的时间，法尔莫公司的创始人莫纳斯精心设计，制造了至少 5 亿美元的虚假利润。具体的造假手法是：先将所有的损失归入一个所谓的“水桶账户”，然后将该账户的金额通过虚增存货的方式重新分配到公司的数百家成员药店中，伪造购货发票，制造增加存货并减少销售成本的虚假记账凭证，确认购货却不同时确认负债，多计或加倍计算存货的数量。这所以能够骗过注册会计师是因为注册会计师只对 300 家药店中的 4 家进行了存货监盘，而且他们会提前数月通知法尔莫公司将检查哪些药店。管理人员随之将那 4 家药店堆满实物存货，而把那些虚增的部分分配到其余的 296 家药店。如果不进行会计造假，法尔莫公司实际上早已破产。而审计机构则为他们的不够谨慎付出了沉重的代价。这项审计失败使会计师事务所在民事诉讼中损失了 3 亿美元。

2. 操纵“准备”科目

利用“准备”科目对会计报表进行操纵是众所周知的舞弊惯用手段，最为典型的是泰科舞弊案。泰科公司（以下简称泰科）始创于 1960 年，1973 年在纽约证交所上市。从 1999 起的三年时间里，泰科兼并了数百家公司，并购价格将近 300 亿美元。对于这些收购兼并，泰科采用购买法予以反映。按照美国公认会计原则（GAAP）的规定，采用购买法时，被兼并企业在购买日后实现的利润才可与购买方的利润合并；被兼并企业在购买日前发生的损失，也不需要纳入购买方的合并范围。基于这一规定，泰科玩起了一个个“财务游戏”。被泰科兼并的公司都有一个共同特点：被兼并公司合并前的盈利状况往往出现异常的大幅下降，而在合并后盈利状况迅速好转。其实，这种异常波动主要是各种“准备”科目的贡献：合并前对各类费用和减值准备过度计提，合并后逐步释放出各类准备。这样的弄虚作假行为被泰科的高管人员美其名曰“财务工程”。以泰科并购AMP公司为例，泰科于1998年年底开始对AMP公司进行收购，收购于1999年年初完成。AMP公司1998年的第四季度息税前利润为8500万美元，可是到了1999年第一季度（合并完成的前一季度），却突然下降为-1200万美元，而到了1999年第二季度（合并完成后的第一个季度），又迅速增至24500万美元。利润大幅增长的原因就在于1999年第一季度计提了巨额的存货减值准备，提前“释放”了本应属于1999年第二季度的销售成本。

3. 混淆资本性支出和费用性支出

严格划分资本性支出和费用性支出是会计核算的基本原则，混淆二者必然会对资产和损益状况产生重大影响。利用此手段舞弊也是世通的舞弊手法之一，而美国废品管理公司舞弊案是又一典型案例。

美国废品管理公司是世界上最大的垃圾处理公司，1971年在纽约证券交易所上市。该公司营业收入从1971年的1600万美元增长到1991年的75000万美元，平均年收入增长率为36%。其快速成长的法宝之一是在资产摊销上的“保守”，模糊资本性资产和费用性支出的界限，以制造虚拟资产。自1989年起，美国废品管理公司通过所谓的“净账面价值法”，将部分已经建成并交付使用的垃圾掩埋场的利息费用继续资本化。审计机构发现这一问题后，要求其予以更正。美国废品管理公司承诺从1994年1月1日起予以更正，但到了1994年管理层发现，如果采用审计机构提出的资本化方法，美国废品管理公司每年都得报告约2500万美元的利息费用，这意味着1989至1994年期间，不恰当的资本化利息费用累计已经高达1.5亿美元。美国废品管理公司决定从1995年开始采用符合审计机构要求的资本化方法，但事实上，公司不仅在对外报送的财务报表中没有披露这些内幕，而且直至1997年仍在运用“净账面价值法”，继续将本应计入期间费用的利息费用资本化为在建工程或固定资产。

其他不适当的资本化处理方法还包括将系统开发费用、管理费用、财产保险费用资本化。而且，资本化后的系统开发费用和财产保险费用又被按照特别“经久耐用”的假设摊销，如对公司的两大系统按照10~20 年的期限摊销，财产保险费则一律按 15 年期限摊销。审计机构在1991 年及随后年份再三地将上述摊销分录列为审计调整分录，并要求美国废品管理公司考虑技术发展造成系统贬值等因素，尽早冲销这些“虚拟资产”，但该公司每年都拒绝调整。事后调查表明，1992—1996 年期间，该公司累计将 1.92 亿美元的利息费用资本化，在夸大了利润总额的同时，也高估了在建工程和固定资产的价值。

4. 不恰当确认收入

作为利润的源泉和公司良好发展状况的象征，虚构收入几乎是最常用的舞弊手段。世界通信公司如此，南方保健也是如此。从 20 世纪90 年代至 2002 年，南方保健在全球拥有了 1229 家诊所，是全美最大的保健服务商。从 1997 年开始，发展走入瓶颈的南方保健开始对会计账目进行造假，操纵经营利润和资产负债表。南方保健使用的最主要的造假手段是一种称为“契约调整”的手法。“契约调整”是一个收入备抵账户，用于估算南方保健向病人投保的医疗保险机构开出的账单与医疗保险机构预计将支付的账款之间的差额，营业收入总额减去“契约调整”的借方余额，作为营业收入净额反映在南方保健的收益表上。由于“契约调整”是一个需要大量估计和判断的账户，南方保健便利用这一特点，通过毫无根据地贷记“契约调整”账户，虚增收入。为了不使虚增的收入露出破绽，南方保健又专门设立了对应的汇总账户，用以记录与“契约调整”相对应的资产增加额。五年中，南方保健通过凭空贷记“契约调整”的手法，虚构了近 25 亿美元的利润总额，虚构金额为实际利润的 247 倍；虚增资产总额 15 亿美元。为掩饰会计造假，南方保健动员了几乎整个高管层，共同应对外部审计机构。南方保健的会计人员对审计机构审查各个报表科目所用的“重要性水平”了如指掌，并千方百计将造假金额化整为零，确保造假金额不超过外部审计机构确定的“警戒线”。

5. 隐瞒重要事项披露

重大性概念很容易被一些公司滥用。所谓“重大性”，有时标准是很难掌握的，但有一个标准就是“不能欺骗和误导投资者，不能让投资者基于此做出错误判断”。如美国在线利用重大性概念打擦边球，没有披露广告收入的下降，尽管广告收入只占全部收入的一小部分，但这已经影响了投资者对于美国在线的预期。其没有披露的理由就是“这些收入只占全部营业收入约 3% 的比例，因此没有必要披露”。

5.3 我国上市公司主要舞弊手段

我国和美欧等西方国家由于在有关法律法规和会计准则、金融和财务监管环境、监管体制以及审计监督体系等方面存在差异，上市公司舞弊在内容、表现方式和技术水平上也不相同。著名学者郑朝晖（2006）曾对国内典型的十大上市公司舞弊案的舞弊手法进行归纳汇总，主要手法如下。

①多计存货价值：对存货成本或评价故意计算错误以增加存货价值，从而降低销售成本，增加营业利益；或虚列存货，以隐瞒存货减少的事实。

②多计应收账款：虚列销售收入导致应收账款虚列；或应收账款少提备抵坏账，导致应收账款净变现价值虚增。

③多计固定资产：例如少提折旧、将收益性支出列为资本性支出、利息资本化不当、固定资产虚增等。

④费用任意递延或摊销：例如将研究发展支出列为递延资产；或将一般性广告费、修缮维护费用或试车失败损失等递延。

⑤虚增销售收入：利用会计期间划分不确实或会计原则适用错误，提前确认销售收入；或虚列销售收入交易事项以增加收益。

⑥虚减销售成本：通过虚增期末存货价值导致销售成本随之虚减。

⑦隐瞒重要事项的揭露：对重大事项未按规定予以适当揭露，例如

重大诉讼案、补税、借款的限制条款、关联交易、或有负债、会计政策变更等。

总的来说，我国上市公司的舞弊仍属于传统型的舞弊，舞弊区域主要集中于会计凭证、账簿、报表等会计资料和相关材料，舞弊防范的重点和难点仍然是会计核算和财务管理。但随着近年来一些重大舞弊案的揭露，传统型舞弊的主导地位正在受到越来越大的冲击和挑战，现代高科技型的舞弊呈扩大趋势，有些部门已经出现高科技舞弊和犯罪现象。我国资本市场上最近十几年来的舞弊案件几乎无一例外地呈现出舞弊规模不断扩大和复杂性不断增强的特征，所使用的舞弊手段也是不断“推陈出新”。除了上述传统的常规舞弊手段外，舞弊手段还包括蓄意伪造或篡改会计记录及其支持性文件、管理层以不正常手段操纵经济业务、滥用会计差错、关联交易非关联化、在信息披露中故意做误导性陈述、利用现代信息技术实施各种造假等，导致舞弊行为更加隐蔽、取证更加困难、审计风险日益扩大。

5.4　舞弊新手段——“创造性”会计行为

“创造性”会计行为是指对会计准则、会计方法和会计技术的选择和调整性使用，导致经济运行过程及其结果的不真实，从而达到粉饰会计报表或夸大企业经营成果的目的。从一定意义上讲，“创造性”会计行为就是一种舞弊行为。我国的资本市场虽然建立时间不长，但上市公司的“创造性”会计行为却并不鲜见。面对此种舞弊手法的风险，注册会计师必须保持高度的职业关注。

5.4.1　“创造性”会计行为的特点

从信息经济学的角度分析，一切“创造性”会计行为或许都来自信息的不对称性，对于资本市场的舞弊行为来说尤其如此。拥有更多信息的一方总是可以利用所占据的优势地位，通过牺牲另一方的利益为自己牟利。客观地说，很多“创造性”会计行为从法律上讲是合法的，也是符合会计准则的要求的。但是由于会计准则的不完善性和漏洞总是存在的，而其修订又往往是滞后的，对于会计政策的选择和具体使用，公司的管理层总会找出各种理由为自己辩解并极力让审计人员信服和接受。同时，对这种行为的取证又是困难的，要想证实其具有舞弊的动机就更难。在法律诉讼中，无论是作为舞弊方的上市公司，还是作为审计方的会计师事务所和审计人员，都极力为自己辩解，如安然的管理层强调他们所做的一切都来自安达信的建议，从而为自己洗脱罪名，而安达信一方面强调自己是按准则执业，另一方面又采取各种手段阻碍司法调查。中国证监会在很多舞弊案中对涉案的注册会计师进行处理时都没有对其违规行为是否属于舞弊的定性，而只是使用了“未能做到勤勉尽责”和“未能保持应有的职业关注”等字眼，这就说明了证实其行为的性质是舞弊的难度。

实证研究表明，公司治理存在重大缺陷、内部监控薄弱、管理层面临巨大竞争压力或业绩压力、曾经高速增长而现在增长开始趋缓、股权高度集中的公司更容易在财务报告中实施舞弊。因此，从上市公司的会计行为中寻找“创造性”会计行为的具体表现及其根本特征，是发现和揭露上市公司财务欺骗的有效方法之一。

5.4.2 “创造性”会计行为的舞弊手段

从前述国内外舞弊案例的回顾和舞弊手段的分析中，我们时时都可以看到“创造性”会计行为的身影，利用“创造性”会计行为操纵和传递虚假的具有欺骗性的会计信息已经成为最常见的舞弊与欺诈手段之一。国内外舞弊案有一个惊人的相似之处，就是重大舞弊案都是管理舞弊，而且基本上都存在收入造假。一般来说，收入造假要比单纯的资产造假涉及面更广、影响更大、对投资者的误导性更强、后果更严重，在实际操作中展现了五花八门的“创造性”欺诈手段。本研究主要对利用“创造性”会计行为操纵收入和利润的舞弊手段进行分析。

1. 提前确认收入或记录不确定收入

这种“创造性”手段主要有以下几种方法：

①在服务尚未提供时就确认收入并入账。一般来说，公司在成长时期的增长速度比较快，而随着企业的发展进入成熟期，销售增长就会日趋减缓，处于衰退期的企业销售业绩甚至会大幅下滑，有些公司不愿意接受这样的事实，害怕引起股价下跌，从而对公司的盈利预期及高管的股票期权等利益产生重大影响，就会采用激进的会计方法过早地记录收入，加速把未来的收益转变到现期，也可以说是透支未来的销售。然而，收入的提前确认并不能带来相关联的现金流量的实质改善，通常营业现金流量会急剧下降，销售增长更加疲软。因此，确认激进收入的一个常见信号是营运现金流量开始显著落后于报告的净收入。对于投资者来说，除了要充分关注营业现金是否落后于净收入外，还必须小心应收账款相对于销售收入的显著增加，尤其是长期应收款。通常，应收账款在收入记录后的一两个月收回，而长期应收款约定的收款期限往往超过一年。庞大的不断增长的长期应收款的存在暗示着激进的会计方法：收入在客户必须付款的一年多之前就入账了。

②在货物发出或客户无条件接受之前确认收入。在收入记账时，风险必须由售出方转移给购买方，有些企业会在货物发出或客户无条件接受之前就记录收入。在货物发出之前就记录收入通常是利用难以准确确定的所谓“完工比例”，即在产品还在生产阶段，并未发送给客户的时候就确认收入。但这种会计方法只对生产阶段很长的公司（如航空公司、建筑公司）适用。这一方法中确认收入的比例取决于多种估计，因此为“创造性”会计行为提供了机会。其基本手段主要是在条件不允许时使用此种方法或过高地估计完工比例以提高收入。有些产品的销售虽然货物已经发出，但出售方还需要提供相关的服务或履行规定的义务，也是不能确认收入的，如负责调试安装或在规定的无条件退货期内。在此之前确认收入也会带来销售的虚增。还有一种典型做法是在客户还未预期接受货物时就记录收入。通常在会计年度末，如果企业的年度利润

没有达到预期目标，就可能先发出货物并记录收入从而增加销售和利润，一些汽车制造商就是采用这种方法来人为地增加销售额。其他的手段还有向前倒推合同或通过改变和延长月/季/年度结束日期以便将未来的销售记入当期。

③在尚未完全确定客户支付货款义务时确认收入。收入确认的一个关键基础是财务负担已经由出售方转移给客户，并确定了客户支付货款的义务。有时候会出现出售方为客户提供融资渠道、为客户提供过分宽松的付款条件、客户缺乏相应的支付能力或客户资金来源不确定等现象，都是一些值得关注的信号。

此外，要特别关注销售方为客户提供融资渠道的问题。近年来，为了加快销售额的增长，一些高科技企业为客户提供借贷资金。这在购买方财务问题不严重时，不失为一种有效的手段，但如果到了滥用的程度，公司的业务就处于危险的境地了。这种方法实质上就是企业用自己的资金购买自己的产品，从而夸大了销售额和盈利增长的规模及持续经营能力。一般来说，当一笔销售能否实现依赖于购买方能否获得资金时，销售收入就不应该在融资阶段确认。这种情况在不动产交易中非常普遍，销售能否实现取决于购买方能否获得抵押贷款，比如，购房者有很大一部分依赖银行贷款，有些房地产公司在签订初步融资承诺时就确认了销售额，而不是等到贷款的最后批准时，结果是确认的销售额中涉及一些无法融资的客户。这时候，通过财务报表看到的是一个欣欣向荣的公司，销售额和利润不断攀升，而实际上公司严重的经营和财务问题可能被这种假象所掩盖。有些公司为客户提供过度宽松的支付条件，从而人为地拔高销售额和利润。

同时，要非常关注资金来源不确定的客户，如果销售收入能否实现可能取决于客户能否获得第三方的资金或者客户能否把产品转售给第三方，这两种情况下，收入都不应该在销售时确认。很多例子表明，公司如果在重要条件尚未满足时就确认销售收入，购买者的支付能力可能值得怀疑。

④通过关联交易提高当期销售收入。比如，集团母公司通过向附属机构出售产品，从而提高销售收入。无论何时，只要产品买方与卖方有某种从属关系存在，销售收入的质量就值得怀疑。对于关联交易，比如向原材料供应商、公司董事或者业务合作伙伴销售产品的行为，都应该持是否存在秘密协议的怀疑，如是否存在某种特殊折扣、公司是否需要向供应商以某种价格继续购买、是否存在某种私下协议、是否要求公司提供某种回报等。集团母公司向自己附属的机构出售产品虽然是可以的，但问题在于是否记录了恰当的数目。总之，必须关注来自战略合作伙伴、附属机构或者某些关联单位的销售收入，还必须关注与战略合作有关的双向交易行为。双向交易意味着你向同一家公司购买和销售产品，对于这些交易记录的销售收入的质量应该重点关注，因为这种交易行为可能通过“创造性”会计行为，创造出公司的销售收入及盈利业绩。

2. 虚构收入

一般来说，收入应该是盈利过程已经终结并且交易已经发生之后才能确认记账，虚构收入就如同艺术品的赝品，要为这些赝品编造出生动的故事和逼真的证据。

①确认缺乏任何实际经济意义的销售收入。伪造收入的一个常见手段就是编造一则故事，然后公司将这个故事像产品一样出售给某一客户，而实际上客户并没有持有这个产品或支付货款。不过为了欺骗注册会计师，还需要起草一份正常的销售合同，双方签字后再另签一份单独的附属协议，修正正式销售合同的重要条款。比如，计算机公司的销售人员和经理经常签订协议使软件许可证“停放”在中间商环节，从而加速收入确认。这些附属协议的常用条款包括：允许中间商退回还未出售的许可证，并获得退款或信用；公司保证将动用自身的销售资源为中间商寻找最终用户；愿意将未来最终用户的订单指定给中间商；将信用期延长至 12 个月以上；公司保证从客户那里购买计算机硬件或服务，以便将客户的许可证付款实际返还给客户；将公司未来的服务收入分流给

客户作为偿还他们许可证付款的方法；支付伪造的咨询费或其他费用给客户，以偿还他们的许可证付款。

②公司出借交易所得的现金确认为收入。任何企业都不能将从银行或其他机构借来的钱与来自客户的钱混淆，因为来自银行的借款必须偿还，它应该确认为一笔债务，而客户为某种商品或服务支付的钱是自己的，并且可以记录为收入，这是债务与收入的本质差别。美国的施乐公司曾经利用此种“创造性”行为实施欺诈，其在财务报告中的“创造性”会计行为包括：把未来的应收账款出售给债权人，所得的收入确认为销售收入；不适当地将租赁业务中未来供应和服务的预收款计为销售收入；通过高估发展中国家的未来租赁收入价值增加短期收入；没有注销巨额坏账并不适当地保密。这些“创造性”会计行为连同其他的财务报告欺骗，使施乐公司面临法律指控，并导致公司股票一落千丈，造成数十亿美元的经济损失。

③将投资所得确认为销售收入，混淆经营性收益与资本性收益。资产出售和其他资产收益具有现金流的非收入性来源，将它们任何一项计为销售收入都属于混淆了经营性收益与资本性收益。这些收入虽然属于净收入，但不属于销售收入。典型案例的主角是东方电子，自 1997 年至 2001 年，东方电子共计虚增主营业务收入超过 17 亿元，而其最主要的虚构收入的手法就是抛售股票并将获利转变为销售收入。

东方电子上市后，每年都制定一个年增长速度在 50% 以上的发展计划和利润目标，而按公司的实际生产情况，目标是不可能完成的，于是在每年年中和年底，东方电子都会通过抛售股票收入来消除实际完成情况与目标的差异，每年抛售的时间大约都集中在中期报告和年度报告披露前，每次抛售的数量由公司的业绩而定，所得收入转入公司在银行的账户，再由公司相关部门负责伪造销售合同与发票。销售部门采取修改客户合同、私刻客户印章、向客户索要空白合同、复印伪造合同等四种手段，从 1997 年开始，先后伪造销售合同 1242 份，合同金额 17.2968 亿元，虚开销售发票 2079 张，金额 17.0823 亿元，同时为了应付审计，销售部门还伪造客户的函证。同时，公司财务部负责拆分资金和做假账。为掩盖资金的真实来源，公司通过烟台某银行南大街分理处设立的东方电子户头、账户，在该行工作人员的配合下，中转、拆分由证券公司所得的收入，并根据伪造的客户合同、发票，伪造了 1509 份银行进账单，以及相应的对账单，金额共计 17 亿元。公司的销售部门还通过与个别客户串通，通过向客户汇款，再由客户汇回的方式，虚增销售收入。

3. 利用非核心业务的一次性所得提高销售收入

有些上市公司的高管层为了提高企业利润和粉饰会计报表，就像魔术师一样采用无中生有的办法，运用会计诡计和一次性所得肆意增加会计报表的利润，对于依赖财务报告进行决策的投资者和债权人来说，因误导而产生的恶果可想而知。当然对于一个经营能力正常或财务状况良好的公司来说，这些一次性所得可能无关紧要，但财务状况日益恶化的公司，通过非核心业务的一次性所得或收入来掩盖经营已经恶化的情形，对于公司和利益相关者来说后果无疑是灾难性的。

常见的手法是依靠出售企业资产所得而增加企业利润。依据会计准则的规定，只要公司以高于购入成本的价格出售资产，所得就应该记录下来。有些资产在持有若干年后会自然增值，出售的时候也就产生所得了。然而，如果新近购买的资产以低于真实公平的市场价值获得并计入账簿，公司在出售资产时就会报告一个“意外”所得。可见用来增加公司收入的一个手段就是出售价格已经高于成本（或账面价值）的资产，如果这些资产账面价值极为低廉，出售它们所产生的所得是相当可观的。当然，即便资产本身并未增值，公司也可能通过关联交易等方式以一个异常高的价格将其出售，同样会记录所得。因此，当出售资产本身不具有明显经济意义的时候，投资者和债权人应该持批判性态度审视出售资产所获的一次性利得。

4. 将当期的费用前移或后推从而人为地调节利润

按照会计核算划分收益性支出与资本性支出的基本原则，企业应该把产生未来收益的成本资本化，而把不产生未来收益的成本作为费用。也就是说，企业正常的业务成本分两部分：提供短期利益的成本和提供长期利益的成本。那些提供短期利益的成本必须立即计为费用，抵消盈利；那些提供长期利益的成本应该先计为资产，然后在利益实现时计为费用，到那些长期项目完全失去价值时必须立即注销。有些企业就是通过混淆两种支出，将当期的费用前移或后推从而人为地调节利润，达到粉饰会计报表的目的。

①将正常的经营成本（提供短期利益的成本）资本化，并把这些成本转移到未来。即将成本不适当地记录为资产而不是费用，然后将这一资产慢慢摊销到未来期间达到人为抬高利润的目的。最有可能被不适当摊销的成本是广告宣传成本、利息成本、无形资产开发成本和维护修理成本等。

②变更会计政策使成本、折旧及其摊销期延长。公司摊销无形资产与折旧计提一样，摊销期越长，公司在早期年度的盈利数字就越大，比如通用汽车公司就曾通过延长厂房设备的使用寿命使得折旧费用减少了12亿美元。由于固定资产折旧和无形资产摊销涉及很多会计估计的因素，因此，无论是注册会计师还是投资者都应该提防公司在过长的期限内摊销资产的行为。

③利用各种资产减值准备人为调节利润。减值准备通常与应收账款、存货、固定资产、无形资产、商誉、投资等项目有关，有些公司经常不断调整某些资产的减值来人为地调节利润。这样做需要建立一系列准备金并在每一季度进行调整，没有增加足够的准备或不适当地减少准备、多提取准备然后再在需要的时候转回都能人为地制造利润。比如，应收账款上升时，坏账准备反而在下降，说明公司在降低坏账计提的比例以增加利润。

5. 把当期收入转移到未来以便在将来需要时确认为收入

依照会计准则的要求，销售收入应该记入恰当的会计期间，即在发生的期间记录入账，不能提前也不能滞后。压缩当期利润，并且把它们转移到未来需要的时期也是一种“创造性”会计行为。其基本手段是：当业务进展顺利，盈利远远超过预期时，公司可能倾向于不报告所有的收入，以便为将来预留一部分，把销售强劲期间的利润转移到未来销售下降或出现困难的时期，以帮助公司“调节”利润。有些学者将这一手段称为利润平滑，也可称为盈余管理。利润平滑的危害似乎不如虚报利润那么严重，却也是对投资者和债权人的有意误导，造成公司经营和业绩稳定的假象。这种对公司业绩进行平滑的手段在上市公司的财务报告中是非常普遍的，注册会计师一定要保持警惕，关注公司的持续经营和盈利能力。

6. 把将来的费用转移到现在以便调节未来时期的利润

依据会计准则的规定，费用应当在利益产生的期间记录，但当公司由于经营不善或其他原因面临困境时，公司管理层就可能采用一些会计记账方法以保证未来的盈利状况会好转。基本的手法是不恰当地将某些特别费用（包括未来费用的数额）人为夸大，以便为未来的营业利润提供一个释放的机会。这样的情况经常出现在公司管理层更替、重组、缩小规模以及注销资产负债表上估价过高的资产的时候。

注销的数量越大越好，这样未来的利润数字就好看了，以显示公司经过管理层更替或大刀阔斧的改革后业绩改善的迹象。此外，公司兼并的时候也往往会利用这种手法注销大量费用，这是新任公司总裁或正在走下坡路的公司常用的法宝。这种注销会减少当期和近期的经营费用，从而增加报告的利润。对兼并中商誉的处理是又一典型例子。一般而言，兼并中的收购方必须承担商誉并在以后会计期间摊销这笔成本。正常情况下，商誉的摊销对盈利是负面影响，但如果是“负商誉”的话，就会以“负摊销”——收入的形式增加未来的盈利。

7. 利用非经常性损益调节利润

从上述对“创造性”会计行为的描述中可以看出，有些“创造性”会计行为是合法的，有些是不合法的。但在我国目前的会计准则框架下，即便是合法的方法，如果被“别有用心”地利用，同样会对投资者和债权人产生误导。财务报表中非经常性损益项目中很大一部分是“创造性”会计行为创造的结果。从根本上讲，非经常性损益的概念是证券监管部门出于对上市公司真实业绩考核的需要及为社会公众投资者提供判断企业正常经营业务盈利能力指标的需要提出的，并不属于财务会计的概念范畴。之所以要考虑非经常性损益，是因为其存在会对报表使用人对公司经营业绩和盈利能力的判断产生影响，因而在评价上市公司业绩时应充分地关注。根据中国证监会《关于公开发行证券的公司信息披露解释性公告第1号——非经常性损益（2008）》（以下简称1号公告）的解释，非经常性损益是指与公司正常经营业务无直接关系，以及虽与正常经营业务相关，但由于其性质特殊和偶发性，影响报表使用人对公司经营业绩和盈利能力做出正常判断的各项交易和事项产生的损益。依此定义，非经常性损益具有以下两个特性。一是与公司正常经营活动无直接关系，即非经常性损益经常发生于与经营活动无直接关系的领域，如政府财政补助，既非经营活动，也与公司的经营能力无关；或虽与经营活动有关系，如关联交易，由于性质特殊，上市公司往往通过非公允价格的关联交易获得利润，这部分利润不能算作公司正常经营活动所得。这一特性直接决定了非经常性损益不能用来衡量公司的经营业绩。二是偶发性和不可持续性。有些非经常性损益往往通过一次交易获得，如债务重组，由于不具有可持续性，不能代表公司的持续获利能力，所以也不能用来衡量公司的长期盈利能力。这两个特性只要具备其一即可确定为非经常性损益。

我们以沪市2012年年报数据为例说明非经常性损益对上市公司利润的影响。根据中国新闻网的数据，截至2013年4月底披露年报的2469家上市公司在2012年合计实现归属于上市公司股东的净利润19544.24亿元，同比基本零增长，是继2008年负增长后的同比最低增速，同时亏损面扩大，两市出现亏损的公司达到340家，而2011年的亏损家数为212家。以沪市为例，954家上市公司中共有110家公司出现亏损，比例为11.53%，高于2011年的亏损公司比例8.32%。然而，根据上海证券交易所网站披露的数据，归属于上市公司股东的净利润在扣除非经常性损益后为负数的公司高达 243 家，比例为 25.47%。在这 243 家上市公司中，有 4 家由于无法获取年度报告中非经常性损益项目的披露信息而被剔除，因此，分析的有效样本为 239 个，并从非经常性损益项目的总量、结构、使用频率及对利润影响程度等四个方面来进行分析。

①总量及占比情况分析。在 239 个样本上市公司中，归属于股东的净利润在扣除非经常性损益前总计为 –601.37 亿元，扣除后为 –894.97 亿元，非经常性损益净额总计为 293.60 亿元（如不考虑少数股东权益和所得税影响，非经常性损益总额为 336.05 亿元），占比为 48.82%。其中，非经常性损益对归属于上市公司股东的净利润具有盈亏影响的为 131 家，归属股东净利润在扣除非经常性损益前为 87.03 亿元，扣除后为 –137.10 亿元，非经常性损益总量净额为 224.13 亿元，占比为 257.53%；其余 108 家亏损公司归属股东净利润在扣除非经常性损益前为 –688.40 亿元，扣除后为 –757.87 亿元，非经常性损益总量净额为 69.47 亿元，占比为 10.09%。

②结构分析。在 1 号公告中列出的 21 项非经常性损益项目中，不同项目在非经常性损益总额中占比有很大差别，对归属于上市公司股东的净利润的贡献也各不相同，如按影响额（正值，金额未剔除少数股东权益和所得税影响）排序，前五名是：政府补助（140.83 亿元，占比 41.91%）、非流动性资产处置损益（110.91 亿元，占比 33%）、公允价值变动损益及投资收益（31.03 亿元，占比 9.23%）、债务重组损益（19.62 亿元，占比 5.84%）、应收账款减值准备转回（6.07 亿元，占比 1.81%）。

可以看出：“政府补助”一如既往地成为非经常性损益的最主要来源，金额超过非经常性损益总额的四成；“非流动性资产处置损益”紧随其后，超过非经常性损益总额的三成。仅此二项合计，占比就达到非经常性损益总量的近 75%。“公允价值变动损益及投资收益”和“债务重组损益”名列第三和第四位是毫不意外的，这两项也历来被公司用来掩盖经营不善和业绩不佳，或进行利润操纵，二者合计金额50亿元，占比超15%。“应收账款减值准备转回”占比并不算高，但总额超过6亿元，说明其作为利润调整“秘密武器”的作用还在充分发挥。此五项合计占比高达非经常性损益总额的91.79%。

③使用频率分析。上市公司由于各自的实际情况不同，在利用非经常性损益来扭亏或减少亏损时，所使用的方法也各不相同。前述排名前五位的项目被上市公司使用的频率分别为：政府补助219家；非流动性资产处置损益230家（其中正影响141家，负影响89家）；公允价值变动损益及投资收益100家（其中正影响86家，负影响14家）；债务重组损益33家（其中正影响26家，负影响7家）；应收账款减值准备转回36家（其中正影响35家，负影响1家）。

此项排序与按结构排序基本重合，排名前两位的“政府补助”“非流动性资产处置损益”不仅对上市公司利润贡献巨大，而且是公司用来扭亏或减少亏损的首选；“公允价值变动损益和投资收益”不仅能增加利润总额，而且由于被列入利润表的“营业利润”中而倍受上市公司青睐；其余两项使用的频率也很高。值得注意的一个现象是，“资金占用费”总额只有2亿元，仅占非经常性损益总量的0.6%，却有高达31家上市公司使用（其中正影响30家，负影响1家），超过“债务重组损益”的正影响家数；“对外委托贷款”和“委托投资”使用的频率也较高，二者合计共有28家公司使用。

④对利润影响程度分析。经过对239个样本的统计分析，非经常性损益对归属于上市公司股东的净利润具有盈亏影响的有131家，且“扣非”后净利润减少幅度均超过100%；其余108家亏损公司在“扣非”后净利润增加的有21家，减少的有87家。非经常性损益对归属股东净利润具有正向影响的家数总计达218家，占比91.2%，具有反向影响的仅21家，且影响程度不大。“扣非”后亏损显著缩小（50%以上）的有13家，占比12%，减少幅度最大的是吉恩镍业，达16倍。

总体来说，非经常性损益对亏损公司净利润的影响并不算大，多数为一般影响或影响较小，但对有盈亏影响的公司来说则意义非凡，业绩平均增幅2.5倍，有高达46家公司业绩增幅超过5倍，其中又有14家增幅超过10倍，6家增幅超过20倍，增幅最大的是海润光伏，达193倍。

从上述分析中我们可以得出如下结论。

一是非经常性损益项目对样本上市公司净利润影响巨大。非经常性损益在沪市全部上市公司的净利润中所占的比重也许并不大，根据上海证券交易所披露的数据来看，2010年和2011年占比均不足5%，但对于亏损、经营不善、业绩不佳，急于扭亏保牌或掩盖亏损真相的上市公司来说，非经常性损益无疑是最好的“合法工具”。样本公司中的非经常性损益总量净额达到公司净利润的近五成，具有盈亏影响的131家上市公司的非经常性损益净额为“扣非”前归属股东净利润的2.5倍，也足以说明非经常性损益项目对这些公司的重要性。当然，其占比越大，对净利润真实情况的干扰就越大。

二是非经常性损益项目主要为上市公司用来扭亏或减少亏损。样本中利用非经常性损益扭亏的公司有131家，而这一数据在2010年和2011年分别为115家和107家（据上海证券交易所网站），说明上市公司的实际亏损面在扩大的同时，利用非经常性损益扭亏的家数也在不断扩大。这些公司在利用非经常性损益项目调整净利润时目的非常明确，尤其是以前年度亏损的公司，为避免“戴帽”，利用非经常性损益进行盈余管理的动机更强。“扣非”前后都亏损的公司尽管也使用了各种不同的非经常性损益项目，但影响有正有负，10%的占比对净利润的影响并不大，但有13家公司亏损显著缩小，也进一步说明利用非经常性损益项目主要是为了减少公司亏损。

三是常规的非经常性损益项目持续为上市公司所青睐，但新动向值得关注。“政府补助”持续成为对上市公司利润水平影响最大的项目及非经常性损益最主要的来源；“非流动资产处置损益”几乎是从公司内部“增利”的不二选择；“应收账款减值转回”从来都是利润调整的

“储备池”；“债务重组损益”一直是上市公司用来实现业绩翻身的经典手段，每一次会计准则中关于债务重组业务处理政策的变化都会在资本市场上掀起重组浪潮。一些简便的、成本低的、易于操作的项目，如委托投资、委托贷款、资金占用费收益、托管费收益等，虽然占比还不大，却被很多公司所使用，应当予以关注。

第 6 章

舞弊的识别与判定

资本市场中的舞弊行为不管出于什么目的，往往都要通过伪造、篡改或者歪曲会计记录等行为来实现，无论舞弊手段多么高明，总是会留下蛛丝马迹的。注册会计师只要有足够的耐心，熟悉舞弊者常用的舞弊手段，掌握舞弊的识别技术，并充分运用专业知识，是能够查找出财务报表中的重大舞弊的。

6.1 红旗标志法

如何有效审计上市公司财务舞弊一直是世界性难题，大量涉及法律诉讼的舞弊案显示，审计人员缺乏舞弊风险意识和足够的舞弊识别能力是导致审计失败的重要原因。以美国为代表的西方国家学者研究认为，提高舞弊审计最需要解决的审计技术重点和难点是研究总结出能够识别作为舞弊征兆的红旗标志。20 世纪 50 年代犯罪学先驱唐纳德·克雷西（Donald Cressey）利用经典的舞弊三角模型为发现和识别舞弊征兆找到了突破口，学术界和会计界以财务报告舞弊为基础确立了一系列红旗标志（Red-flags）作为职业框架和参考标准来帮助审计人员充分识别可能发生舞弊的迹象。

6.1.1 红旗标志法研究现状

红旗标志法是用于识别舞弊或错报、寻找和分析舞弊信号的重要方法，也称为舞弊风险因素法，是指可能导致管理层以公司名义或为了个人利益而舞弊的各种事项、条件、环境压力、机会或个人特征。虽然红旗标志不代表舞弊一定存在，但它们被认为是标示财务报表舞弊可能性的重要征兆，对红旗标志的恰当关注有助于排查那些引起财务报表舞弊的潜在因子，是控制审计风险的有效方法。红旗标志法以文字表达的方式，指出在哪种条件下舞弊发生的概率会比较高，提醒注册会计师和有关人士要密切关注有关指标，实质是在总结以往舞弊情况的基础上，整理归纳出的一整套关于舞弊发生可能性最高的经验，以警示他人注意舞弊发生的可能性以及发生时所表现出来的特征。当然，这种警示内容表现在组织内部控制系统薄弱的一些主要环节，它的完整性和准确性受红旗标志制作者的经验、专业知识、工作深度和广度等相关因素的影响，因而，红旗标志法在舞弊审计工作中的使用有一定的局限性。红旗标志在一般审计业务中的作用是增加注册会计师对管理层舞弊动机的职业关注，提升其对财务报告中舞弊风险的警觉性。

卡特利特（Catlett，1974）在分析了大量舞弊案例后指出，舞弊行为最常发生的情况是内部控制的缺失，而且这一缺失常常是管理层指使、管理层和职员腐败，或这些情况的结合以及类似的原因导致的，内部控制的缺失应该被认为既是舞弊的信号也是舞弊发生的机会。锡比霍拉·瑞扎伊（Zabihollah Rezaee，2002）梳理了垂德威委员会报告（1987）、独立审计准则第53号、第82号和其他学者关于红旗标志的研究以及安然等财务报表舞弊案例后，将财务报表舞弊的可能征兆总结为三大类——组织结构、财务状况、企业和行业环境，并列示了61个组织结构方面的红旗标志、40个财务状况方面的红旗标志及54个企业和行业环境方面的红旗标志，共计155个红旗标志。但这些红旗标志是否具有舞弊识别能力（财务报告预警能力）并未得到验证，为此众多研究者就红旗标志是否具有显著的舞弊识别能力展开了大量的实证研究。最初关于红旗标志的研究从审计职业的角度出发，旨在帮助审计人员寻找一些舞弊的征兆。随后又有学者站在投资者和债权人的角度，研究单个红旗标志的相对重要性。阿尔伯雷齐特（Albrecht，1986）和罗姆尼（Romney，1986）首次验证有31个红旗标志具有显著的舞弊预警能力；魏森博恩（Weisenborn，1997）和诺里斯（Norris，1997）又将阿尔伯雷齐特和罗姆尼总结的红旗标志运用到30个著名的舞弊案例中，其目的是辨识出这些舞弊案例中出现的红旗标志有哪些，以及哪些出现的次数多，哪些出现的次数少等，并对这些红旗标志根据在案例中出现的次数进行打分，分数越高说明该红旗标志预测舞弊的效力越强，结果显示，两个最主要的红旗标志是不诚实或不道德的管理层、过度信赖处于公司关键职位和主宰地位的一两个管理人员。

之后又有众多学者进行实证研究发现，管理层的诚信、控制环境、压力、重大关联方交易、过度复杂的公司结构、财务分析师预测的盈利和管理层的内幕交易等红旗标志都具有显著的舞弊预警能力。美国一些学者的研究还探讨了注册会计师识别舞弊性财务报告的各种方法，其中一个被频繁引用的导致审计失败的原因是注册会计师们缺乏对红旗标志的认识，他们认为在提醒注册会计师可能存在潜在的欺诈活动时，重要的是了解注册会计师们认为什么是重要的。为此，这些学者调查了美国六大会计师事务所的 130 名注册会计师，要求他们对常用的 30 个红旗标志进行排序，结果显示，注册会计师们认为委托人（上市公司的管理层）的不诚信是最重要的红旗标志，同时也把看重量化目标、购买审计意见和采用非常激进的会计政策的客户看成非常危险的。莫耶斯（Moyes，2007）在采用调查问卷得到相关数据的基础上，运用多分变量回归分析的方法研究了红旗标志在识别欺诈性财务报告方面的有效性，调查结果显示，欺诈识别的有效性受到很多因素的影响，包括注册会计师的执业能力、收入水平、受教育水平、经验和所获得的认证等。即使在同一情况下，不同注册会计师在使用同一红旗标志时，感觉受到的影响也是有很大差异的。

6.1.2 识别管理舞弊的红旗标志

人们通常认为，审计师是提供专业服务的专业人士，拥有执业资格和专业技能，加之许多舞弊行为并不是运用了多么复杂的隐藏手段，识别舞弊应该是一件比较容易的事情。但事实上，即使是涉及明显的会计记录的重大错报，识别舞弊也一直是一件很困难的事情，而当舞弊者具有巨大的激励，其又争取到审计师成为其舞弊计划的一个组成部分时，舞弊就更难以被发现。随着舞弊发生的频率及其对社会造成的危害和成本的增大，对舞弊的防范和识别就变得愈加关键。但审计师和会计师都非常清楚的一个问题是，控制虽然有助于舞弊的防范，但一旦一个组织的内部控制不存在，或内部控制被漠视、失效，那么舞弊的防范问题就变成了识别问题。

魏森博恩和诺里斯在将红旗标志运用到舞弊案例的研究中，除了对红旗标志根据在舞弊案件中出现的次数进行打分，说明该红旗标志预测舞弊的能力的强弱，还将舞弊的动机分为两大类：一是促使人们以公司名义舞弊的动机；另一个是促使人们以个人名义舞弊（即侵占公司资产等）的动机。他们认为，舞弊案件之所以不断增多是由于舞弊者通过舞弊得到的好处越来越大，而被惩罚的程度越来越小。因此，不断增长的舞弊案件和令人震惊的舞弊金额促使会计师事务所、监管机构、政府部门和投资者寻求更有效的方法防范和识别管理舞弊。

根据红旗标志在舞弊案件中出现次数的总得分进行排序，前十个主要指标是：

- 不诚实或不道德的管理层
- 过于信任（凌驾于内部控制之上）关键管理人员
- 公司由一个或两个关键个人支配
- 内部控制不健全或内部控制没有得到有效执行
- 关键管理人员品德低下
- 主要管理人员表现出强烈的贪婪之心
- 有关会计估计或计量的特殊问题
- 不愿提供审计所需的数据
- 迫切需要良好的盈利报告
- 随意的会计惯例

他们最后辨识出的两个最主要的红旗标志是不诚实或不道德的管理层、过度信赖处于公司关键职位和主宰地位的一两个管理人员，其中得分最高的 4 个指标也是大部分舞弊案件的主要指标，得分前 20 位的红旗标志中有 8 个在 Albrecht 和 Romney（1986）排序的前 16 个指标内。他们的研究发现与 Albrecht 和 Romney（1986）的研究发现一样，强调要考虑压力环境下管理层的个人特征和行为。

应该指出的是，得分不太高的红旗标志也可能是识别舞弊的有效指标，也可能是识别非管理舞弊的良好指标。虽然红旗标志运用于特定情况时是有局限性的，不同的审计人员对同一红旗标志指标感受到的影响也是不一样的，但红旗标志对审计人员来说仍是有很大帮助的，在特定情况下运用这些指标并不是绝对的有效或无效，应具体情况具体分析，灵活运用。

近年来，国内学者也对管理舞弊的识别给予了高度的关注，运用各种方法从多方面进行了深入的研究，部分研究结合了我国的制度背景和环境，并取得了一定的成果。2002 年 7 月 31 日中国注册会计师协会专门制定的《审计技术提示第 1 号——财务欺诈风险》中提供了九大类共 54 项财务欺诈风险，基本上包括了 SAS No.82 的 25 个红旗标志，并基于我国上市公司所处的社会经济环境及证券市场的制度背景，较多地考虑了我国证券市场不成熟这一特征，从公司治理、财务稳定性、盈利能力、内部控制等角度详细列示了各种可能导致公司进行舞弊的因素，其中主要的因素如下：

- 财务稳定性或盈利能力受到威胁
- 管理层受到异常压力影响
- 管理层受到个人经济利益驱使
- 特殊的行业或经营性质
- 特殊的交易或事项
- 公司治理缺陷
- 内部控制缺陷
- 管理层态度不端正或缺乏诚信
- 管理层与注册会计师的关系异常或紧张

国内学术界的研究结果与国外研究有许多相同之处，如认为公司的发展状况、行业、规模等特征是舞弊的重要影响因素。基于我国资本市场的特殊性，国内学者认为争取上市融资、保住稀缺“资源”、再融资、避免被特殊处理或退市等都是上市公司实施舞弊的影响因素。

6.1.3 识别财务报告舞弊的红旗标志

虽然财务报告舞弊已经引起了越来越多的国际关注，但识别财务报告中的舞弊并证明这种舞弊行为仍然是一个可望而不可即的目标。红旗标志作为一个早期预警系统，有助于提升注册会计师对财务报表舞弊风险的警觉性，注册会计师用它来确定财务报表舞弊的可能性。在审计实践中注册会计师为了能够更有效地识别财务报告舞弊，通常使用一些提示可能存在舞弊的红旗标志或预警指标，这些指标大多围绕财务数据计算得出，例如毛利率、应收账款周转率、存货周转率、资产负债率、流动比率、净资产收益率等指标，计算并观察这些指标的异常发展趋势（纵向比较和横向比较）可以帮助注册会计师识别可能存在的财务报告舞弊。另外，其他财务预警信号也会暗示可能存在财务报告舞弊：公司进行大量的（或大额的）非常规交易，例如股权转让、受让债务重组、非货币交易等资产重组活动；公司为复杂的交易采用较为激进的会计政策和方法，例如利用衍生金融工具进行的交易、融资租赁等；公司期末发生较多的会计政策更、会计估计变更、会计差错更正；公司关联交易很多；管理层抛售公司的股票；审计报告属于非标准意见报告；更换注册会计师；股价异常波动；信息披露不及时；盈利有别于同行业其他企业，趋势相反或增长过快等。

对识别财务报告舞弊颇有经验的美国五大会计师事务所之一的Coopers & Lybrand列举了29个可能存在财务报告舞弊的信号，以提醒审计人员及公司监察人员格外关注公司管理层是否存在财务报告舞弊的可能性，其中比较重要的信号有：

- 现金短缺、负的现金流量、营运资金或信用短缺影响营运周转
- 融资能力（包括借款及增资）降低，营业扩充的资金只能依赖盈余
- 为维持现有债务的需要必须获得额外担保品
- 订单显著减少，预示未来销售收入大幅下降
- 成本增长超过收入或遭受低价进口品的竞争
- 对遭受严重经济压力的客户，收回欠款有困难
- 对新资金的大量需求
- 对单一或少数产品、客户或交易的依赖
- 夕阳产业或濒临倒闭的企业

- 经济或其他情况导致产能过剩
- 现在借款合约对流动比率、额外借款及偿还时间的规定缺乏弹性
- 管理层严格要求主管达成预算的倾向
- 迫切需要有利的盈余记录以维持股价
- 管理层不提供审计人员为了解报表所需的额外资料
- 主管有不法前科记录
- 存货大量增加，超过销售所需，尤其是高科技产业的产品存在严重过时的风险
- 盈余品质逐渐恶化，例如折旧法由年数总和法改为直线法而欠正当理由

面对不断升级、愈演愈烈的财务报告舞弊，要求注册会计师充分关注红旗标志已在审计学术界和职业界基本上取得了共识，多个国家的舞弊审计准则均为注册会计师提供红旗标志，而我国的舞弊审计准则只提出了舞弊风险因素的概念，强调了注册会计师对舞弊风险因素的关注，并没有列示出具体的红旗标志。考虑到由于我国处在经济转型期间，上市公司的特征、资本市场的完善程度和监管环境等与国外较为成熟的市场不同，经济生活中出现的舞弊风险因素也有所不同，王泽霞、梅伟林（2006）结合我国上市公司特殊的制度环境，运用问卷调查和层次分析的方法研究了红旗标志对识别我国上市公司舞弊的有效性。通过对我国上市公司舞弊案例表现出来的特征的分析，提示注册会计师应当特别关注以下 18 个可能表明被审计单位存在财务报表舞弊的风险因素或预警信号：

- 高管人员异常变动（尤其是分管财务的高管或主管会计频繁辞职或被调离）
- 频繁变更会计师事务所（尤其是被出具“不干净”审计报告后更换会计师事务所）
- 陷入财务困境（尤其是面临着退市、银行逼债等艰难处境）
- 原始凭证排序与财务报表舞弊相关的风险因素或预警信号有效性

分值不合常规（如单据不全或缺失、银行对账单出现呆滞项目、收款人或客户名称或地址太普通、凭证篡改、付款雷同、凭证号码顺序不合乎逻辑、凭证上字迹可疑、以复印件取代原件等）

- 会计分录存在瑕疵（如缺乏原始凭证支撑，对应收应付款、收入费用项目进行未加解释的调整，会计分录由异常人士编制，临近会计期末编制的异常会计分录等）
- 盈利质量与资产质量背离，如在报告大幅增长利润的同时，不良资产大量增加
- 净利润与经营活动产生的现金流量持续背离（尤其是企业连续盈利，但经营活动产生的现金流量连续三年入不敷出）
- 销售收入与经营活动产生的现金流量相互背离
- 在某个会计期间出现“洗大澡”式的资产减值
- 将会计估计变更混淆为会计政策变更
- 将会计舞弊解释为会计差错
- 不合乎商业逻辑的资产置换
- 期末发生的大量或异常销售（尤其是对新客户的大额销售）
- 已发货未开票的销售和已开票未发货的销售
- 前期销售在本期大量退货
- 企业合并日前后被合并企业的毛利率差异很大（这可能意味企业推迟确认收入、提前确认损失，滥提资产减值准备，计提过多的重组负债和或有负债）
- 与客户频繁发生套换交易（向客户出售资产的同时，向客户购入类似的资产）
- 通过关联方进行购销业务

客观地说，虽然国内外很多学者都对舞弊的红旗标志做了大量的研究，但是就究竟哪些红旗标志具有显著的预警能力并没有得出一致的结论，至于在舞弊审计中如何有效地利用这些红旗标志去识别舞弊以提高舞弊审计的效果这一问题，还需要理论界与实务界继续开展更深入的研究。

6.2　经营能力分析法

由于每家上市公司的经营活动能力都有所不同，舞弊的手段和方法也有所不同，深入了解客户的经营活动并分析经营能力也是判断是否可能存在舞弊的有效方法。

1. 营运能力分析

上市公司通过虚假销售、提前确认销售收入或有意扩大销售范围调整利润，这些销售业务都无法取得现金，因此这些造假手段必然会影响应收账款周转效率，在财务指标上可能体现为在销售不断扩大的同时，应收账款周转率却在减小。上市公司常用的另一个重要舞弊手段是不结转或少结转主营业务成本，因而企业账面上的存货很高，存货周转率相对正常企业来说过低。另外，上市公司的营运能力反映了企业资金周转情况，也反映了企业的营运状况和经营管理水平。资金周转情况越好，说明企业的经营管理水平越高，资金的利用效率越高。一旦公司的营运能力出现问题，必然会影响供应、生产和销售环节的所有业务，企业会因此陷入困境甚至亏损的境地。因此，当营运能力出现问题时，上市公司就有可能实施舞弊以摆脱这种困境。

2. 财务杠杆分析

相对于股东，债权人不能分享剩余收益却要承担投资失败的风险，因而处于较为不利的地位。为了减少风险，债权人往往要求债务人提供经注册会计师审计的财务报告，并在债务合同中订有一系列以会计数据定义的保护性条款。因此当企业的财务状况接近于违反债务契约或是无法履行债务契约中的某些条款时，管理层就会产生利润操纵或舞弊的动机，以将风险从所有者和经理人员身上转移到债权人身上。珀森斯（Persons，1995）认为较高的负债比率与舞弊性财务报告相联系是一个公开的问题，当偿债能力发生问题时，企业违反债务契约条款的风险加大，管理层就很可能通过舞弊避免陷入这种困境。

衡量企业的偿债能力要从长期偿债能力和短期偿债能力两个方面综合评价。负债权益比是反映企业长期偿债能力的指标，负债权益比越高，企业违反债务契约的风险就越大，获得新的贷款的难度就越高，实施舞弊的可能性就越大。由于存货相对于其他流动资产来说变现速度慢，因此扣除了存货的速动比率在理论上比流动比率能更好地反映上市公司的短期偿债能力。由于舞弊上市公司虚构收入很可能会产生大量的应收账款，因此，舞弊公司与正常公司相比，可能有着更好的速动比率。总的来说，财务杠杆（资产负债率）越高的公司发生舞弊的可能性越高；长期偿债能力差（负债权益比高）的公司发生舞弊的可能性高；短期偿债能力指标较高（速动比率高）的公司发生舞弊的可能性高。

3. 资产质量分析

资产质量的测试对上市公司管理舞弊的识别具有重要作用。费用资本化是目前公司造假的一种常用手段，通过对资产质量相关指标的比较可以测试上市公司经营费用资本化的风险程度。发生舞弊的上市公司虚构销售收入或少转成本和费用，往往会使得资产中的应收账款、存货金额异常高，而货币资金所占份额则相对来说异常小，因此应收账款 / 流动资产、流动资产 / 资产、存货 / 主营业务成本有可能过高，而相对来说货币资金 / 流动资产会显得较低，从而导致相关指标在舞弊和非舞弊公司之间存在差异。目前已有的研究均证明，同一行业的各家公司的财务指标之间一般不会出现较大的差异，否则预示着公司存在舞弊的可能（方军雄，2003）。贝尼什（Beneish，1999）的研究表明舞弊公司与正常公司相比，资产质量指数存在显著差别。企业的固定资产在一定程度上代表了企业的规模、企业的发展阶段，且固定资产中的折旧计提具有一定的主观性，管理层很可能会通过虚增固定资产造成企业规模扩张的假象达到少提折旧从而虚减费用、操纵利润的目的。

4. 盈余质量分析

许多学者都将公司账面盈利或利润的大幅度增长却没有引起经营活动现金流量相应的增长视为舞弊的重要风险因子。通常认为，会计盈余是以权责发生制为基础而容易被操纵，而现金流量是在收付实现制基础上产生的，且由第三方机构——银行提供原始凭证和相关数据，现金流量指标的真实性较高，不易被操纵。一般来说，盈利能力的增长会产生相应的现金流量，当虚增利润引起账面盈利大幅度增长，而经营活动现金流量却没有增加时，可以认为该公司增加的利润存在虚假的成分。在上市公司所披露的会计信息中，会计盈余数据不仅是投资者了解企业目前状况和未来态势的基本信号，也是衡量公司管理层业绩的主要因素，尤其是国有及国有控股企业，企业经营业绩的好坏关系到管理层职务的保持和晋升，也关系到管理层的荣誉。正是由于会计盈余的重要地位，盈余操纵成为上市公司普遍存在的现象，上市公司管理层在向外部信息使用者提供盈余信息时，可能为了追求自身利益而对财务报告过程进行操纵，因此有必要对上市公司的盈余质量进行深入的分析。会计盈余按持续性分为三类：持续性会计盈余、暂时性会计盈余、价格无关会计盈余。持续性会计盈余是企业综合素质和竞争能力的体现，盈余持续性越强，盈余质量越高，因此，通过现金流量来考察盈余质量是盈余质量分析的重要途径，盈利质量越差的公司发生舞弊的可能性也越高。

6.3　财务指标分析法

注册会计师在提供审计服务时，通过对上市公司的财务报告及其重要账目执行必要的审计程序，必然会了解公司重要财务指标，这些财务指标是公司整体财务状况和经营情况的综合反映，也是注册会计师寻找舞弊的线索。这些指标主要有反映营运能力的资产周转率、存货周转率、应收账款周转率等；反映偿债能力的流动比率、速动比率等；反映盈利能力的主营业务毛利率、净利率、净资产收益率、每股收益等。财务指标分析法在识别财务舞弊方面的应用主要表现在两个方面：一是通过指标的计算，表明公司可能出现严重的财务危机，压力增大，出现财务舞弊的可能性加大；二是就财务指标与同行业其他公司进行横向比较，发现异常，从而表明公司发生财务舞弊的可能性增大，提醒注册会计师予以关注。

目前国内外学者都很关注用于识别舞弊的财务指标实证研究，因为财务指标数据可以从公开的财务报告中获得，学者们希望利用这些公开的财务数据信息来帮助利益相关者识别舞弊。王泽霞（2010）根据实证研究设计的要求，通过中国上市公司财务数据查询系统（CSMAR）、巨潮信息网等收集了1998年至2003年因财务报告存在舞弊陈述行为并对当年财务报表产生重大影响（主要涉及利润舞弊）而被中国证监会、证券交易所和财政部等监管部门处罚的40家上市公司67个舞弊样本，并按1：1的比例选取了控制样本，以各种财务指标为研究对象，对舞弊样本与控制样本进行了显著性检验的统计分析。研究结果表明，舞弊样本与控制样本在筹资动机指标、营运能力指标、财务杠杆和偿债能力指标、资产质量的相关指标、盈余质量的部分相关指标以及关联交易程度的指标上都存在显著差异。

还有一些学者对财务指标的异常与舞弊的关系进行了研究。章立军（2012）通过对舞弊公司与非舞弊样本公司的财务指标特征进行配比分析，发现两类公司在财务指标上的差异。通过描述性统计发现，舞弊公司与非舞弊公司在净利润增长率、留存收益率、存货周转率、应收账款周转率、流动比率以及综合杠杆系数等指标上都存在明显差异，这说明舞弊公司的风险比正常公司要高。除了发现两类公司在财务指标上的差异，章立军同时通过变量相关性分析，发现变量的相互关系，这些指标的差异在统计上具有显著性，这表明正常公司的营运能力显著强于舞弊公司。这些重要财务指标涉及的存货、应收账款、主营业务收入、主营业务成本等项目均直接反映在财务报告中，而且这些指标也是上市公司实施舞弊的重点指标。如果这些指标存在异常，那么整个财务报告的真实性和客观性将会受到严重质疑。

章立军（2012）的研究通过回归分析还发现，上市公司的存货周转率和主营业务毛利率与舞弊发生的概率在10%水平上显著负相关，应收账款周转率与舞弊发生的概率在 1% 水平上显著负相关，表明应收账款周转率、存货周转率和主营业务毛利率越低时，上市公司发生舞弊的概率就越大。一般来说，主营业务毛利率下降表明公司的盈利能力有所下降，同时应收账款周转率、存货周转率的下降表明营运能力有所下降。主营业务收入增长率与发生舞弊的概率在 10% 水平上显著正相关，表明要密切关注主营业务收入的增长率，如果其有超常的增长，上市公司发生舞弊的可能性也会随之增加。主营业务收入与支付税金发生的现金流出比与舞弊发生的概率负相关。通常情况下，公司发生销售业务，都要缴纳税金，销售额与税金的比例应该保持一定的水平。实证结果表明，该比例越低，发生舞弊的概率越大，说明公司有隐藏收入的可能，隐藏收入可以使得当年的主营业务收入低，但税款的现金流出无法造假，从而造成主营业务收入与支付税金发生的现金流出比低。

财务指标的异常虽然并不一定说明财务报告中存在舞弊，但在一定程度上说明上市公司舞弊的可能性很大，注册会计师应给予充分的职业关注。分析财务指标的异常虽然是常见的舞弊的识别方法，但根据国外的一些实证研究，如卡明斯基（Kaminski，2004）和韦策尔（Wetzel，2004）对 79 家受到 SEC 处罚的上市公司按规模和行业寻找配比样本进行比较研究，发现舞弊公司与配比公司在财务报告舞弊前后 3 年的 21 个财务指标，运用判别分析法发现错误的识别率为 41%~76%，这表明财务比例指标并不是一个很有效的识别舞弊的工具。布雷泽尔（Brazel，2006）利用财务指标与非财务指标的关系，分析财务指标和非财务指标的差异，结果发现利用非财务指标可以有效地发现舞弊，这是第一篇利用非财务指标和财务指标的结合来识别财务报告舞弊的实证论文。

对注册会计师来说，在应用财务指标的异常来识别舞弊时，应当注意财务指标的局限性，充分考虑到不同被审计对象的特殊性，对于某些财务指标的分析需要根据不同的视角关注异常情况并加以分析，单纯地依靠财务指标分析进行舞弊识别的灵敏度可能会随着舞弊手段的翻新而不断降低，因此，将非财务指标和财务指标结合进行分析，可以更有效地识别舞弊。

6.4 非财务信息分析法

非财务信息是相对于财务信息而言的，财务信息主要是指以货币形式表示的数据资料，通常是用来表明企业资金运动的状况及特征的经济信息。而不在企业财务报表中直接反映的、与企业经济活动及公司业绩有密切关系的所有信息都可以认定为非财务信息。

1. 非财务信息的特点

非财务信息客观存在于经济系统信息传递过程中，可以由会计系统提供（如以附注形式披露）。但与财务信息不同的是，多数非财务信息不能完全满足会计信息的可定义性、可计量性和可行性。与财务信息相比，非财务信息具有以下特点。

①广泛性。非财务信息可以来自企业内部，也可以来自企业外部，而财务信息主要来自企业内部。在网络时代，由于信息交流渠道更为多样，传递更为迅速，获取非财务信息的途径进一步扩展。从一定意义上讲，财务信息以外的可能对财务报告产生影响的任何信息都可以称为非财务信息。

②延续性。非财务信息的时间跨度没有限制，既可能与企业过去的事项相关，也可能与现在甚至将来的事项相关，而财务信息一般只与企业过去的事项相关。

③非货币性。非财务信息一般不以货币形式出现，而且大多是一种定性的描述。

④可靠性。与财务信息相比，非财务信息繁多而复杂，且受企业影响和操纵的难度比较大，企业刻意去掩盖或修饰的可能性不大，甚至很多信息是企业基本不能控制的，因此，非财务信息相对就更加真实可靠。

2. 非财务信息的内容

非财务信息包括的内容很多，美国证券交易委员会（SEC）发布的 S-K 规程详细规定了财务报表必须提供的非财务信息。其要求提供的非财务信息主要有：经营说明、普通股的市场价格与红利、管理部门的讨论与分析、会计师的变更与分歧、管理人员薪酬、与有关方面的交易与关系、收益的使用、董事们的报酬等。不过，SEC 要求提供的非财务信息中，并没有包括盈利预测信息、人力资源信息、核心竞争力与社会责任等重要信息。

国际四大会计师事务所之一的安永会计师事务所于 1998 年在主要针对表外的非财务信息披露的调查中，涉及的非财务信息包括 8 类 40 种，分别是：

①管理层质量，包括公司战略的执行、公司战略的质量、管理经验、组织能力、首席执行官的风格；

②新产品开发，包括研究领先度、新产品开发率、新产品开发周期、新产品收入占总收入的比例；

③市场状况，包括创新能力、市场份额、品牌、营销和广告强度、全球性销售能力；

④公司文化，包括吸引和留住杰出员工的能力、员工素质、业绩激励系统的质量、员工培训质量、环境和社会政策、团队精神；

⑤薪酬政策，包括管理层薪酬政策与股东利益一致度、业绩基础的薪酬政策、CEO 薪酬占员工总薪酬的比例；

⑥与投资者交流，包括管理层的可信度、管理层的可接近度、投资者指引质量、与投资者联系的知识和经验、公司出版物质量；

⑦产品和服务质量，包括生产经营过程质量、顾客对产品或服务质量的观点、产品缺陷率、服务失败率、产品耐用性、产品质量奖励、生产过程质量奖励、生产过程效率；

⑧顾客满意度，包括顾客满意水平、重复销售水平、顾客提出不满意意见的次数、顾客服务部门的质量。

国内学者对于非财务信息也进行了多角度研究，但并没有达成共识，相关的实证研究也不多。近年来诸多舞弊案涉及的非财务信息主要有宏观经济政策（如国家经济增长速度、国内需求状况、进出口状况、物价水平、经济运行周期等）、行业信息（如行业景气状况、行业政策、技术变化、竞争状况等）、企业信息（如董事会规模、独立董事比例、股权集中度、管理层持股比例、大股东与高管异常行为、社会责任履行、管理层变更、年产量、生产线规模、主要经销产品数量及变化、主要供应商数量及变化、市场占有率、顾客满意度、新产品研发、资产重组、员工培训、会计政策变更等）、审计意见及其他（审计意见类型、注册会计师及审计机构的变更、媒体报道、其他机构分析等）。

非财务信息本身并不一定说明舞弊风险的高低或舞弊信号的强弱，但非财务信息与财务信息密切相关，从一定意义上说，非财务信息是驱动财务指标变化的重要因素，其对财务指标的变化具有一定的解释能力，若企业的非财务信息与财务指标的惯常均衡关系被打破，则财务舞弊发生的可能性较大。

6.5 其他识别方法

1. 特殊业务分析

上市公司在经营中发生的一些特殊业务如关联交易、债务重组、资产置换、非货币性交易等往往是舞弊发生的征兆，经营过程中遇到的特殊事件如债务纠纷、经济合同纠纷和诉讼案件等往往也可能与舞弊密切相关。

关联交易频繁的背后往往是财务欺诈，因为目前的关联交易不仅计量非常不公允，而且业绩也往往不具有持续性，有很大的欺骗性。没有识别关联方交易也是导致审计失败的常见因素，有的上市公司通过关联方交易将巨额亏损转移到不需审计的关联企业从而隐瞒其真实的财务状况；有的上市公司则与其关联企业编造一些复杂交易，从会计方法上看其利润的确认过程完全合法，却永远无法实现。我国上市公司通常与控投股东在业务上存在千丝万缕的联系，控股股东往往利用关联交易来“掏空”上市公司，利用非公允的资产交易将优质资产转移出上市公司、将劣质资产转让给上市公司，利用借款或往来款及占用上市公司资金等方式来侵占上市公司的利益。上市公司的股权收购、资产收购、资产剥离、股权转让、资产置换、债务重组等业务活动相对复杂，特别是定价问题难度很大。由于我国并购市场发展很不成熟，股权不是真正的全流通，非流通的股票价格确定比较困难，非流通股权的转让多采取协议转让的方式，不是在公开市场进行操作，也没有进行公开的招标投标程序，部分是交易双方暗箱操作，私下决定交易金额，然后在一些公开场合通过形式上的公开，完成最终交易。因此，这些并购重组活动的公允性很值得怀疑。上市公司也可能通过关联交易将利益转移给子公司等其他利益相关的公司，如果上市公司面临再融资的压力，当公司业绩无法满足监管要求时，关联方特别是控股股东会安排特定的关联交易来粉饰公司业绩，进行盈余操纵。

章立军（2012）从发生的频率和金额两个方面对此类经营业务与舞弊发生的相关性进行了实证研究，结果发现，上市公司关联交易金额占总资产比重与舞弊发生概率在 10% 水平上显著正相关，表明关联交易的比重越高，上市公司发生舞弊的概率就越大。类似地，兼并重组金额占总资产比重与上市公司舞弊发生概率在 5% 水平上显著正相关，表明兼并重组比重越高，公司发生舞弊的概率就越高。担保金额占净资产的比重与舞弊没有显著的相关性，但变量的回归系数与预期符号一致，在一定程度上表明对外担保的比重高仍可能是舞弊的迹象。交易的次数与舞弊概率负相关，可能的原因是虽然关联交易发生的次数少，但金额大，发生舞弊的可能性就比较大。当交易的次数少而金额很大时，表示该项交易很可能是针对公司业绩没有达到预期目标而专门设计的一项交易，以达到操纵利润的目的。考虑到很多上市公司都是通过剥离改制上市，与母公司在经济业务上存在一定的联系，发生一定次数的关联交易和担保能够降低交易成本和提高经济效益，是一种正常现象，但是如果上市公司以前发生关联交易次数少，近期突然发生几笔交易，则可能是异常现象，很可能是舞弊或操纵的迹象。收购兼并（包括债务重组、资产置换、非货币性交易等）是上市公司的重大经营业务，正常的情况下不可能经常发生，如果发生的次数多，则一定是舞弊的重大迹象。对于注册会计师来说，通过特殊经营业务识别舞弊时，不仅要关注特殊交易的金额，还要关注特殊交易的次数。

2. 公司战略分析

随着社会进入知识经济时代和信息时代，企业的管理模式也发生了深刻的变化，最主要的变化就是从过程管理转向战略管理。战略管理最根本的着眼点就是分析企业所面临的风险，以及找出化解风险的对策。由于企业战略风险及相关经营环节风险（统称为经营风险）最终都会在财务报告中有所体现，因此，要有效识别舞弊，还必须要了解企业发展所依存的内外部环境和基于这些环境制定的发展战略及相关风险的控制，从而了解内外部战略风险对于财务报告的影响。

战略管理的理论表明，公司战略和经营中存在的问题是公司业绩达不到预期目标的最主要原因。对于成本领先战略的企业来说，如果能够实现和维持全面的成本领先地位，那么只要将价格控制在行业平均或接近平均的水平，就能获取优于平均水平的经营业绩。然而，不能无视产品差异战略，如果企业的产品没有竞争力或不被顾客接受，成本领先的企业为了增加销售量，将被迫削价使得价格远低于竞争者的水平，但这将抵消企业理想成本所带来的收益，因此，成本领先战略的企业尽管依赖于成本领先来获得竞争优势，但仍必须注意产品的差异性。另外，当行业中雄心勃勃的成本领先者不止一个时，它们之间的竞争常常十分激烈，竞争的结果可能对企业的盈利能力和长期的产业结构造成灾难性的不利后果。在企业过度依赖成本领先战略时，如果毛利率越低，那么其成本下降的余地就越小，面对激烈的市场竞争，其竞争力会越来越不足，从而失去竞争优势，这样的公司很容易在竞争中失败，但为了达到预期的业绩要求，公司就会采取舞弊的手段来粉饰业绩。

在多元化竞争战略中，多元化程度的提高给企业的管理带来成本的增加，发生经营问题的概率也会增大。从委托代理理论、企业资源内部配置观等经济学角度，也有文献认为多元化对公司价值具有负面效应。从上市公司的角度分析，企业生产过多品种的产品或销售地区众多，造成经营上的难度增加，不同的业务流程和不同的市场模式对企业的管理机制有不同的要求，增加了内部经营管理整合的风险；业务多元化经营的多重目标和企业有限资源之间的冲突使管理机制上的融合更为困难；多元化虽然可以避免信息不对称导致的投资不足，但也可能造成过度投资，更容易产生信息不对称导致的资源配置缺乏效率，还会造成跨行业的过度补贴，使得企业业绩下降，新产品的异常出现和星罗棋布的销售地区往往是企业舞弊的征兆。一些研究也发现了多元化与公司业绩之间的关系，姚俊、吕愿和蓝海林（2004）研究发现了多元化经营与资产收益显著负相关；张翼、刘巍和龚六堂（2005）的研究也支持这一结论。曾亚敏（2005）从会计业绩和市场价值两个角度对多元化经营的绩效进行了静态和动态分析，结果发现，从会计业绩看，多元化经营的静态效应为负但动态效应为正，而市场价值的静态和动态效应均为负效应。

从注册会计师的角度来看，产品品种越多，审计风险越大。由于对产品性能、品质、市场前景等的分析需要大量专业知识，上市公司往往利用虚假产品的性能和市场前景来粉饰业绩，给审计带来很大的困难和风险。同时，如果公司产品销售涉及的地区众多，注册会计师要考虑是否存在虚构收入地区，产品销售地区的分布是否存在异常，是否有一些特殊或异常的销售区域等；销售的区域越多，应收账款函证涉及的地区越多，取得证据的难度越大；企业的存货也可能由于分布于不同的销售地区而无法实施监盘程序等。这些都增加了审计的难度和风险，发生审计失败的概率大大增加。因此，从业务多元化的角度分析，业务多元化程度越高，舞弊的可能性越大。

从业务均衡性来分析，如果上市公司的经营收入过度集中于某一产品或某一地区，一旦该产品或地区的销售收入受到不利的影响，公司的整体收入会受到很大影响，从而造成公司业绩的实质性下滑。另外，一些造假的公司也往往夸大某一产品的业绩，虚假地说明该产品具有良好的市场前景或市场份额，在财务指标中表现为销售收入集中度很高，发生舞弊的可能性也很大。特别是舞弊的公司可能虚构销售主体，往往把公司的某一种产品销售到某一特定地区，制造虚假的巨额收入，这使得公司的销售过于集中。因此，地区收入和产品收入越集中，舞弊的可能性就越大。

3. 内幕交易分析

内幕交易是行为人为达到获利或避损的目的，利用其特殊地位或机会获取内幕信息进行证券交易，实际上是一种侵权行为。公开发布的公司财务信息基本上可认定为公共产品，但财务信息在市场参与者之间的分布却是不均衡的，财务信息的传播方式、途径、时间都使市场的参与者获得的是不等量或真实程度不同的信息，从而产生公司内部人（如管理层、董事会）和公司外部人（如投资者）之间的财务信息不对称。公司内部人总是比公司外部人掌握的财务信息要多，对公司的实际情况也知道得更多，这就使内部人有机会利用舞弊性的财务报告或利用其获得的专有信息优势牟取不当利益。内幕交易违反了证券市场“公开、公平、公正”的原则，侵犯了投资公众的平等知情权和财产权益，严重影响证券市场功能的发挥；同时，内幕交易使证券价格和指数的形成过程失去了时效性和客观性，它使证券价格和指数成为少数人利用内幕信息炒作的结果，而不是投资大众对公司业绩综合评价的结果，最终会使证券市场丧失优化资源配置的作用。

萨默斯（Summers，1998）和斯威尼（Sweeney，1998）是较早研究内幕交易与舞弊之间关系的学者。在此之前其他学者的研究主要关注如何识别红旗标志以及将识别出的指标纳入模型用于评价财务报表舞弊的潜在可能性。而萨默斯和斯威尼的研究主要关注财务报表舞弊与《审计准则公告第 82 号》(SAS No.82)中的红旗标志没有涉及的一种特殊的风险因素——内幕交易，目的是分析财务报表舞弊与内幕交易活动的关系，以确定在审计人员的审计模型包括内幕交易活动的情况下，审计人员是否可以提高财务报表的舞弊风险评估。他们的研究发现，在存在舞弊的情况下，内部人通过大量的销售活动减少其所持有的该公司股票，可以以卖出股票的数量或者卖出股票的金额作为衡量标准，此外，通过包含内幕交易变量和公司特征变量，且区分存在欺诈行为的公司与不存在欺诈行为的公司的级联 Logit 模型取得证据。该研究实际上是将内幕交易作为一个红旗标志来检验其与舞弊之间的关系。研究结果显示，内幕交易活动变量和重要的财务报表控制变量在舞弊公司和非舞弊公司之间存在差异，不论是用出售股票的金额、出售股份的数量还是用出售股份的交易次数来衡量内幕交易活动，都发现存在舞弊行为的公司的内部人员从事了大量的销售活动来减少其对公司股票的净持有量。此外，研究还发现，在舞弊行为发生的前一年，存在舞弊行为的公司比不存在舞弊行为的公司拥有更多的存货，并且增长更快，资产回报率更高。该项研究的结果表明，内幕交易是预示舞弊潜在可能性的有效信号，可以通过内部人交易变量和公司财务具体特征来区别舞弊公司和非舞弊公司，这一发现对试图识别舞弊的审计人员和内幕交易的监管者来说，都具有重大意义。该项研究创新性地使用公共信息替代传统的红旗标志，并且公共信息直接反映了管理层的交易行为。

内幕交易在 20 世纪 80 年代的美国非常盛行，但随着监管的逐步完善和惩罚的力度加大而逐渐减少。近年来，随着我国证券、期货市场的发展，内幕交易、泄露内幕信息的犯罪案件也呈逐年增多态势，最具轰动性的案件非黄光裕内幕交易案莫属。由于证券、期货交易具有无纸化、信息化等特点，涉案人员往往利用互联网、通信等先进技术传递信息和意图，加大了事后取证的难度，导致实践中查办的内幕交易、泄露内幕信息犯罪案件数量与实发案件数量相差甚远。而且内幕知情人的范围从公司董监高等内部高级管理人员向证券、法律、审批机构人员甚至政府官员等第二知情人蔓延，涉案人员也更为复杂，内幕交易的手段更具隐蔽性和复杂性，而违法成本的低廉和缺乏对中小投资者的保护又使这一趋势进一步发展。根据美国法律，内幕交易者不管有没有非法所得，最高将被处以 250 万美元的罚款，且最高可被判监禁 25 年。而根据《中华人民共和国刑法》第一百八十条，证券、期货交易内幕信息的知情人员或者非法获取证券、期货交易内幕信息的人员，在涉及证券的发行，证券、期货交易或者其他对证券、期货交易价格有重大影响的信息尚未公开前，买入或者卖出该证券，或者从事与该内幕信息有关的期货交易，或者泄露该信息，或者明示、暗示他人从事上述交易活动，情节严重的，处五年以下有期徒刑或者拘役，并处或者单处违法所得一倍以上五倍以下罚金；情节特别严重的，处五年以上十年以下有期徒刑，并处违法所得一倍以上五倍以下罚金，这使得中国的内幕交易的违法成本很低。

我国资本市场的起步较晚，存在上市公司信息披露不规范、监管不健全等诸多问题。国内对内幕交易的研究是从 20 世纪 90 年代开始的，在 2000 年以前，研究主要集中于法律和制度建设方面。近几年，从经济学角度对内幕交易的研究正逐渐增多，研究的内容主要集中在内幕交易行为是否存在，内幕交易者是否能够获得超常收益，内幕交易对市场效率、市场流动性、股票价格及其波动性的影响方面，方法上多采用实证分析，但关于从内幕交易角度识别舞弊的研究还比较少见。根据中国证监会官方网站披露的行政处罚信息，很多违规上市公司的违规行为都涉及内幕交易。从本质上说，内幕交易是一种虚假陈述。从一些重大舞弊案来看，内幕交易不仅广泛存在，而且很多内幕交易的完成需要舞弊手段的配合，即使目前还缺乏实证研究的支持，但对注册会计师来说，仍可以将其作为一个识别舞弊的参考指标。

4. 内部控制分析

在资本市场上，企业的内部控制也正受到越来越多的关注，成为投资者决策的重要参考信息。随着各国内部控制相关规范的颁布及实施，舞弊和内部控制相关性的理论与实践问题受到国内外广泛关注，学者们的研究取得了一系列丰硕的成果。

贺欣（2006）采用问卷调查法对我国企业财务报告可靠性与内部控制系统之间的关系进行研究，结果显示，内部控制有效性与财务报告可靠性之间存在显著正相关关系。陈关亭（2007）等采用 Logistic 回归方法，发现股权集中度、监事会规模等指标与舞弊行为发生的可能性显著相关。蔡志岳等（2007）运用 Logistic 回归模型对公司信息披露违规行为进行预警研究，实证结果表明公司治理信息有助于提高预警模型的判别成功率。张莉萍（2009）认为建立健全内部控制能够合理保证内部财务报告及相关信息的可靠性，加强内部控制是防范财务报告舞弊的制度延伸。章铁生等（2011）运用 t 检验和 Logistic 回归分析对 2006—2008 年因财务舞弊被处罚的上市公司和配对的非舞弊上市公司进行实证研究，结果表明有效的内部控制能够显著抑制财务舞弊发生的可能性。翁维玲（2010）通过对 60 家舞弊公司样本展开实证研究，发现上市公司管理层的相关特征与上市公司舞弊行为有显著的相关性。张龙平等（2010）通过对沪市 A 股公司 2006—2008 年内部控制鉴证的经验证据进行实证分析，发现内部控制鉴证提升了公司盈余质量。宋绍清等（2011）实证分析了上市公司治理特征与内部控制信息披露之间的关系，研究表明上市公司设置审计委员会等因素对内部控制信息披露程度有显著影响。

贝尼什（1999）运用 Logistic 回归方法对董事会成员构成与舞弊之间的关系展开实证分析，结果表明独立董事的比例与舞弊的可能性显著负相关。恩格（Eng，2003）和马克（Mark，2003）以新加坡 158 家上市公司为样本，研究不同的所有权结构和董事会构成对公司自愿性信息披露的影响，结果表明公司治理完善程度与上市公司信息披露存在明显的正相关性。克里希南（Krishnan，2005）在研究内部控制缺陷影响因素的过程中发现，审计委员会的独立性越高，公司存在内部控制缺陷的概率就越低。杜瓦勒（Doyle，2007）通过问卷调查分析发现，内部控制越弱的公司，经理人员越容易高估或低估应计项目的余额。

综上所述，我们发现，国内外学者的研究观点基本是一致的，即舞弊与内部控制存在相关关系。总结案例可以发现，舞弊公司的内部控制呈现如下特征。

①公司治理结构不合理。董事会是公司治理的核心，但从董事会结构和内部控制的关系上看，学术界普遍将董事会结构作为内部控制环境因素看待。马克（Mark，2001）和史蒂文（Steven，2001）通过比较科技、保健和财务服务三个行业舞弊与非舞弊公司的董事会状况，发现舞弊公司的治理结构较非舞弊公司的治理结构差，这些公司董事会更多受到股权集中方的控制。杨有红、毛新述（2011）通过实证分析发现，控股股东持股比例越大，其牟取私有收益的动机越强，控股股东可能凭借其控股权控制董事会和经理层，影响公司的内部控制决策和执行机制从而导致发生舞弊。马克和史蒂文认为发生舞弊的公司较少建立审计委员会，在研究的样本中约25%的公司没有设立审计委员会，而设立审计委员会的公司里约65%的委员会成员没有财务、会计、审计经验，审计委员会没有发挥应有的作用。兰德尔（Randal，2009）认为审计委员会运行的有效性与舞弊有较大的相关性，舞弊越严重的公司，审计委员会里越缺乏具备丰富会计从业经验的专家，公司被发现内部控制的缺陷的可能性就越大，公司的各层面和各部门都可能出现内部人控制的现象。由于上市公司舞弊主要是管理舞弊，因而管理层中内部人控制的情况尤为突出。安德森（Anderson，2004）发现监事会对舞弊活动的监督力度是影响财务信息真实性的重要因素。张先治、戴文涛（2010）研究发现国家股“一股独大”是一些国有企业业绩不高的原因之一，这是国有股权代表委派机制不完善、产权

主体没有完全进入企业的结果，容易形成经营者事实上的“内部人控制”，从而引发诸多舞弊问题。

②内部控制信息披露状况不佳。如果内部控制能够从设计和运行的角度为财务报告可靠性提供合理保证，那么披露的内部控制信息就能向投资者传递公司财务报告可靠性较强的信号，舞弊现象应该由于内部控制作用的有效发挥得到一定程度的抑制，但很多学者的研究都发现，舞弊公司的信息披露存在各种各样的问题。西蒙（Simon，2001）对中国香港一些上市公司的治理指标进行研究发现，设立董事会、独立董事比例比较合理且能较好监督舞弊行为的公司与其自愿性信息披露呈显著正相关的关系。李明辉、何海和马夕奎（2003）对我国 2001 年 1147 家 A 股上市公司内部控制信息披露状况进行了研究，发现 77.7% 的上市公司披露了内部控制信息，但在董事会报告中自愿披露的公司比例不足 10%，而且大多数上市公司的披露流于形式，基本限于“合规性”底线披露，说明上市公司自愿披露的意愿不强。林斌、饶静（2009）的研究认为，内部控制质量和财务状况不乐观、有舞弊嫌疑的公司披露内部控制信息的主动性较低。张立民、钱华和李敏仪（2003）的统计分析表明，2002 年 ST 公司内部控制信息披露比 2001 年乐观，但大部分公司都在“说好话”，并有高达 40% 的上市公司在监事会报告中披露的内部控制信息与在董事会报告中披露的内部控制信息不一致。刘秋明（2002）认为，我国上市公司内部控制信息披露在内容上缺乏一致的要求，导致上市公司倾向于披露对其有利的信息，而对其不利的信息则存在隐瞒、不及时披露或披露不完整的问题，而且披露的形式也不统一。学者方红星等（2007）研究发现，我国绝大多数上市公司未按照内部控制指引要求披露内部控制信息，详细披露内部控制信息的公司较少。吴国平、王琴和贾珊（2008）在对 108 家 A 股上市公司内部控制信息披露的实证分析中发现，上市公司在公司治理结构部分披露内部控制信息与其是否违规显著相关，而董事会报告、监事会报告、重要事项部分披露内部控制信息与其是否违

规无显著相关性。

内部控制的失效是导致财务舞弊的重要原因之一，而出现舞弊的公司其内部控制制度在设计和运行上都存在一定的缺陷。对注册会计师来说，能够注意并识别这些缺陷对于发现舞弊具有方向性作用。

6.6 舞弊行为的判定

在财务报表审计中发现的错报，其性质是错误还是舞弊？这种判定需要依据严格的规范要求。规范是一种标准，在审计程序实施过程中是指审计行为的判定标准。在独立审计界，它既是审计行为的依据，也是审计行为的约束机制，作为判定规范，需要由专业人员（注册会计师）接受并转化为审计行为才能发挥作用。

因此，规范或标准的实施需要有一定的力量来支撑，并且有相关的制度作为保障，这种力量既可来自理性思维，也可以来自伦理道德，还可以来自外部的强制推动力。

6.6.1 资本市场中舞弊行为的判定

在独立审计市场中，注册会计师是审计执业的主体，并承担着对舞弊行为审计的基本职责，要对舞弊行为进行评判和认定。如果没有一个基本的判断标准，就无法实现舞弊审计的目标。

因此，分析和研究舞弊行为的判断标准是注册会计师制定舞弊审计策略的关键点。

1. 判断标准的逻辑推论

在审计界，对舞弊行为的界定一般从审计者的角度出发，即注册会计师必须发现舞弊行为的一方或多方，从不同视角来判断舞弊行为的非法性，这些界定多与常规意识相联系，比如欺骗性、隐秘性、危害性、目的性。舞弊行为的影响程度有强有弱，依照对受害方造成损害的程度可以划分为违法与违规两个层面。而从研究者的角度思考，判断舞弊行为主要侧重于违法层面。

（1）基于司法程序中对舞弊行为的判定

从法律系统和司法程序中考察，目前国际上对舞弊并不具备严格的定义，也很少有法学人士专门就舞弊概念进行界定，究其原因，舞弊是一种综合性和广泛性的概念。它具有相当一部分类似犯罪行为的特征，涉及政治、经济、文化等多个领域，而且就具体的舞弊形式而言，还包含贪污挪用、盗窃诈骗、行贿受贿等形形色色的犯罪行为，因而舞弊很难独立地成为严格意义上的法律专业名词。这就形成了从严格的法律范畴中探讨舞弊定义的空泛性，甚至出现了相关法律文献中舞弊概念模糊和界定武断的现象。

我国目前的法律文献对舞弊的界定多从会计舞弊的角度思考，如有会计人员在记录上歪曲事实并利用职务之便牟取个人利益，用虚假会计报表掩盖真实情况以欺骗他人等。但会计审计职业界的人士早已清楚地认识到，无论是公司内部的员工舞弊，还是管理层舞弊，仅有部分可在会计记录与会计报表中显露出来。注册会计师对舞弊的审计也只能针对通过审计程序能够发现的部分，即在财务报告中可以体现的舞弊问题。但从法律角度而言，舞弊还包含不能在会计资料上得以反映的内容，这种法律意义上的模糊界定与判断上的不确定性，亦从另一侧面印证了当前独立审计界面临的“诉讼爆炸”和审计期望差距的长期性和复杂性。

美国的派屈克博士是斯坦特森大学的法律专家，他认为，舞弊行为包括教唆、合谋诈骗、虚假陈述、接受赃物与回扣、偷窃、伪造、恶意伤害以及资产挪用等。舞弊同时具备了犯罪的三个构成要素，即犯罪行为、犯罪动机、犯罪后果。就犯罪行为而言，有作为与不作为的划分，若因不作为而纵容舞弊行为而造成舞弊后果，经实际证据证实，即使未从舞弊中获利，也应视为舞弊的合谋者；就犯罪动机而言，在舞弊案件中这一罪行的确立可以通过嫌疑者行为以及对赃物控制的直接证明材料加以证实；就犯罪后果而言，成为被告的舞弊者在承担法律责任之前已造成实际性经济损失，舞弊行为与舞弊后果有重要的因果关系，这都表明舞弊行为可以从法律的角度来思考并予以界定。

（2）基于审计职业界对舞弊行为的界定

审计界对于舞弊的定义，一般是针对差错而言，主要是指审计领域内对会计信息的不真实披露的界定，因而更多地侧重财务报告编制中产生的舞弊问题。

根据国际审计准则的界定，“差错”是指财务报表中无意造成的错误，包括财务报告据以编制的基本记录和会计数据在计算或处理上的错误、选用会计方法的错误以及编制财务报告时存在的事实忽视或误解；而“舞弊”是指故意编造虚假的财务报告。财务报表中的舞弊可能是多种行为集合而成，这些行为可能伴随着使用虚假或容易使人误解的记录或文件，甚至会涉及一个或更多的管理者、雇员或第三方。

舞弊不仅直接引起股东和财务报告使用者的决策失误或经济损失，而且损害了资本市场公开、公平、公正的交易规则，迫于社会各界对揭露会计舞弊的要求与压力，舞弊审计应运而生，并一度成为审计的主要目标。但在二十世纪二三十年代后，由于经济的发展、企业规模的扩大和经济业务的复杂化，加之企业管理层蓄意造假的深度与广度增加，注册会计师要揭露财务报告中的全部舞弊日益艰难且已不可能，因而审计界认为审计师所承担的审计责任，只限于他们所审查的财务报告中含有的无意识的重大差错。对于揭露全部舞弊的要求，则导致了社会公众与审计职业界在审计目标上的矛盾与分歧，从而形成期望差距。

长期以来，期望差距的存在直接影响着注册会计师的职业形象，部分注册会计师也曾呼吁独立审计界应当承担起检查重大会计舞弊的责任，并使舞弊行为又一次划分为重要性舞弊和非重要性舞弊，重要性舞弊纳入了注册会计师审计责任的范围，使舞弊的外延同司法界的界定相对地缩小距离。

（3）基于审计责任演进的角度

英国的南海公司事件揭开了民间审计走向现代的序幕，其中的舞弊审计责任所针对的多是普通意义上的内容，而非现代审计界所确立的财务报告审计所界定的舞弊内涵。就总体而言，现代审计界以财务报告编制过程中的舞弊行为作为研究对象，注册会计师对舞弊行为的审计责任随着社会经济活动及审计历史的演进而逐渐变化发展，其外延亦随着审计活动的演进和经济环境的复杂性增强而日益缩小。

审计师承担审计责任的内涵可以从 AICPA 发布的第 53 号审计准则中得以体现：审计师必须评价舞弊和差错可能引起财务报告严重失实的风险，并据以设计审计程序，以保证合理揭露对财务报告有重大影响的差错和舞弊。重大性舞弊是指与财务报告公允性有重大关系的舞弊行为，就财务报告质量而言，是指可能导致财务报告的错报与漏报而影响财务报告使用者判断决策的严重行为，它并非单纯地涉及舞弊金额的大小，“重大”还意味着审计师的审计只能是对财务报告中没有“重大性舞弊”的合理保证，而非绝对保证。

根据以上的描述，可以就审计角度的舞弊评判标准得出一个初步的逻辑结论，即评判企业舞弊行为的基本标准是在财务报告审计过程中所遵循独立审计准则的程度及其判断财务报告失实的“重大程度”。也就是说，评判舞弊行为的审计标准仍然是根据审计准则的规范。

从另一个角度分析，可以将资本市场中规范的运行行为与舞弊行为的关系同契约责任与违约责任的关系联系起来进行演绎考察。

如何判断违约后果的严重程度，有抽象判定标准和具体判定标准的划分。在资本市场中，违背公众和广大利益相关者的基本利益的违规行为或舞弊行为，实际上就是对公众或资产所有者的一种违约。舞弊行为可以说是违约行为的一种具体的体现，或者说是一种恶劣的展现。一般人（包括公众、广大利益相关者）是无法进行辨别和评定的，特别是在信息不对称的状态下，更使信息控制的弱方无法把握和分辨信息的真假。

因此，注册会计师具有判定和分辨舞弊行为义不容辞的责任，注册会计师通过专业判断能力和执业经验对舞弊行为的损害程度做出专业认定，进而发表审计专业意见，甚至是专家意见。

6.6.2 “从程序理性到结果理性”的判定

注册会计师对舞弊行为的判断标准必须与法律责任的认定相联系，在注册会计师的法律责任特别是民事责任的认定中，司法界同审计职业界存在着认定标准的差异，主要体现在程序理性与结果理性的差别上，反映在舞弊评判标准的认定上就有了“法律标准”和“审计标准”的分歧。

依照独立审计准则对审计责任的界定，注册会计师依照独立审计准则的要求出具审计报告，保证审计报告的真实性和合法性是注册会计师的审计责任。这里对注册会计师审计责任的界定主要是从程序上加以规范，即程序理性规范的反映。程序理性规范可以反映出审计过程的真实。审计界一般认为程序规范就是符合审计真实的，但是审计真实与司法实践的“结果理性规范”有一定的差别。

在司法诉讼中，对注册会计师的民事责任的认定，很多时候主要是依据原告损失结果事实的认定，甚至使用“损害平衡”和“无限连带判例原则”确认注册会计师的审计责任，而并不完全依据注册会计师在整个审计过程中是否有错，或是否存在企业经营失败的结果，西方独立审计界在20世纪70年代的“深口袋理论”就是结果理性规范的具体反映。

实际上，在界定舞弊行为的审计责任中，应该将程序理性和结果理性有机地协调起来，即通过“法律真实性”将执业界与司法实践界的分歧与矛盾融合在“法律真实”的理论基础上，并使程序理性与结果理性实现协调与统一。

“法律真实说”的基本内容和主要特征包括：①法律真实表明司法实践中对案件事实的认定要符合法律规范所认可的事实，是一种法律意义外的真实（比如疑错从无）；②建立一个科学、可操作的司法实践的判断标准，用以解决客观事实认定中存在的疑难问题（比如刑事判断中使用的DNA鉴定等）；③可以明确通过法律的正当程序来发现真相，即通过司法实践程序实现实体正义，使程序正义与实体正义有机地结合起来。程序正义具有一个看得见的标准，而实体正义却没有，这在一定意义上克服了我国传统司法实践中“重实体、轻程序”的弊病，符合现代法治精神的潮流。

司法判定程序中的事实认定是通过举证、质证和认证的过程来实现的，通过证据提示的案件事实，就真实性而言，只能是法律事实，而不可能是绝对的客观真实。

“法律真实说”的兴起为“审计真实”的界定提供了很好的借鉴，尽管客观真实具有高度的概括性和原则性，是一种哲学智慧，或是一种理想追求和价值取向；而法律真实具有理论的科学性与实践的可操作性，是一种经验智慧，是实实在在的现实标准。

“法律真实说”所具有的特性是司法程序中的现实标准，在审计实践中可以借用法学的逻辑延伸，来平衡审计真实的理想目标与现实标准。可以说审计真实的理想目标是客观真实，现实标准同样是法律真实，只不过对于审计活动而言，客观真实是指被审计的会计信息完全符合客观经营活动的实际状况，即符合客观标准所要求的真实。法律真实就是审计程序、审计标准和审计意见符合审计的相关法规以及独立审计准则的规定，并且审计报告所输出信息的真实程度得到了法律的认可，达到了相关法律所规定的真实的标准。这样的解释基于以下原因。

（1）审计工作的结果无须也无法做到完全与客观真实相一致，客观真实仅仅是一种理想目标

正如会计真实是反映真实，会计事实本身也会受到会计理论、会计技术、会计规范等因素的限制，不可能是纯粹的客观真实。

反映真实性是指一项会计计量，与其所要表达的会计现象具有一致性，既不粉饰也不编造。我国相关的会计准则也规定：“会计核算应当以实际发生的经济业务为依据，如实反映财务状况和经营成果。”可见，会计真实就其真实性看是一种反映性真实，即如实地反映，而不是绝对

的或纯粹的真实。审计本身也是一种相对的真实，即审计报告输出的信息能够在技术规范和审计准则约束下，客观反映被审事项中存在的经济活动的实际情况，这是真实的绝对性。同时，审计报告输出信息的真实性是相对的，是指审计人员依据有关的审计法规的审计技术规范所做出的专业判断。专业判断是依照主观行为对客观事物的思维结果，相同经济事项的内容可能因为如时间差异、地域差异等原因而形成判断结果的差异，当然这种“偏差”必须在合理的范围内，即不超过“审计重要性”原则的规定；同时也可能因为被审计事项的客观事实显露得不充分，从而产生认识上的差异，从而导致审计报告结果的相对差异。

要达到完全的真实或绝对的客观，就会计事实来说是不可能的，而就审计来说，绝对的真实也是不可能的，注册会计师对舞弊行为审计要做到“完全与彻底”就更加艰难了，从这个角度来说，公众与注册会计师之间的期望差距必然会长期存在。

（2）审计真实的现实标准是法律真实性

审计人员只要严格按照《注册会计师法》和执业准则的规定实施审计程序、确定审计标准、收集审计证据、发表审计意见，审计报告所输出的信息就可以认为是真实的，即审计真实的现实标准是法律真实性。

从审计行为的角度来分析审计的运行过程，审计行为的运行程序要合法、规范，注册会计师的客观判断是最为关键的，即审计所要真正奉行的“真实性”是遵循程序理性观的真实性，使形成审计报告信息的过程符合国际惯例、审计法规、审计准则的规范，并符合审计规则制定权的合约安排，这一审计报告信息就有了“真实性”，程序理性而不是完全的结果理性才是审计可能实现的现实目标。

如果说只要审计工作的程序合法、合规就可以保证审计报告信息真实性的话，那么应该让谁来鉴定或鉴别审计报告信息是否真实，鉴定者又是依据什么样的标准来鉴定呢？在国外，无论是信息使用者决策的需要，还是司法程序中认定法律责任的需要，这些鉴定活动一般是由法务会计来执行的。我国法务会计的市场正在发育中，法务会计可以从会计、审计专业与法律专业相融合的角度出发，对会计信息及其相关交易事项做出一个专业鉴定，或提出专家性意见作为法律鉴定或者在法庭上作为诉讼证据支持。尽管我国法务会计的发展尚处于成长阶段，但随着法务会计实践的发展和不断规范，鉴定审计报告信息的问题即可迎刃而解了，同时，审计报告具有对社会公众公告或公示的义务，社会公众也是一个非常强大的鉴定群体。

6.6.3　注册会计师对舞弊的判定

注册会计师对舞弊行为的审计与判定，最主要的依据就是注册会计师执业准则。《中国注册会计师审计准则第 1251 号——评价审计过程中识别出的错报》对错报的定义是：某一财务报表项目的金额、分类、列报或披露与按照适用的财务报告编制基础应当列示的金额、分类、列报或披露之间存在差异；或根据注册会计师的判断，为使财务报表在所有重大方面实现公允反映，需要对金额、分类、列报或披露做出的必要调整。

财务报表中的错报可能是由于错误或舞弊所致，而两者的本质性区别是导致财务报表发生错报的行为是非故意的还是故意的，因此，在财务报表审计中，评价所识别出的错报是错误还是舞弊涉及对错报性质的认定，而且，无论是错误还是舞弊，注册会计师都应当在收集充分、适当的审计证据的基础上，根据有关法律法规确定其性质及其对财务报表的影响程度，根据执业规范的要求做出适当反应并恰当应对。

对会计报表中错误的更正以及对舞弊行为的揭示，是注册会计师不容推辞的职责，是广大社会利益相关者，包括债权人、股东以及所有潜在的会计信息使用者的要求。虽然现代的财务报表审计并非专为查找舞弊，注册会计师也并不对舞弊是否已实际发生做出法律意义上的判定，而且某些判断领域的错报如会计估计等，注册会计师在很多时候也难以确定其性质是错误还是舞弊，但是掌握错误与舞弊的特征，恰当应对审计过程中识别出的舞弊或舞弊嫌疑，正确评估由于舞弊导致的财务报表重大错报风险，并设计和实施恰当的审计策略，对于降低审计风险和防范审计失败具有重要作用。

第 7 章

舞弊审计责任的演进

独立审计的诞生与发展都与舞弊有着不解之缘，只是审计主体在独立审计发展的不同阶段对待舞弊的态度有所不同。现代审计面临着日益复杂的执业环境，无论是社会公众的信任危机还是审计失败的威胁，都源于审计主体自身对舞弊审计责任承担的缺失。推动审计模式不断发展变化的一个重要因素就是独立审计为了满足社会公众对审计的期望而做出的技术改进，其中对于舞弊侦测的要求起到了关键作用。社会公众与审计职业界反舞弊意识的不断增强都促使审计界积极担起揭示舞弊的责任，从而遏制舞弊行为，缩小审计期望差。

7.1　美国审计准则中舞弊审计责任的变迁

审计职业界对于舞弊审计的认识随着实践的发展而发展。有学者指出，美国审计准则变迁史就是舞弊审计责任史，美国舞弊审计准则的变迁史实质上就是独立审计舞弊责任的演绎史。美国 AICPA 从 20 世纪 70 年代开始，为了应对财务报表舞弊审计的需要，对有关舞弊审计准则不断做出相应改革，形成了美国舞弊审计准则的四次变迁。

①第一次变迁：主要是通过 AICPA 在 1972 年发布的 SAS No.1 到 1977 年发布的 SAS No.16 和 SAS No.17 反映出来。首次制度变迁实现了由不承认注册会计师在财务报表审计中负有舞弊审计的责任，转变为承认并认同注册会计师负有审计舞弊的责任，这种根本性立场与观念的转变对整个独立审计界产生了深远的影响。

②第二次变迁：主要是通过 SAS No.16~SAS No.53 来体现。1988 年美国注册舞弊审计师协会（ACFE）成立，标志着外部审计的一部分功能独立出来，形成了一种新的与贪污舞弊做斗争的专业组织，其使命是培养在调查、确定舞弊及白领犯罪方面的高级人才；从收集证据、出具意见、撰写报告、调查舞弊等各方面为舞弊审计师提供服务；为舞弊审计师客观、公正、专业化地履行职责进行行业指导。自此，舞弊审计在美国审计界得到广泛的推广和发展，也对其他国家的舞弊审计行业的产生和发展起到了显著的推动作用。1988 年 4 月发布的 SAS No.53~No.61 等实现了在总体立场上从抽象承认注册会计师对舞弊负有审计责任转变到明确要求注册会计师检查舞弊的“工作重点前移到审计计划阶段”，并要求合理保证实施的审计程序能够查出重大性质的舞弊。

③第三次变迁：主要是通过 SAS No.53~SAS No.82 来体现。1995 年美国颁布的《私人有限证券诉讼改革法案》中明确规定了注册会计师应承担识别和揭露某些舞弊行为的责任，这促使 AICPA 在 1997 年 2 月颁布了 SAS No.82《财务报表审计中对舞弊的关注》，以此取代了 SAS

No.53。SAS No.82 从审计目标的区别、审计动因、证据来源、证据充分性等角度区分了财务审计与舞弊审计。

④第四次变迁：主要是通过 SAS No.82~SAS No.99 来体现。从 1997 年到 2002 年这五年时间，美国发生了一系列世界著名公司重大财务舞弊案件及审计失败案件。2001 年年底的安然事件、2002 年 4 月的施乐公司财务舞弊案、2002 年 6 月的莱德艾德公司财务舞弊案和世界通信公司财务舞弊丑闻相继爆发，其他一些诸如微软公司、国际商业机器公司（IBM）、通用电器、美国在线、波音公司、默克制药等大公司也存在财务舞弊或会计报表粉饰的情况，这些舞弊案引起美国政府及社会公众的极大不满。AICPA 于 2002 年 10 月发布了新准则 SAS No.99，以此取代 SAS No.82。SAS No.99 虽然标题仍然是“财务报表审计中对舞弊的考虑”，但对注册会计师改善审计舞弊的效果做出了一系列富有成效的改进措施，该准则发布后，理论界对于舞弊审计的研究大多是围绕 SAS No.99 或以此为依据展开的。

新准则 SAS No.99 的发布是美国安然事件后 AICPA 从注册会计师审计程序入手解决舞弊迈出的重要一步，其主要内容由 10 个部分组成：舞弊的描述与特征；保持职业怀疑的重要性；审计小组成员间如何讨论因舞弊导致重大错误的风险；获取识别舞弊导致的重大错报风险所需要的信息；识别因舞弊导致的重大错报风险；在考虑被审计单位有关计划与控制的评价情况后评估已识别的风险；对风险评估结果做出反应；评价审计证据；与管理层、审计委员会及其他方面沟通舞弊情况；记录审计人员对舞弊的考虑。这个新准则要求注册会计师在编制和实施审计计划时，必须保持职业怀疑的态度，识别和评估因舞弊导致重大错误的可能性，在获取充分、适当的审计证据的基础上，保证被审计单位财务报表不存在因错误和舞弊而导致的重大错报。这个新准则同过去的相关准则比较，做出了如下几个方面的改进。

其一，强调了解舞弊环境的特殊重要性，明确指出了解舞弊的环境及特征对审计舞弊的特殊重要意义，强调审计舞弊必须以了解舞弊环境为前提。

其二，扩大识别舞弊风险的范围，强调了注册会计师除关注有关舞弊风险因素外，还应通过审计小组讨论、向管理层和其他人员询问、在计划阶段执行分析程序、考虑舞弊风险因素等途径获取所需的信息。在识别舞弊风险时应综合利用这些信息，并考虑可能存在的风险类型、风险的重要性、导致报表重大错报的可能性、风险的隐藏处等。

其三，评价被审计单位计划和内部控制的适当性，要求注册会计师在评价客户针对已识别舞弊风险而实施的有关计划和舞弊的有效性后，考虑这些计划和内部控制是减轻还是加剧了已识别的舞弊风险，再据以评估已识别舞弊风险的水平高低，最终将舞弊风险水平分配到账户层。

其四，规定对舞弊风险评估结果做出适当反应的具体方式及其程序。准则要求注册会计师对舞弊风险评估结果做出适当反应，强调在收集及评价审计证据时，应保持职业怀疑态度，明确规定了注册会计师对舞弊风险评估结果做出适当反应的三种方式及程序。一是考虑舞弊风险评估结果对审计工作的影响，即在制定总体审计计划时，应考虑舞弊风险评估结果的一般影响。二是考虑已识别舞弊风险对审计工作的具体影响，即在制定个体审计计划时，应考虑已识别风险对将执行审计程序的性质、时间和范围的特定影响。三是考虑通过执行下列审计程序，进一步确定有关管理层逾越内部控制的舞弊风险对财务报表产生重大错报的影响：检查会计记录和其他调整事项，以收集舞弊行为可能导致重大错报的证据；复核会计估计，以发现导致重大错报的舞弊偏差；评价重大非经常性交易的内在合理性及其经济实质，并将其作为审计重点予以关注。

其五，强调了收入确认的舞弊风险。收入确认是大量财务舞弊案涉及的核心问题，也一直是注册会计师调整报表的基本理由。为此，新准则强调注册会计师应特别注意识别与收入确认有关的舞弊风险，并在计划阶段更有效地运用分析程序，找出涉及收入及相关账户的非正常或非预期的关系，并通过详细指南，帮助注册会计师在发现舞弊风险时确保适当调整有关审计程序，以提高舞弊审计的效率。

7.2 国际舞弊审计准则的改变

2004 年 2 月，国际会计师联合会（IFAC）下属的国际审计与鉴证准则委员会（IAASB）颁布了《国际审计准则第 240 号——审计师在财务报表审计中对舞弊考虑的责任》（以下简称新 ISA240），取代了 2002 年颁布的《国际审计准则第 240 号——审计师在财务报表审计中对错误和舞弊考虑的责任》（以下简称旧 ISA240）。单从准则的名称上就可以看出，新 ISA240 没有涉及“审计师在财务报表审计中对错误考虑的责任”，而专门就“审计师在财务报表审计中对舞弊考虑的责任”制定了基本原则、基本程序和提供指南。在当前世界范围内财务报告舞弊案件层出不穷的大背景下，IAASB 新 ISA240 的出台不仅是形势所需，也是为了提高注册会计师执行财务报告审计时发现和揭露公司舞弊财务报告的能力。

新 ISA240 首先区分了舞弊和错误，并描述了与审计师有关的两种类型的舞弊，即产生于非法挪用资产的错报和产生于欺诈性财务报告的错报，描述了被审计单位的董事会和管理层对防止和发现舞弊各自应承担的责任，描述了舞弊审计中的固有局限，并阐述了审计师发现因舞弊导致的重大错报的责任。

与旧 ISA240 相比，新 ISA240 在以下八个方面凸显关于舞弊审计责任的新变化。

①进一步强调了职业怀疑精神。新 ISA240 指出，职业怀疑是一种对审计证据的怀疑和批判评价的态度。尽管审计师凭过去的经验认为被审计单位管理层和董事是诚实和正直的，也要根据获得的信息和实施的审计程序来判断因舞弊导致的重大错报是否存在，并保持持续的怀疑。

这和以往准则中“注册会计师既不能认为管理层不可靠，也不能认为其完全可靠”的较为“中性”的看法相比有了很大改变，要求审计师在整个审计过程中都要保持职业怀疑精神。

②共享集体智慧的结晶，积累识别舞弊的经验。为了增强审计师审计舞弊的意识及对舞弊的敏感性，改进其评估舞弊风险的过程，新ISA240特别强调审计小组成员在审计计划阶段要集中讨论因舞弊导致重大错报的财务报表的敏感之处，就被审计单位财务报表可能会怎样或最有可能在哪些方面舞弊，管理层可能怎样欺诈以及被审计单位的资产如何被挪用等交换意见，并要求项目负责人考虑就哪些问题要和参与讨论的审计人员进行沟通。此外，重要的是，在计划阶段的最初讨论之后，审计小组成员在整个审计过程中，每隔一段时间要沟通和分享可能对因舞弊导致的重大错报风险评估或针对这些风险而实施的审计程序有影响的信息。

③规定了风险评估程序。为了获取识别因舞弊导致的重大错报风险所需要的信息，新ISA240明确规定了风险评估程序，包括询问了解管理层的内部控制情况；考虑舞弊因素是否已经存在；在实施分析程序中，考虑异常的、不可预测的关系；考虑可能有助于识别因舞弊导致的重大错报风险的其他因素。

④扩大了询问、了解的范围。新ISA240要求，在了解被审计单位及包括内部控制在内的环境时，不仅要对管理层和董事进行询问，还应该在适当的时候，询问内部审计人员以及企业内外部的其他有关人员，确定他们是否了解对企业有影响的舞弊行为。此时，审计师要运用职业判断来决定何时询问及询问什么。

⑤引入新概念“舞弊风险因素”，强调了解舞弊环境的重要性。为使注册会计师充分了解可能发生舞弊的环境，新ISA240描述了舞弊普遍存在的三方面环境特征，即动机/压力、机会、态度/企图使舞弊合理化，并明确地将易造成这些环境特征的一些事项或条件、获得额外贷款的要求、完成不切实际的利润目标就可兑现的巨额奖金的引诱、无效

的控制环境等称作“舞弊风险因素”；要求注册会计师关注舞弊风险因素，并考虑异常或意外交易及其他相关信息，以便综合评价舞弊风险因素。

⑥加强对因舞弊导致的重大错报风险的识别和评估，特别强调了收入确认中的舞弊风险。新ISA240明确指出，在会计报表层次和交易类别、账户余额、披露等认定层次识别和评估重大错报风险时，审计师应利用职业判断识别因舞弊导致的重大错报风险。对于审计师来说，重要的是要了解管理层已经设计和实施的用于预防和发现舞弊的控制措施，因为了解这些信息有助于审计师对因舞弊导致的财务报表重大错报风险进行评估。此外，因欺诈性财务报表导致的重大错报通常来自夸大收入或掩饰收入，所以新ISA240特别强调收入确认中的舞弊风险，指出审计师通常要假定收入确认中存在舞弊风险，考虑哪些类型的收入、收入事项和认定可能引起这些风险，并特别强调了那些与收入确认有关的舞弊导致的重大错报风险是重要风险。审计师如果没有对收入确认中的舞弊风险进行识别，则需要说明理由。

⑦规定了对因舞弊导致的重大错报风险的具体反应方式和做出反应的审计程序。具体反应方式主要包括：加强职业怀疑，除了已经计划的特别程序外，还应考虑更多的事项；在认定层次对已认定风险实施审计程序；对管理层逾越内部控制的舞弊导致的重大错报的已认定风险实施审计程序。做出反应的审计程序主要包括：改变审计程序的性质，调整实质性测试的时间，扩大实施审计程序的范围；在存货实地盘点期间或盘点后检查被审计单位的存货记录，以发现需要特别注意的场所或项目；评估经营估计、判断和假定的合理性。

⑧强调了对审计证据的评价。新ISA240明确指出，审计师基于实施的审计程序和获取的审计证据，在财务报表层次上评价重大错报风险。这一评价主要是审计人员的定性判断。审计师通过审计证据的评价可能加深对因舞弊导致的重大错报风险的认识，并判断是否需要实施额外的或特别的审计程序。尤其是，审计师应该考虑在审计工作结束或将

近结束时实施分析程序，以便揭示先前没有发现的因舞弊导致的重大错报风险。

从以上对注册会计师舞弊审计责任的历史回顾中，我们可以得到以下启示：社会经济环境在很大程度上影响着舞弊审计责任的定位；社会需求决定了审计职业的产生，同时也引导着注册会计师对舞弊审计责任的承担，但社会需求的变化又是社会经济环境作用的结果；审计能力的局限性一定程度上制约着注册会计师舞弊审计责任的承担。

7.3　独立审计目标中舞弊责任的演变

注册会计师审计技术模式的改进及审计准则制度的变迁都体现了注册会计师审计的目标随着社会经济发展及公众期望的变化而不断演变的过程。注册会计师审计的目标经历了从早期的查错防弊，到财务报表公允性的验证，到财务报表公允性的验证与查找舞弊并重的发展轨迹。对于侦查舞弊的责任，注册会计师审计发展经历了曲折的过程。最初，社会公众包括审计职业界自身均认为查错揭弊是注册会计师财务审计的主要目标。如早期的蒙哥马利《审计学》就列示了审计的三大目标，其中第一项就是侦查舞弊。1844 年到 20 世纪初，是注册会计师审计的形成时期，在这一时期，审计的目标被公认为是查错防弊。从早期的审计目标可能发现，检查舞弊是审计人员责任中最重要的内容，这一阶段经济业务比较简单，审计人员有能力承担揭露错误和舞弊的责任。

然而在 20 世纪 40 年代，审计职业界的态度发生了明显变化，审计师更倾向于认为查错揭弊只是财务报表审计的目的之一，而不是全部责任。1936 年美国注册会计师协会与证券交易所合作的特别委员会与纽约证券交易所上市委员会发表了《独立注册会计师对财务报表的检查》（*Examination of Financial Statements by Independent Public Accountants*），明确规定应当检查全部财务报表并向股东汇报，尤其强调利润表审计，财务报表公允性验证成为注册会计师审计的首要目标。这种变化集中体现在审计程序公告（Statement of Accounting Procedure，SAP）第 1 号《审计程序的扩展》（*Extensions of Accounting Procedure*）中，SAP No.1 将查错揭弊定义为注册会计师审计可能的目标之一，而不是全部目标，其对注册会计师查错揭弊责任范围的界定对于审计职业界产生了巨大影响。

1960 年，美国注册会计师协会发布了审计准则 SAP No.16《独立审计师在检查财务报表中的责任和职能》，否认审计师承担查错纠弊的责任。但 20 世纪 60 年代后，管理人员、白领阶层欺诈舞弊案不断增加，原先由管理层的内部控制防止雇员舞弊的做法，显然无法适用于雇员串通舞弊导致内控失效以及制定内控制度者直接进行舞弊的情形。随着管理人员舞弊规模不断升级，社会公众要求审计师承担起审查舞弊的职责，而审计师由于内部控制固有的局限性、审计技术方法的有限性，又推卸舞弊审计责任，从而引发了审计职业界的信用危机，甚至生存危机。在这一形势下，审计职业界不再支持“对舞弊不承担责任”的观点。1977 年美国 SAP No.30《独立审计师在发现错误或违规中的责任》承认审计师在财务审计中负有搜索舞弊方面的某些责任。1987 年 10 月，美国全国反欺诈性财务报告委员会就欺诈性财务报告发布了一份帮助企业界重新关注欺诈性财务报告的报告。与该报告相对应，针对日益扩大的期望差距造成的公众对审计职业界信心的日益低落，美国注册会计师协会的审计准则委员会发布 SAS No.53《审计师发现和报告错误与违规的责任》，明确扩展了审计师对于舞弊的责任，要求审计师“设计审计程序，为发现错误和舞弊提供合理保证来强化在财务报告审计中查错揭弊的责任”，还要求审计师对发现重大违规提供合理保证。1977 年，美国注册会计师协会发布了 SAS No.82《财务报表审计中对舞弊的考虑》，界定了审计师的舞弊发现责任，并提供了相应指南，包括应有的职业关注、计划审计、评价内部控制、收集充分适当的审计证据事项支持审计师的意见等内容。和以往的舞弊准则相比，SAS No.82 对审计实务的指导更具综合性和方向性，更多地阐述了发现舞弊的方法，同时，SAS

No.82 是第一份单独提及舞弊的审计准则，首次使用了“舞弊”一词，而此前的准则是将“错误”和“违规”一同提及。

20 世纪 80 年代以后，舞弊审计责任重新成为民间审计职业界的主要责任之一，并与验证财务报表的公允性责任一起组成民间审计责任的内容。这是因为，随着企业股权的进一步分散化、经营的多元化、环境的复杂化以及竞争的激烈化，财务信息公允反映企业财务状况、经营成果的难度大大增加；更为严重的是，管理层参与舞弊以掩盖经营失败变得越来越容易，越来越普遍，给社会造成的危害越来越大，随着安然公司、世界通信公司、施乐公司等重大会计舞弊案件的接连曝光，社会公众对审计人员承担舞弊审计责任的呼声越来越高，最终形成了愈演愈烈的“舞弊浪潮”和“诉讼爆炸”局面。面对社会的强烈需求和来自各方面的巨大压力，更由于职业“适者生存”的法则，审计职业界不得不对舞弊审计责任重新考虑，逐渐实现了从极力推脱到被动接受，直至积极主动寻找解决方法的转变。

目前，许多国家的审计界呈现出将注册会计师检查舞弊的责任清晰化和重视会计师在舞弊检查中的作用的趋势，如美国和澳大利亚。美国注册会计师协会于 2002 年 10 月颁布了 SAS No.99，全面取代原有的 SAS No.82。SAS No.99 围绕审计师如何提高发现舞弊的能力、审计师应在多大程度上承担发现舞弊的责任等方面进行了重大修改，进一步强化了职业怀疑对审计师审计工作的重要性，要求审计师由“合理怀疑”到“怀疑一切”；要求审计小组直面舞弊，从审计计划开始就集中审计项目小组的智慧，重点研究客户财务报告可能在哪些方面产生舞弊以及舞弊的情况、性质；在审计实施阶段应执行舞弊审计程序，并制定非常规的审计策略，包括对被审计单位不曾预料到的地区、场所、账户进行测试，询问对象既应包括管理层，也应包括其他单位或者个人；对管理层凌驾于控制程序之上的情况，应明确实施相关审计程序，测试管理层凌驾控制的程度。总之，SAS No.99 体现出的审计思想已经是不折不扣的舞弊审计。

7.4 我国独立审计准则中舞弊责任的演进

我国的注册会计师审计事业是在20世纪80年代才开始发展的，尽管经过几十年的发展，取得了令人瞩目的成就，但与发达国家相比，不仅起步晚，而且面临市场经济成熟度不够、资本市场发育不完善、法律法规不健全的外部执业环境和注册会计师执业能力良莠不齐、实务经验和水平低下等问题。自20世纪90年代，我国经济领域内的舞弊案件及审计失败案例频频发生，使投资者遭受重大损失，严重动摇了社会公众对独立审计的信任。尽管舞弊案件的罪魁祸首是那些造假公司，但作为反舞弊的最后一道防线，外部独立审计是否发挥了应有的作用呢？作为经济警察，注册会计师是否当之无愧呢？答案是否定的。这其中固然有部分注册会计师未按独立审计准则执业的原因，但大量审计失败案件的发生也使社会公众质疑我国注册会计师是否真正承担了舞弊审计责任。

我国2002年的独立审计具体准则第8号——《错误与舞弊》第八条规定：注册会计师对会计报表的审计，并非专为发现错误与舞弊。如果委托人要求对可能存在的错误或舞弊进行专门审计，注册会计师应当考虑自身能力和审计风险，并另行签订业务约定书。这似乎告诉审计报告使用者，发现舞弊是注册会计师的附带工作，由于委托人没有支付专门费用，注册会计师没有专门发现舞弊问题的义务。可见，旧舞弊审计准则其实为注册会计师逃避舞弊审计责任提供了保护伞，注册会计师对承担舞弊审计责任在态度上是被动的。但是在严峻的现实面前，社会公众强烈期望注册会计师主动承担起舞弊审计责任，成为名副其实的经济警察。2002年，时任中国注册会计师协会副秘书长的李爽等提出，当前社会公众越来越强调注册会计师在发现公司舞弊行为上发挥更为积极的作用，并对独立审计准则的制定提出了新的要求，对注册会计师舞弊审计责任的重新定位已经不可避免地提上日程。

2006 年 2 月 15 日，财政部颁布了《中国注册会计师执业准则》，其中包括《中国注册会计师审计准则第 1141 号——财务报表审计中对舞弊的考虑》，对原有舞弊审计准则做出修订，重新界定了注册会计师在财务报表审计中对发现和报告舞弊的责任，并对注册会计师识别、评估和应对舞弊风险做出了规范。运行了三年后，鉴于审计环境发生了重大变化，国际审计准则做出了重大修订，我国审计实务中也面临一些新的需要解决的问题，2006 年颁布的审计准则在某些方面已经不能满足执业需求，特别需要通过修订来提高注册会计师识别、评估和应对舞弊风险的能力。为适应社会经济发展和保护社会公众利益的需要，中国注册会计师协会于 2009 年年初启动了审计准则修订项目，以进一步完善审计准则，实现与国际审计准则的持续趋同。2010 年 11 月，由中国注册会计师协会拟定，中华人民共和国财政部批准的 38 项中国注册会计师审计准则正式公布，并于 2012 年 1 月 1 日起实施。《中国注册会计师审计准则第 1141 号——财务报表审计中与舞弊相关的责任》对注册会计师在财务报表审计中与舞弊相关的责任进行了规范。该准则在 2016 年和 2019 年先后进行了两次修订，对注册会计师关于舞弊审计的责任做了进一步规范。

新准则明确被审计单位治理层和管理层对防止或发现舞弊负有主要责任，同时也对注册会计师发现和报告舞弊的责任做出了明确的规定，即注册会计师有责任按照审计准则的规定实施审计工作，获取财务报表在整体上不存在重大错报的合理保证，无论该错报是由舞弊导致还是由错误导致。新审计准则以积极的姿态，设定了注册会计师发现舞弊的责任，明确地指出舞弊与财务报表错报的固有联系。审计的目标是对财务报表是否存在影响信息使用者决策的重大错报发表审计意见，由于重大舞弊通常会导致财务报表重大错报，合理保证发现导致财务报表重大错报的舞弊就不是注册会计师的分外之事，而是应尽职责。同时，新准则指出，在获取合理保证时，注册会计师应当在整个审计过程中保持职业怀疑，认识到存在由于舞弊导致重大错报的可能性。

此外，新审计准则还对注册会计师如何履行这一职责提供了更详细的指导和要求，包括要求注册会计师积极主动地识别、评估和应对舞弊发生的风险，包括保持职业怀疑态度、增强审计程序的不可预测性、项目组就舞弊风险进行专题讨论、考虑舞弊产生的条件（动机、机会和将舞弊行为合理化）、考虑管理层凌驾于内部控制之上的风险、假定收入确认存在舞弊风险等。特别是对关联方、会计估计和公允价值、集团会计等舞弊高发领域，新审计准则既进一步明确了工作要求，又细化了对注册会计师的指导，要求注册会计师合理运用职业判断，按照风险导向审计的要求，识别、评估和应对这些领域的舞弊风险。就会计师事务所是否担纲集团财务报表审计、对集团各组成部分财务信息所执行工作的程度、如何了解和测试集团层面的控制、如何检查合并过程、如何与分支机构审计人员实现双向有效沟通和互动，提供了详细的指引。

第 1141 号新准则充分借鉴了国际审计准则及国外舞弊审计理论与实务研究的先进经验，增强了注册会计师发现舞弊的能力，提高了审计的有效性，改变了旧的舞弊审计准则对注册会计师承担舞弊审计责任逃避和被动的态度，重新定位和明确了注册会计师的舞弊审计责任，要求注册会计师以更为积极和主动的态度承担起审计舞弊的责任，并为注册会计师在财务报告审计中发现舞弊提供基本指南。当然，改善舞弊审计效果是一个系统工程，不是一个较为完善的舞弊审计准则就能解决的，还需要审计委托机制、责任承担机制、风险处理机制等相关方面的配套改革，任重而道远。

第 8 章

舞弊审计相关研究及概念框架

如何有效审计舞弊一直是世界性难题，美国《萨班斯－奥克斯利法案》的颁布、世界各国舞弊审计准则的制定和修订，都说明人们对于舞弊的重视。审计职业界也一直致力于舞弊审计的理论研究和实证检验并积极寻求突破与创新。从国内外审计准则在不同阶段对注册会计师揭示舞弊的责任的不同表述来看，审计界已经逐渐转变了对待舞弊的态度，明确了对舞弊应该负有必要的责任。在这种情况下，注册会计师在审计过程中应该对舞弊加以审计，积极承担起舞弊审计的责任，这也促使审计界重新审视常规的财务报表审计的模式的局限性，试图构建舞弊审计的概念框架。

8.1　舞弊审计相关研究

面对愈演愈烈的资本市场的舞弊行为，审计理论界和实务界就如何提高独立审计师揭露舞弊的能力，解决因独立审计师审计能力不足而形成的审计期望差，降低舞弊行为给审计职业带来的风险，开展了相应的研究。

8.1.1　舞弊审计准则及舞弊审计责任的理论研究

在 2006 年之前对财务报告舞弊审计准则的相关研究中，大多数学者在借鉴国际审计准则的基础上，提出修订和完善我国审计准则的建议，指出应从明确财务报告舞弊审计责任和加强财务报告舞弊审计的可操作性两方面进行修订和完善。

叶雪芳（2006）在借鉴国外经验的基础上，分析我国 CPA 不能有效揭示舞弊的原因，提出应将 CPA 审计和政府审计相结合揭示企业舞弊。

2006 年我国发布了《独立审计准则第 1141 号——财务报表审计中对舞弊的考虑》之后，一些学者（王春兰，2006；王临川，2008；陈毓圭，2010 等）分析了新修订的财务报告舞弊审计准则，认为这次修订适合我国国情，对于缓解财务报表舞弊严重的现状具有重要意义，对注册会计师审计实务有一定的启示作用。

刘明辉（2007）和朱萍（2008）等从理论上分析了财务报告舞弊审计中注册会计师责任问题及职业怀疑的合理边界问题。

武恒光（2010）基于一个舞弊博弈模型分析，认为在某些情况下，审计风险并非随着审计证据的引入而降低，在特定条件下审计师的法律责任、职业谨慎对重大错报风险、审计风险与审计证据之间的不规则关系具有放大效应。

张慧（2011）在进行财务报告舞弊审计理论分析的基础上，认为独立审计和内部审计只有在成本与风险之间寻求一个平衡点，才能在市场竞争中生存。

8.1.2 舞弊审计技术的规范性研究

完善舞弊审计技术、提高注册会计师舞弊审计能力是舞弊审计准则和舞弊审计实务面临的一个亟待解决的世界性难题。舞弊风险导向审计实务应格外关注分析性复核、函证、存货监盘和询问等重要审计技术的应用，以有效揭露舞弊。

章立军（2006）和柏春华等（2008）主张采用风险导向审计方法，以战略系统观对企业风险进行分析、测评、评价和决策，并综合运用“自上而下”和“自下而上”的审计思路一步步推导和落实审计范围和重点，确定相关的审计目标和审计程序。

王泽霞（2004）深入剖析风险导向审计模式及揭露管理舞弊的缺陷，探索提高审计管理舞弊效率的有效途径，发展管理导向舞弊审计。

辛金国等（2004）根据美国反舞弊审计的成功经验，提出四方面来完善我国的舞弊审计程序：深入了解企业、正确评价内部控制、对管理层进行舞弊风险评估和拓展询问。

王建新（2004）针对我国上市公司管理舞弊常用的方法，提出财务报告舞弊审计的主要方法：深入了解被审计单位的经营状况，充分运用分析性复核、现场调研及利用专业机构的帮助，仔细寻求关联方，关注其他应收款和其他应付款。

邵汝军（2009）介绍了西方战略推理法在舞弊风险评估、审计计划制定及审计计划实施这三个环节的具体应用，认为我国可将战略推理法应用于财务报告舞弊审计，运用舞弊三角理论指导财务报告舞弊审计，利用小组讨论发挥注册会计师的专业怀疑能力。杨明增（2011）总结了相关研究文献发现：舞弊审计适合使用开放式头脑风暴法、循环头脑风暴法和电子头脑风暴法。

张东宁（2011）探讨了数据挖掘技术在识别舞弊中的应用。

8.1.3 舞弊审计的案例研究

郑朝晖（2001）通过对我国十大管理舞弊案例的分析，认为会计师可以采取五大方法来侦查上市公司管理舞弊：深入了解客户经营现状、分析性复核、专业怀疑、现场调研及利用专家工作。

葛家澍（2002）通过安然事件财务舞弊和审计失败的经典案例分析，在审计和公司治理等方面得到一些启示，在审计方面得到的启示是独立审计在证券市场监管中的作用是有限的，完全依赖市场力量和民间自律进行会计审计规范是不切实际的。

黄世忠等（2003）深入剖析了南方保健公司财务舞弊案例，从独立审计和公司治理角度提出了若干警示，从审计角度的警示是：恪守应有的执业审慎是防范审计失败的关键；警惕谙熟审计流程的舞弊分析对重要性水平的规避；重视控制环境的审查；警惕"独裁者"现象；内部治理机制的失衡是舞弊的重要现实信号。

李铁群（2004）通过一些公司的财务数据分析了收入舞弊的一般财务特征，提出收入舞弊审计的关键审计技术——分析性复核方法（比如财务比率分析和现金流量表分析）和常用审计程序要执行到位。

李三喜等（2010）分析说明了在舞弊审计实务中可通过红旗标志法发现舞弊嫌疑，通过内查外调相结合的方法确定转移收入的舞弊，舞弊审计的基本流程是：发现舞弊迹象、舞弊的检查、舞弊审计的评价、出具舞弊审计报告。

郝玉贵等（2012）以紫鑫药业 2010 年涉嫌提供虚假财务报告为例进行分析，发现该案例反映出舞弊审计失败的原因有风险导向审计准则实施不到位、舞弊风险识别不到位、分析性复核程序不到位等。

周梅、杨蕊、喻炼（2013）对会计信息系统中的数据采集、数据处理、数据库管理和信息生成等高风险领域的舞弊审计进行了探讨。

8.1.4 舞弊审计的实证研究

相对规范研究来说，我国在舞弊审计方面的实证研究并不多。

王泽霞（2006）通过调查问卷的方式对上市公司管理舞弊红旗标志的重要程度进行了实证研究，并认为大股东操纵董事会是管理层舞弊的一大特征。

张苏彤等（2007）在介绍奔福德定律的基础上，利用我国上市公司的财务数据资料对奔福德定律进行实证测试，提出以奔福德定律为信息时代舞弊审计新工具查找上市公司财务舞弊征兆的新思路。

韦琳等（2011）选取 2000—2009 年发生财务报告舞弊的 A 股上市公司及其配对的非舞弊公司为研究对象进行实证研究，发现压力越大，机会越多，舞弊的可能性越大，其建立的舞弊审计识别模型的正确识别率达到 93.7%。

洪荭等（2012）基于 GONE 理论，选取 2006—2009 年因财务舞弊受处罚的上市公司为样本进行实证研究发现：管理层风险偏好和剩余索取权引发的个体贪婪程度越高，治理结构不完善制造的舞弊机会越多；增发配股引发组织需要程度越高，舞弊的可能性越大；审计意见类型和会计师事务所变更代表的发现机制越完善，舞弊的可能性越小。

卢涛（2013）对财务舞弊的识别模型进行了总结和分析，并进行实证研究，揭示中美两国财务舞弊的差异。

8.1.5 经济学角度的舞弊审计研究

很多学者运用经济学相关理论对舞弊及舞弊审计进行了相关研究。

雷光勇（2004）从契约机制的角度进行研究，认为审计作为防范企业财务舞弊的重要社会经济机制之一，其本身的健康运行很重要，审计合谋的存在使得财务报告舞弊的防范体系失去了最后的屏障。契约诚信的缺失、市场监管体制的缺陷和产权制度改革的未能最终完成则是中国会计市场中审计合谋与报告舞弊共存的特殊外界因素。基于审计合谋控制对财务舞弊的治理，必须从审计意见供给方、需求方以及外界环境等方面着手系统进行。

李晓丁、沈淑霞（2006）对财务舞弊的产生条件做了经济学解释，即委托代理关系双方利益不一致且代理人拥有信息优势。同时，他们对财务舞弊的主体和外部监督主体也进行了经济学分析，以获取财务舞弊更深层次的原因，并以此探讨遏制财务舞弊的途径和方法。

黎仁华（2006）运用行为经济学的理论原理，在确定性效应、反射效应、期望理论效应、锚定效应理论的基础上，探讨了上市公司信息披露行为的经济本质及其产生舞弊行为的制度条件与法律特征，揭示了资本市场舞弊行为的形成规律，并通过舞弊行为的成本价值规律分析研究了舞弊的预防措施。

陈淑萍（2007）综合运用信息不对称理论、内部人控制理论、有限理性理论、公司治理结构理论等，全面分析财务舞弊这一复杂的经济现象，利用经济理论框架来探讨上市公司财务舞弊形成的深层根源，为从根本上解决这一问题提供一种新的思路和对策。

8.1.6　舞弊审计模式研究

舞弊审计模式研究是通过对现有审计模式进行反思，并针对其缺点，提出新的审计模式或弥补措施，以适应舞弊审计的需要。

黄世忠、陈建明（2002）认为，导致五大会计师事务所集体审计失败的一个重要原因与20世纪90年代以来审计模式的转变有关。20世纪90年代以来，“五大”特别是安达信的审计模式已经由传统的制度基础审计模式逐渐发展为风险基础审计模式。这种审计模式的嬗变，实质上是一次审计历史上的重大革命，它不仅改变了审计方法，更重要的是改变了传统的审计理念，造成了审计观念的紊乱，并可能使审计由一门高尚职业（其精髓由专业判断和公共责任组成）沦落为一种唯利是图的生意（其核心是风险与报酬的权衡与抉择）。按照风险基础审计模式的逻辑，如果被审计单位经营失败风险较低，即使被审计单位财务报表存在错报或漏报的可能性，注册会计师卷入诉讼的概率也不高。在这种情况下，实施大规模费时费力、代价高昂的实质性测试显然是不符合成本效益原则的。客观事实是，会计师事务所将大量的精力用于研究客户行业风险和经营风险，而对审计意见直接支持的实质性测试越来越少。在民事赔偿机制不健全或赔偿风险可以转嫁（如职业保险）的环境下，风险基础审计可能诱导不信守职业道德的注册会计师为了节约审计成本而不惜牺牲审计质量，从而把会计师事务所变成专门对公司经营失败承担保险责任的保险公司，审计服务费用变成了保险费用。这样的审计理念同高尚职业的基本要求相去甚远。事实上，从大量舞弊案所暴露出来的问题来看，舞弊的手段并不十分高明，甚至有的手段是非常低劣的，如果注册会计师能够严格按照审计准则的要求执业，实施比较详细的实质性测试程序，是应当能够发现并及时纠正这些舞弊行为的。

王泽霞（2005）通过深入剖析现行两种具有代表性的风险导向审计模式（控制风险导向审计与商业风险导向审计）的缺陷，试图从审计技术的角度，探索创新风险导向审计模式，切实提高独立审计揭示管理舞弊的能力，以确保证券市场持续健康发展，重拾社会公众对审计职业界的信心。

车宣呈（2007）以契约分析和受托责任的治理内涵为切入点，在现有审计模式理论成果的基础上，提出以治理为目标的治理导向审计模式理论命题。其研究的基本思路是：第一，通过构建企业多元契约关系模型，解析受托经济责任新的治理内涵要求，以此为理论基础确立治理导向审计模式观，并构建治理导向审计模式的理论概念框架；第二，以治理导向审计模式观为指导探讨审计契约应当具备的新的秩序内涵，并具体区分独立审计契约和内部审计契约，系统研究各自应体现治理内涵的契约性制度安排；第三，探讨治理导向审计模式实施的方法体系，即为治理导向审计契约的动态运行引入新的审计程序和技术方法；第四，对内外部审计在治理导向审计模式下协同作用的发挥进行统筹研究，从而形成对治理导向审计模式的深入、系统研究。

姜毅（2013）认为，伴随着社会的变革和发展，重物轻人的理念被扬弃，人的价值得到全方位的关注，“人”开始成为管理科学研究的中心。但由于物本主义的影响，现有审计理论和实践都不同程度地存在着“见物不见人”的弊端。将人纳入审计系统，对人及其行为进行分析，构建系统的人本审计理论体系是审计模式发展的必然趋势。

综合上述，我国舞弊审计研究主要有以下几个方面的特点。

（1）研究内容比较全面

舞弊审计的相关研究既有国外研究内容的介绍，也结合我国实际情况探讨舞弊准则的修订和审计责任的界定，还有大量研究涉及舞弊审计技术方面的问题，这为舞弊审计的全面研究奠定了一个基本的范围和框架。

（2）研究人员身份单一

致力于舞弊审计研究的人员主要是理论学术界的专家和学者，而在审计一线工作的注册会计师的研究成果不多。从业人员由于实践经验丰富，研究主要从具体案例来分析舞弊审计技术，对审计实务具有更强的指导性。

（3）规范研究较多，实证研究较少

多数学者的研究比较注重国外理论、准则、经验、案例等的介绍和研究，而对我国舞弊审计失败的制度环境研究、审计责任的界定和舞弊审计技术的研究并不多，而且对实践也欠缺有效的指导性。

8.2　舞弊审计概念提出的背景

从最早的以查错防弊为主要审计目标的账项基础审计开始，到重点关注内部控制制度的缺陷及其产生的错弊，再到风险导向审计中关注可能导致重大错报风险的舞弊行为，舞弊始终是审计人员关注的重要内容。随着 20 世纪 90 年代开始的持续不断的舞弊浪潮，社会公众、资本市场监管机构以及审计职业界的目光都聚焦到了舞弊问题上来。但是，舞弊审计的效率与效果都与公众的期望相距甚远，在这样的背景下，舞弊审计的概念产生了。

8.2.1 提出背景

1. 审计职业面临空前巨大的反舞弊压力

1993 年 3 月，美国公共监督委员会在《站在公众利益立场》中指出，社会公众最关注的问题是独立审计师承担揭露管理舞弊的责任，而独立审计师并不能满足公众的这一要求，且与这一要求之间存在较大的差距。自 1998 年麦克唐纳委员会提出有关审计期望差的理论后，不断加大的审计期望差以及由此引起的社会公众对注册会计师的信任程度降低，已经引起各国的广泛关注。近些年国内外许多著名公司出现的严重舞弊事件，引发了注册会计师行业的“诉讼爆炸”。随着舞弊越来越盛行，其造成的损失也越来越严重，相比之下，反舞弊工作却显得滞后。排除社会公众对审计职业的理解误区因素，审计期望差不断加大的原因主要涉及审计人员主观失职、审计人员能力局限、审计程序方法失效等。尤其是进入现代风险导向审计阶段，虽然很多业界人士认为这种审计模式能够全面评价企业的各种风险，但无法回避的是，审计人员发现舞弊的能力并未就此增强，执业能力仍然受到了来自政府和公众等各方面的质疑。面对日益严重的舞弊、社会公众的指责、监管不断加强和法律诉讼风险的不断加大，审计职业界所承受的反舞弊压力空前巨大。

2. 风险导向审计模式应对舞弊风险的局限性凸显

为了应对不断加大的审计风险和复杂的企业经营环境，20 世纪 90 年代，审计职业界开始孜孜不倦地探索新的审计模型。虽然研究成果有所差异，但是新模型有共同的出发点，即审计人员应当充分考虑企业战略、经营活动、管理层认定，并将它们与会计报表质量充分结合；审计人员不仅要关注到管理层对会计信息质量的影响，而且要关注经营风险对会计报表的影响，从战略和系统的高度保证审计的整体质量。现代风险导向审计模式得到了审计职业界的广泛认可，并在审计准则中得到确认。但是，在审计实践尤其是面对存在高舞弊风险的审计项目中，风险导向审计模式却陷入了尴尬的境地。由于没有发现财务报告中存在的舞弊因素而导致的审计失败使很多审计人员受到了各方面的质疑，甚至名誉扫地。风险导向审计虽然是建立在系统论和战略管理理论基础上的高效、科学的审计模式，但是部分学者在研究中也发现了这一模式无法有效识别和评估舞弊风险的缺陷。

3. 揭示舞弊已经成为注册会计师的主要责任

从英国南海公司舞弊案来看，注册会计师行业因客户舞弊问题而产生，尽管经过 200 多年的发展，注册会计师的审计目标已由查找舞弊转向对财务报表公允性的评价，然而这并不等于注册会计师没有义务揭露客户的舞弊行为，相反，随着舞弊浪潮的一次次高涨，现代审计中查找舞弊已经成为注册会计师的主要责任。美国的注册会计师在 20 世纪 70 年代陷入前所未有的诉讼浪潮之中，引发了独立审计师、社会公众对舞弊行为审计的重视。20 世纪 80 年代，美国公众公司的财务舞弊、破产事件及其独立审计的失败事件接连不断，社会上对注册会计师的失望有增无减，投资大众强烈要求注册会计师查出经营者的舞弊行为（主要是虚假的财务报告和舞弊）。同时，各国的独立审计准则也进行了相应的修订，明确注册会计师对舞弊的责任，舞弊审计责任已经重新成为民间审计职业界的主要责任之一。

4. 舞弊理论研究取得重大进展

舞弊问题是一个困扰了管理层、学术界、政府机构和实务界数十年的问题。伴随着各种舞弊案例的不断出现，国内外理论界人士也投入了大量的研究，取得了重大进展。到目前为止，对舞弊的研究主要集中在以下几个方面：舞弊类型研究、舞弊动因研究、由舞弊带来的审计期望差和法律诉讼研究、财务舞弊和公司治理关系研究、舞弊征兆及其识别研究。国内外很多学者和专业机构对舞弊案例进行了调查和实证研究，取得了一些研究成果，例如美国的垂德威委员会在 1987 年提交著名研究报告《反舞弊财务报告委员会关于舞弊性财务报告的研究报告》，其发起组织委员会 COSO 于 1999 年和 2010 年分别发布了对美国上市公司财务报告舞弊案例统计研究的结果，概括了有关公司舞弊的特征、典型的舞弊手法并提出相关的建议。舞弊及舞弊审计相关理论研究的进步为舞弊审计概念框架的构建奠定了理论基础。

5. 审计准则强化了注册会计师对舞弊的关注

审计界也一直致力于对舞弊检查、识别和防范的研究，努力通过行业执业标准——审计准则的形式加以规范。安然、施乐、世界通信等知名公司的财务舞弊案直接促使美国国会通过自 1934 年以来最为严厉的上市公司监管法案——《萨班斯－奥克斯利法案》，对公司财务信息披露的准确性、确保审计师的独立性、改善公司治理等方面增加了严格的法律规定。同时，AICPA 也在 2002 年 10 月发布了新准则 SAS No.99《财务报表审计中对舞弊的关注》，并取代原来的 SAS No.98，SAS No.99 是美国 AICPA 在安然事件后从技术上解决资本市场舞弊行为，在审计技术与规范方面采取的重大举措，确立了独立审计对舞弊行为的判定标准，体现出的审计思想已经是不折不扣的舞弊审计。美国审计准则的历次修订都对舞弊责任的界定、舞弊审计思想、舞弊审计方法给予了充分的关注和研究，旨在更加有效地指导注册会计师执行财务报告审计时发现和揭露上市公司财务报告舞弊问题。2004 年 2 月，国际会计师联合会（IFAC）下属的国际审计与鉴证准则委员会（IAASB）颁布了《国际审计准则第 240 号——审计师在财务报表审计中对舞弊考虑的责任》，强调了职业怀疑精神，完善了审计方法和程序。我国财政部在 2006 年、2010 年和 2016 年独立审计准则修订版中，针对财务报告中的舞弊问题也进行了重要规范，注册会计师对舞弊的责任不断得到强化。

8.2.2 现实原因

舞弊审计概念的提出除了基于上述背景因素外，还考虑了以下现实原因。

1. 舞弊是最为严重的重大错报

舞弊审计与其他审计模式最大的区别在于其明确了重大错报风险评估的方向，将重大错报风险评估与识别的重点放在舞弊风险上。虽然重大错报可能由舞弊导致，也可能由错误导致，但是舞弊与错误有着本质的区别。两者的区别反映财务报表重大错报的行为是非故意的还是故意的，因此，在财务报表审计中，评价所识别出的错报是错误还是舞弊涉及对错报性质的认定。而舞弊通常是有目的、有预谋、有针对性的财务造假行为，其标志性特征如下。

①主观故意性。这一点是与错误的根本区别，舞弊行为的实施往往在时间、地点、手段、金额、掩盖方式等方面经过精心策划，所导致的后果是可以预见的，是完全在行为人的操纵和推动下完成的，表现出强烈的预谋性。

②隐蔽性。舞弊行为不仅事前要精心谋划，事后还要刻意隐瞒，使人难以发现真相。而且，一般来说，舞弊的手段越高明，越难以被发现；舞弊者的职位越高，隐蔽得越深，越难以审查。

③非孤立性。舞弊往往是非孤立事件，也少见一次性行为，一项舞弊通常需要另一项舞弊去掩盖，就会形成相互关联的舞弊网络。所以审计人员一旦识别出或怀疑舞弊存在，财务报表中存在其他舞弊的可能性非常高。

④目的性。舞弊通常有明确的目的，经济利益、政治利益、职务升迁等各种有形或无形的、现实的或潜在的利益都可能成为舞弊的目的和动机，但基本动因是经济利益，其他利益往往通过经济利益来体现或实现。

根据审计的重要性原则，错误可能导致错报，但不一定是重大错报，即使是重大错报，在审计过程中，通常运用一般的审计程序就能查证。但舞弊导致的错报，无论金额大小，都是重大错报，而且鉴于其上述特征，对财务报表的公允反映很可能产生整体性影响，因此，舞弊不仅是最为严重的错报，而且会导致审计风险大大提高。

2. 舞弊的评估与识别要求更多的审计资源的投入

舞弊是一个宽泛的法律概念，虽然注册会计师并不对舞弊是否发生做出法律意义上的判定，但是评估与识别舞弊风险对于审计方案的制定和进一步审计程序的实施及审计资源的合理配置具有重要导向性意义。由于舞弊的隐蔽性，对于舞弊风险的评估往往需要注册会计师运用多学科知识，同时还要有高超的分析能力和敏锐的洞察力，如果注册会计师评估的舞弊风险高，怀疑财务报表中存在舞弊，则会计师事务所需要选派更有经验的注册会计师，审计过程中往往需要实施额外的审计程序，收集更多的审计证据以控制审计风险，从而使审计成本增加。同时，由于经济业务的复杂性和舞弊手段的多样性，加之客户对其舞弊行为的刻意隐瞒（往往采用复杂的交易处理方式和会计政策，与银行或其他客户串通提供虚假证明文件，甚至对审计程序的实施进行阻挠）使审计的难度加大。为了实现审计目标，审计小组就必须将确定的高风险舞弊点作为审计的重点，并配置更多、更优秀的审计资源。在这种情况下，由于审计的时间和成本有限，注册会计师往往需要在审计质量和审计成本之间进行利弊权衡，这不仅是对注册会计师执业能力的考验，也对注册会计师构成强大的心理压力。

3. 舞弊与审计失败、审计诉讼关系密切

实证研究发现，导致审计失败的原因有很多，但最严重的可能是审计人员没有发现财务报告中存在的舞弊因素。国内外一系列重大舞弊案无不牵涉审计失败问题，其也是引发审计诉讼的主要影响因素。美国的安然事件直接使国际著名的五大会计师事务所之一的安达信破产；我国的银广夏舞弊案使当时国内最大的会计师事务所深圳中天勤会计师事务所被撤销；2013 年的绿大地案作为中小板民营上市公司欺诈上市第一案，相关的中介机构如证券保荐机构、律师事务所及会计师事务所和注册会计师都受到有史以来最为严厉的惩罚。因此，审计失败和审计诉讼不可避免地与财务报告舞弊紧密联系在一起，由审计失败造成的行政处罚、经济及名誉损失也是审计面临的一大困境，一旦企业的舞弊行为被揭发和披露，人们就会把矛头指向为其提供签证服务的注册会计师。

8.3 舞弊审计概念与特征

舞弊审计是指以对财务报告中舞弊风险的评估为切入点，运用职业怀疑和分析程序对舞弊风险因素进行识别，并进一步设计审计程序，收集能够解除注册会计师对舞弊怀疑的充分、适当的审计证据，据此出具审计报告。从更广的角度看，舞弊审计可分为舞弊关注审计和舞弊专门审计。由于本研究是以中国注册会计师审计准则关于在财务报告审计中对舞弊的关注的相关规范为基础，因此，舞弊审计的定义是注册会计师在接受委托从事财务报表审计时应当关注舞弊可能性，从而对财务报表不存在具有直接重大影响的舞弊提供合理保证。也就是说，本研究所指的舞弊审计是舞弊关注审计，这种定义可以将舞弊审计看作常规财务报告审计的延伸。

舞弊审计与一般意义上的财务报告审计相比，在审计目标定位及注册会计师的责任定位上有很大差别，因此，舞弊审计在审计假设、风险评估的重点审计程序的实施以及审计证据的评价等方面都具有明显的特征。

1. 审计理念不同

常规的财务报告审计假设依据的是“无反证判定”假设，即如果没有证据证明报表中有重大错报，则推定财务报表是真实的，这条假设中还隐含着对管理层人品的“中性”假设，即管理层既不是很诚实也不具有欺骗倾向。在这个假设下，虽然要求注册会计师一方面在审计过程中要保持应有的职业谨慎，关注存在舞弊的可能性，另一方面，要考虑审计的成本效益，所以需要谋求与管理层的合作。这个假设对于验证财务报表的公允性是可行的，但是若用于指导舞弊审计则不可行。很多著名舞弊案例都被证实是管理层实施舞弊，员工舞弊是可以通过内部控制防止、发现并纠正的，但是管理层由于地位的特殊性，往往能够绕过内部控制而实施能够对财务报告整体公允反映造成重大影响的舞弊行为，且由于公司治理缺陷等方面的原因，内部控制无法对管理层甚至治理层的舞弊行为进行有效监督。因此，在舞弊审计过程中，注册会计师应当以“怀疑一切”的思维方式，将审计假设转向“有错推定”假设，即在审计前就应该假设财务报告中是存在舞弊的，管理层也是不可信的，如果注册会计师没有充分、适当的审计证据证明交易或余额的真实性，就应该推定其是存在问题的。

2. 对被审计单位及其环境进行了解的侧重点不同

研究表明，环境因素很可能是导致企业舞弊的根本原因。因此，对被审计单位及其环境进行了解是一项有着很强针对性和目的性的审计程序，它可以帮助审计人员发现潜在的各种风险。但舞弊审计，对被审计单位及其环境的了解在侧重点上与一般风险导向审计并不相同。根据舞弊三角理论，所有舞弊行为都由三个要素构成：压力、机会、合理化借口。压力要素是企业舞弊者的行为动机，机会是使得企业内部人员有机会实施舞弊而又不被发现或逃避处罚的可能。压力和机会往往构成管理层舞弊的主要原因。因此审计人员在了解被审计单位及其环境时应格外关注被审计单位是否存在这些因素。有很多信号可以反映出这些潜在的因素，比如有以下迹象时审计人员应保持高度警惕，它们通常是管理舞弊的信号：整个行业状况不容乐观；过多的产量或高额负债；关联方交易大量增加而繁杂；组织结构过于复杂；存在无明显经营动机的法人实体、分支机构；实现利润的压力巨大；外部竞争强大；营运资本缺乏；扩张太快导致负面效应；等等。重点关注这些诱因可以大大改善舞弊审计的效果。

3. 审计程序不同

在舞弊审计过程中，判断审计人员是否勤勉尽责的标准不再是审计人员是否执行了相应的审计程序，而是是否对经济业务发生的合理性做出了恰当的判断，是否对舞弊的风险做出了客观的评估，所实施的审计程序是否足以解除对舞弊的怀疑。这一理念要求每一个审计人员都把自己作为专门查找财务舞弊的侦探，而不是对账员。审计人员不仅要转换审计程序、审计技术和审计方法，而且必须通过审计理念的转变转换以往的思维模式，以侦探的目光从整体到局部、从外部到内部来审视可能导致财务报告舞弊的一切风险因素，以有针对性的、有效的审计程序来证实舞弊。

舞弊审计中最重要也最难的问题是制定审计策略以发现舞弊行为。由于以下两个方面的原因，注册会计师在舞弊审计中应实施不同于标准化审计程序的策略。一是会计师事务所与被审计单位的长期合作使得被审计单位的财务人员非常了解审计人员的审计程序、重要性水平和审计重点，采取化整为零的方式将大金额的造假拆分成若干个低于重要性水平的金额，从而避过审计人员的关注。二是被审计单位的财务人员以前在会计师事务所做过审计人员，非常了解一般的审计流程，知道如何应付审计人员的审查。也就是说，很多舞弊公司本身的反审计能力很强，注册会计师需要做到的是，具有比被审计单位更强大的反舞弊能力。因此，舞弊审计更需要的是一种思维方式，而不是技术方法。一般的技术方法对于寻找和发现非故意的行为造成的错误无疑是非常有效的，但对于查找、确定预谋的、周密策划的、采用隐蔽手段进行的舞弊行为，并非那么有效。舞弊行为既然是有目的而为之，舞弊行为人必然会在舞弊后采用各种手段对其进行粉饰隐瞒，使其看似合理，不易被人觉察。审计人员要想查清这些舞弊行为，最有效的方法是以舞弊行为人的角度去思考问题，看哪一种是最好的作假方法，然后从此入手进行审查，往往会有所收获。因此，注册会计师在怀疑或发现存在舞弊行为时，应实施突破常规形式的审计，增加审计程序的不可预见性以提高审计程序发现舞弊的有效性。

4. 对审计证据的鉴定要求不同

一般的财务报告审计要求审计人员评价审计证据的充分性和适当性，通常不涉及鉴定文件记录的真伪，但应当考虑用作审计证据的信息的可靠性，并考虑这些信息生成与维护相关控制的有效性。在以往的审计失败案例中，就有注册会计师以自己不是鉴定专家、审计准则没有要求对证据真伪进行鉴定为由对其违规行为进行抗辩，推卸审计责任。当然，注册会计师不是鉴定文件记录真伪的专家，但这些文件记录等是证实交易或业务确实发生的最重要的证据，其真实性决定其能否作为审计证据。由于舞弊是一种故意行为，具有极强的隐蔽性，审计人员仅以推理为根据去推断与舞弊有关的事实是不行的，这决定了舞弊审计应该是一种发现性的审查活动，注册会计师找到舞弊的事实证据，获得强有力的证据支持，确定舞弊的具体细节及舞弊行为带来的损失和影响。

在舞弊审计中，审计人员对于舞弊查找与揭示有明确的责任定位，必须对收集到的审计证据进行真伪鉴定，如果鉴定超出了审计人员的专业能力，可以考虑由专家来做这项工作。因此审计人员在执行审计程序时不仅仅是账证核对、机械地执行盘点和函证，还要对原始凭证、回函文件的真伪及内容的正确性给予鉴定。由于我国很多舞弊是“一条龙”的系统性造假，审计人员搜集审计证据时，应更多地从被审计单位外部入手，使内部证据与外部证据相互验证，财务信息与非财务信息相互验证，以是否能解除对舞弊的怀疑作为对证据的充分性和适当性进行判断的标准。

8.4 舞弊审计流程

在舞弊审计过程中，审计人员通过对舞弊风险的识别，对可能存在的问题运用“职业怀疑”通过小组讨论等形式进行充分的评估，然后将确定的高风险舞弊点作为审计的重点，再设计审计程序和组织审计人员进行深入审查，收集审计证据，从而判断舞弊是否真实存在以及舞弊的具体内容，确定审计意见并出具审计报告。

1. 分析舞弊风险

舞弊行为的出现并不是偶然的，而是在特定条件下多种因素共同作用的结果，是特定的舞弊行为生成机制使然。财务报告舞弊从根本上说并非始于管理层的不诚实，而是发端于某种环境。舞弊审计的切入点是对舞弊风险的分析与评估。注册会计师在审计计划阶段就应该对被审计单位可能存在的舞弊风险因素及财务报表中存在舞弊的可能性进行分析。注册会计师不仅要从微观的账户层次了解企业，更应注重从宏观层面了解企业面临的内外部环境（如行业状况、监管环境及目前影响企业的其他因素，企业的性质、组织结构，企业的目标、发展战略，企业竞争的优势与劣势以及相关的经营风险，企业内部控制制度设计的合理性及执行的有效性、对财务业绩的衡量和评价等），从战略与系统的角度评估公司可能存在的重大舞弊风险，寻找和捕捉舞弊所隐藏的异常信息，发现潜在的经营风险和财务风险，形成“合理预期”。分析评估舞弊风险尤其注重经营风险分析，如整个行业不景气或新竞争对手的出现等使得公司的业绩不佳时，管理层为了维持公司的良好形象，或保证自己的薪金、职位不受影响，往往会实施舞弊，使公司的经营风险转化为财务报表舞弊风险。因此，只有对客户整体情况有深入的了解，审计人员才能站在更高的角度看问题，形成更好的舞弊审计思路。这种做法实际上是基于战略系统观的思考，体现的是一种风险意识而非利益意识。

2. 评估舞弊风险

在舞弊风险分析之后，审计人员应当根据分析的具体情况对舞弊风险的强弱进行评估并采取不同的审计策略。当提示财务报告存在舞弊风险较小时，审计人员可以采用常规的财务报告审计程序对报告的构成项目进行检查；当提示财务报告存在较高的舞弊风险时，审计人员则应当针对所识别的高风险业务、项目或人员进行深入调查取证，以确认舞弊是否真实存在。审计人员除了可以借助常规审计取证手法外，还可以运用制造错误法、发展诚实方案等方法，通过各种审计方法的合理运用，最终确认是否存在舞弊事实。美国新舞弊审计准则 SAS No.99 指出：针对不同的舞弊风险审计人员可以实施个性化审计程序、补充审计程序、延伸性审计程序和特别审计程序。值得注意的是，随着这一阶段的深入取证，审计人员有可能对前期的风险评估结论进行调整。之前评估的高风险领域可能不存在问题或者在低风险领域挖掘到高风险因素，或者发现异常风险因素，此时，审计人员应当及时调整审计策略，重新考虑审计的重点与方法。

3. 应对舞弊风险

分析性程序是寻找舞弊的线索和揭示舞弊的重要工具，尤其是在揭露管理舞弊方面作用相当明显，它以财务资料及非财务资料之间的表面关系或可预测关系来评估财务信息并分析财务信息的合理性。出于某种目的的管理层实施舞弊时，常会操纵某些财务或非财务信息，但不可能操纵全部业务信息，由于不同信息之间往往存在一定的相关性，有效的分析性程序有助于注册会计师识别影响财务报表的异常交易、事项、金额、比例趋势以及在详细测试中不易察觉的舞弊迹象。分析性程序可以广泛运用于审计全过程。在审计计划阶段，通过分析性程序对被审计单位的财务信息之间、非财务信息之间、财务信息与非财务信息之间的关系进行比较、分析，便于对财务报表整体及其各项目进行全面分析评估，帮助注册会计师确定被审计单位的重要会计问题和重点审计领域，找出舞弊高风险领域所在，制定有针对性的审计计划，提高审计工作的效率。在审计的实施阶段，分析性程序可作为一种实质性测试方法，以收集与账户金额及各类交易相关的数据作为认定的证据。在审计报告阶段，可对审计证据进行总体复核，印证通过其他审计方法得出的结论，对被审计单位财政、财务状况或经营成果情况的总体合理性做出判断，确定是否需要增加审查内容。如果相关信息的关系不合理，则要考虑追加审计程序或修改审计报告，如被审计单位的资产负债率高于同业相同规模其他企业的平均水平，而资产利润率却低于平均水平，则说明该企业财务风险较高，将对企业持续经营产生不利影响，这时就要对审计报告的意见类型做出谨慎的选择。

4. 交流与沟通

审计工作的性质决定了注册会计师的工作是一个多方收集信息、运用专业知识和经验做出判断的过程，通过内外结合、前后贯通的信息收集渠道，充分利用各种信息源探明舞弊风险所在。注册会计师与企业内部人员沟通时，应注意在不同部门、不同级别的工作人员中寻找询问对象；应通过与内部审计部门、营销部门、处理复杂或异常交易的员工等的沟通，获取有关舞弊存在或可能存在的信息，并注意利用外部信息源，如询问被审计单位聘用的律师、评级机构或与被审计单位有业务往来的单位，会收获一些意想不到的审计证据和信息。

此外项目小组成员之间要积极进行信息交流、讨论。由于项目组成员在知识结构、工作经验及专业技能上的差异，沟通能相互促进、取长补短，有利于提高职业判断水平，发挥各自的比较优势和集体优势。项目组应当讨论客户所面临的经营风险、财务报表容易发生错报的领域及方式（特别是由于管理舞弊导致重大错报的可能性），并持续交换有关重大错报的信息。小组讨论时应当始终保持职业怀疑态度，留意可能发生重大错报的迹象。讨论可使项目组成员更好地了解所负责领域中财务报表发生重大错报的可能性，并了解所实施的审计程序如何影响审计的其他方面，包括如何确定进一步审计程序的性质、时间和范围。如果注册会计师发现舞弊行为或可能存在舞弊的重大线索，应及时与适当层级的管理人员进行交流。注册会计师应特别加强同公司治理负责人之间就相关舞弊问题进行交流，比如管理层的诚信度、管理层对于内控缺陷或舞弊行为的态度、管理层的某些“可疑”行为等。如果审计业务涉及的特殊技能和知识超出了注册会计师的能力范围，注册会计师应该考虑利用专家协助执行鉴证业务。

5. 出具审计报告

通过对舞弊风险的评估和审计证据的收集和判断，审计人员最终对是否存在舞弊事实进行确认并出具书面报告，客观反映审计的过程与结果。如果不存在舞弊事实，则只需要出具常规财务报表的审计报告；如果舞弊问题真实存在，则需出具专门的舞弊审计报告。由于舞弊审计报告涉及对舞弊问题的定性，因此在正式出具报告之前，审计人员应当和被审计单位进行充分的沟通与交流。同时由于在法律上界定舞弊性质的复杂性，审计人员应当充分征求法律专家的意见，严格控制由于措辞不当或者定性不准确产生的舞弊审计风险和法律责任风险。目前各国审计准则以及国际审计准则都未对舞弊审计报告的编写体例进行明确的统一规范，但是根据舞弊审计的特殊性以及审计报告使用范围的局部性，报告应当采用详细审计报告，即有别于通常注册会计师对财务报表发表审计意见的审计报告。同时，用来证明舞弊事实的材料应当附于报告之后。

8.5 舞弊审计的优势

舞弊审计要求审计人员始终坚守职业谨慎原则，主要通过执行风险评估、分析程序、与被审计单位管理人员及各层次职员沟通等程序来发现舞弊存在的征兆，在经过充分的分析和评估之后，确定舞弊是否会造成财务报告的重大错报。舞弊审计必须执行风险分析程序，要求审计人员"必须比罪犯更聪明"，当然，这对审计人员执业能力的要求就会大大提高。因此，舞弊审计与常规的财务报告审计不同，具有独特性，在实施时具有以下几方面优势。

1. 思维方式上的优势

舞弊审计要求审计人员具有高度的职业怀疑能力，不能轻易相信管理层提供的相关资料和管理层的言辞，必须加以鉴别。在风险导向审计模式下，审计人员往往依靠管理层提供的资料开展工作，不对资料的真实性加以鉴别。在存在舞弊的情况下，从管理层提供的资料中很难看出问题，这将造成审计师出具的审计报告可能存在重大误差。

2. 审计技术上的优势

舞弊审计不仅遵循常规审计模式的技术手段，而且强调审计程序的个性化和不可预见性，更是利用了其他先进的技术手段，如数据挖掘技术、背景审查技术、战略推理法、心理学等，使其在应对舞弊上更具优势，更加有效。

3. 审计程序上的优势

舞弊审计程序与常规审计程序相比具有随意性和不可预测性，传统审计的固定审计模式往往使舞弊者采用反审计手段，造成舞弊很难被发现。不可预测性的舞弊审计程序可以使舞弊者没有时间进行反审计，能够起到出其不意的效果。

8.6　舞弊审计的理念创新

舞弊审计的概念是基于对舞弊的控制与揭示而提出的，其概念框架的实施旨在有效抑制和治理舞弊。舞弊审计与常规的财务报告审计相比至少在以下两个方面体现了理念上的创新。

1. 由“无反证判定”假设转向“舞弊推定”

加拿大特许会计师协会（CICA）在 1995 年的研究报告《审计人员与职业判断》中指出，鉴于以往曾出现过的审计失败，管理层诚信假设已经不再适用，审计师不应继续在管理层诚信假设下评价被审计单位的经营活动，而是应当保持专业怀疑并采取一些积极的措施来提高审计质量。可见，审计师在舞弊风险高的环境下不应当继续采用无反证判定原则，而应代之以“舞弊推定”原则。所谓“舞弊推定”原则是指审计师事先假设被审计单位存在舞弊，至少不排除发生舞弊的可能性，只有当审计师有充分的证据表明被审计单位不存在舞弊时，才降低原先假定的舞弊风险水平（张龙平，2004）。

无反证判定原则意味着未发现重大错报即可认为报表不存在重大错报而应发表肯定的审计意见。但是在目前舞弊大量充斥于财务报告的现实情况下，这项假设很可能导致注册会计师在舞弊识别上出现重大失误。在舞弊风险导向审计模式下，基于注册会计师舞弊审计责任的考虑，按照舞弊推定原则，注册会计师应当明确了解舞弊的环境及特征对审计判断的特别重要性，对管理层的诚信情况进行综合评价，以确定是否存在错误、舞弊或违法行为，并结合利用从法律专家及其他人员处获得的相关信息来综合判断舞弊风险。美国的反舞弊审计准则也强调：审计师在整个审计过程中对蓄意隐瞒的舞弊应保持职业谨慎态度，职业怀疑精神应更加严格地贯穿审计过程的始终。审计师应摆脱自身对以往与该客户合作的经验的依赖，增强查处舞弊的意识和发现舞弊的敏感性，以质疑的思维方式对管理层提供的相关信息的真实性和有效性进行批判式评价。

2. 强调心证（分析与推理）

审计所面临的具体情况是纷繁复杂的，审计证据的内容和形式是多种多样的，审计所处的环境状态也是不断发展变化的，由审计准则事先把一切审计实务中的程序都明文规定下来的做法在实践上是不现实、不可行的。从审计计划的制定到审计意见的形成无一不是判断的结果，判断事实上存在于财务报表审计的每一个方面。审计实务中的审计风险评估、期初余额与期后事项审计、持续经营假设评价，以及重要性水平和审计意见确定等环节均离不开审计师的审计判断。

审计准则中虽然没有出现“心证”的字样，但是“以经过核实的审计证据为依据，形成审计意见”实际上是对于证据证明力进行“心证”的过程，即根据知识、良知及经验对于从一个具体事项中获取的证据是否有证明力、有怎样的证明力进行自由的判断。审计师借助经验可以在面临某一具体问题时很容易地将相关信息和不相关信息区别开来，并使用相关信息。审计师在运用审计准则时必然会遇到各种不同的自由心证情形，例如，从多个备选方案中进行选择时，评判是否遵守公认会计原则时，发表审计意见或做出合理性评价时，等等。作为一名审计师，应当对有关财务报表公允反映或控制措施充分性的审计证据保持特别的敏感度，因为审计师所面临的主要审计风险是未能发现财务报表存在的重大错报和异常事项。

心证应当贯穿于审计工作的始终，因为审计师所获得的审计证据大多数是论证性的，而不是结论性的。至少在下列情况下，审计师的自由心证是必要的：在运用公认审计原则时；在确定重要性和审计风险以及取得审计证据时；在评价管理层使用的会计原则和重要估计时；在确定财务报表是否不存在重大错报和漏报时；在确定财务报表是否符合公认会计原则或其他相关会计信息披露标准时；在对财务报表是否公允表达发表意见时。当然，心证的结论必须有证据支持。证据是证明的基础与手段，证明是证据的必然结果与要求。审计判断的形成必须以达到一定要求（如充分性、适当性等）的审计证据为依据，没有合乎要求的审计证据不得做出审计结论。注册会计师必须以审计证据作为审计分析判断的基础，未经合法审查获取的审计证据以及与事理有违或与认定事实不符的审计证据，不得作为审计判断的依据，证明力明显薄弱的审计证据，要结合佐证信息才能成为审计判断的根据。

第9章

舞弊审计的职业行为规范

在国内外审计准则关于舞弊审计责任的规范要求中，我们都能看到注册会计师的独立性以及注册会计师在审计过程中保持职业怀疑、对舞弊风险始终保持职业关注的重要性。而且，通过对众多财务舞弊案暴露出来的独立审计存在的问题进行原因分析，我们也发现，注册会计师丧失独立性、未能树立足够的风险意识、未能始终保持应有的职业谨慎都是导致审计失败的重要原因。在舞弊审计中，注册会计师虽然可以通过设计与制定审计策略并对其加以有效运用达到提高审计效率的目的，但审计的技术与策略并不是最重要的，严格遵守相关的审计职业行为规范，保持与审计职业相称的职业道德水准才是实现舞弊审计目标最为关键的因素。

9.1　舞弊审计中注册会计师的独立性

作为注册会计师审计灵魂的独立性对于审计质量的保证起着决定性作用，在舞弊审计中尤其如此。研究表明，在现有的制度安排下，上市公司与会计师事务所和注册会计师通过财务报告这个平台成为利益共同体，达成审计合谋的现象非常普遍，失去独立性的审计如同给舞弊者开通行证，任何防范和治理舞弊的技术与规范都失去意义。反舞弊的最后一道防线的失守直接导致独立审计天然承担的社会责任丧失，职业形象崩塌。

9.1.1　独立性的内涵

对于独立性的内涵，较早给出权威解释的是美国注册会计师协会。美国注册会计师协会在 1947 年发布的《审计暂行标准》中指出："独立性的含义相当于完全诚实、公正无私、无偏见、客观认识事实、不偏袒。"传统观点认为，注册会计师的独立性包括两个方面：实质上的独立和形式上的独立。美国注册会计师协会在《职业行为准则》中要求："在公共业务领域中的会员（执业注册会计师），在提供审计和其他鉴证业务时应当保持实质上与形式上的独立。"国际会计师联合会也要求执行公共业务的职业会计师保持实质上的独立与形式上的独立。中国注册会计师协会《职业道德守则》要求注册会计师执行审计和审阅以及其他鉴证业务时，应当在实质上和形式上保持独立性，不得因任何利害关系影响其客观性。其中，实质上的独立是一种内心状态，使得注册会计师在提出结论时不受损害职业判断的因素的影响，诚信行事，遵守客观和公正原则，保持职业怀疑态度；形式上的独立是一种外在表现，使得一个理性且充分掌握信息的第三方，在分析所有相关事实和情况后，认为会计师事务所或审计项目组成员没有损害诚信原则、客观公正原则或职业怀疑态度。

9.1.2 独立性缺失的原因

从大量审计失败的案例来看，独立性缺失都是导致审计失败最重要的原因。在实际工作中，有很多因素会严重损害注册会计师的独立性或影响独立性的保持，这些因素既有制度设计上的缺陷，也有注册会计师自身的道德水平和执业能力的原因。

1. 公司治理结构的重大缺陷导致审计关系模式的变异

公司治理结构是处理企业各种契约关系的一种制度。一个完善有效的公司治理结构是由股东大会、董事会和监事会组成的。股东大会作为公司的权力机构，对公司重大事项做出决议；董事会受股东大会的委托，执行股东大会的决议，并履行重大经营决策权。目前我国多数上市公司都是由原来的国有企业通过“改制”上市，虽然在形式上具备了某些市场经济条件下公司治理结构的特性，但由于与生俱来的大股东、董事会和总经理三位一体的格局，公司的经营管理层能够轻而易举地操纵董事会，使董事会成为管理层利用的工具，股东大会也只是流于形式，监事会自然也起不到监督的作用，“内部人控制”的现象非常普遍。其结果是，在审计关系的三方当事人中，委托人的缺位使公司的经营管理层既是被审计人，又是委托人，正常的审计关系模式发生了变异，与哪一家事务所建立或解除审计业务关系完全由公司管理层所操纵，这就为其只购买能满足其条件和要求的“审计产品”提供了条件。这既不符合审计关系理论，也不符合代理理论，注册会计师审计的外部监督职能难以发挥，对注册会计师的独立性来说是致命性的打击。

2. 会计服务产品结构单一导致会计师事务所对客户经济上的高度依赖

目前，我国大多数会计师事务所提供的会计服务产品结构比较单一，平均 70% 以上的业务收入来源于传统的财务报告审计，可以这样说，一个事务所拥有的审计业务量的多少足以决定一个事务所能否生存与发展。现行的市场环境缺乏对高质量审计服务的有效需求，对上市公司来说，审计产品质量的高低对他们来说是没有差别的，事务所当然也就没有提供高质量产品的动机。这使得在会计服务市场上本应该是服务质量的竞争演变成了单纯的客户数量的竞争，争取到更多的客户成为每一家事务所的首要任务。上市公司成为事务所的“衣食父母”，事务所则成了“拿人钱财，与人消灾”的工具。对客户经济上的高度依赖使注册会计师丧失了在客户面前挺直腰杆说“不”，勇敢地保持独立性的资本，而经济因素往往是具有决定性影响的。如果这种依赖得不到改观，注册会计师审计独立性的建设就很难取得实质性的突破。

3. 注册会计师博弈的必然结果

注册会计师是一个高风险的职业，从国外的许多诉讼案例来看，一旦出现审计失败，注册会计师在一定时期内被禁止执业并承担严厉的经济制裁，所以国外的注册会计师都非常珍惜自己的职业声誉和专业人士形象，因而也备受尊重。但在我国却并非如此。高风险只是一种理论上的高风险，并不意味着严厉的制裁。虽然监管部门对一些参与作假的事务所和注册会计师给予一定的处罚，但多是一些行政处罚，经济处罚的金额也少得可怜。而且由于我国很多事务所并不具备与其职业风险相适应的经济赔偿能力，再加上我国法律的不完善，遭受损失的投资者很难获得相应的赔偿，这些都大大削弱了该职业的真实风险。很多研究在分析审计失败原因时，都将注册会计师风险意识欠缺作为一个主要原因，但通过博弈均衡理论的实证分析发现，很多注册会计师并不欠缺风险意识，其每一次审计都是在充分权衡了收益与风险之后才做出选择，是“理性”让注册会计师选择了与客户“合谋”。在现实中，会计师事务所在上市公司财务报告不舞弊的情况下，由于考虑审计成本、时间等因素，完全有可能不按照审计准则的规定进行审计，存在违规的情况。在上市公司财务报告舞弊的情况下，在现有制度安排下，出于利益最大化的考虑，会计师事务所仍有可能选择违规甚至与上市公司管理层合谋舞弊。

可以说，现有的制度安排为管理层舞弊与会计师事务所违规的共生提供了条件。我们在强调法律约束、职业道德教育和行政制裁的同时，还应该注意到，会计师事务所作为提供会计服务的中介机构，同样是一个追逐利益的经济个体，注册会计师也同样是“理性经济人”，在收益与风险的博弈中，由于获取的收益远远大于为风险所付出的代价，注册会计师做出为收益而放弃职业道德的“理性”选择，而且只要这种收益大于成本，这种选择就永远是“理性”的。所以我们不能指望用道德来约束注册会计师的行为，使其保持独立性，尽管我们有权力要求注册会计师具有超越社会一般水平的道德水准，但在一个缺乏诚信的社会氛围中，注册会计师也难以独善其身。

9.1.3 保持独立性的措施

从根本上讲，注册会计师的道德风险与审计模式无关，审计模式只代表控制审计风险的一种理念和方法，是技术层面的，并不是最重要的，而注册会计师的独立性和职业道德更为重要。独立性的问题不解决，就很难有舞弊审计质量的实质性提高。为了确保舞弊审计能够取得成功，在整个审计过程中保持独立性是重要的前提条件，注册会计师要始终保持清醒的头脑，不仅要善于识别舞弊信号和评估舞弊风险，还要对各种可能影响其独立性保持的因素具有足够的警惕性和敏感性，并正确评估这些因素对独立性和其道德操守的影响程度。

为了指导注册会计师识别对独立性的不利影响，评价不利影响的严重程度，必要时采取防范措施消除不利影响或将其降低至可接受的水平，中国注册会计师《职业道德守则》建立了独立性概念框架，要求注册会计师在确定是否接受或保持某项业务，或者某一特定人员能否作为审计项目组成员时，会计师事务所应当识别和评价各种对独立性的不利影响。当存在损害独立性因素时，会计师事务所和注册会计师应当采取必要的措施消除影响或将其降至可接受的水平；当维护措施不足以消除影响或将其降至可接受的水平时，会计师事务所应当拒绝承接业务或解除业务约定，决不应该为了经济利益或在外部压力下，或为了事务所的生存而参与上市公司舞弊。会计师事务所从整体上增强独立性的具体措施主要包括：高级管理人员重视独立性并要求鉴证小组人员保持独立性；制定有关独立性的政策和程序，建立必要的监督及惩罚机制以促进有关政策和程序得到遵循。在承办具体业务时，保持独立性的措施包括：安排鉴证小组以外的注册会计师复核；定期轮换项目负责人及签字注册会计师；将独立性受到损害的注册会计师调离鉴证小组等。

9.2　舞弊审计中的职业判断

在舞弊审计中，注册会计师的职业判断受到前所未有的重视。审计环境和审计目标的变化决定了注册会计师在舞弊风险的应对中必须进行科学的推测和判断，这不仅要受利用所收集信息对舞弊风险评估结果的影响，还要受审计人员的知识、经验、偏好等因素的影响；其间既涉及审计事项，也涉及审计人员自身的行为。审计对象的复杂性及判断标准的模糊性决定了审计职业判断的复杂性，使之充满了变数。审计人员一旦在某一具体事项的分析判断上出现失误，就可能会做出与被审计事项实际情况完全相反的审计结论，增加舞弊审计的风险和审计失败的可能。因此，职业判断是事关审计成败的关键，保证审计人员具有高水平的职业判断能力对舞弊审计来说至关重要。

9.2.1　职业判断的含义与特征

职业判断在审计界也称为审计判断，是指审计人员依据专业标准对有关审计事项做出专业认定的过程。独立审计市场中的职业判断是指注册会计师在执业的过程中依据执业标准，凭借自身的经验对被审计事项及其相关内容进行分析、鉴定，以确定其是否具备某种审计特性的过程。这一过程实际上是一个通过自身智力和一系列思维过程对审计项目的不确定事项和因素进行分析、评价、认定和判断，对各种相关审计证据和其他相关因素进行综合考虑、进行审计决策的过程。它是注册会计师在长期的业务实践中形成的感性认识和一种基于专业和经验的本能判断。

注册会计师审计时须进行职业判断的内容大致包括：建立审计的重要性指标，确立舞弊审计的主要目标和结论，评价企业内部控制的力度，判断企业内部控制制度的可信赖程度，选择适当的审计程序以及判断被审计单位的财务报表是否适当、公允地反映公司当前的经营状况等。职业判断能力的提升不仅需要拥有执业所需要的专业知识和丰富的经验，更需要有足够的职业敏感性。因此，注册会计师在设计和确立审计程序时，要通过职业判断来确认审计程序的有效性和执业环境等问题，对审查范围应达到的深度和广度做出判断，并从对被审计单位的调查、评价、测试和技术程序的安排，凭证有效性的确认，业务证据的取得及形成审计结论等方面强化职业判断的质量，以便获取充分、适当的证据支持所发表的审计意见。

职业判断能力是一名注册会计师素质和执业能力的基本体现，是注册会计师的专业知识、执业经验和职业敏感性的综合反映。注册会计师的职业判断通常具有以下特征。

1. 判断主体的多元性

在具体审计过程中，一个审计项目往往要由几个层次的审计人员共同完成，如具体实施审计取证的外勤人员、对该项目直接负责的项目经理、进行复核审查的部门经理及主任会计师等。这些人员都需要在各自的业务和责任范围内进行相应的职业判断。而且，某一环节的责任人要对上一环节的判断进行复核与检查，这便形成了判断的多元性。因此，注册会计师对被审计事项的各种职业判断是一个集思广益的过程，并不完全是某一个注册会计师独立完成的。

2. 判断客体的相关性

不同层次的审计人员在进行职业判断时都要将所审计业务的内容与

其他方面的有关事项结合起来考虑。如项目经理在判断是否对某一具体审计内容追加审计程序时要将从委托者、被审计单位那里了解和掌握的特定信息与审计计划的具体实施情况以及会计师事务所内部决策层对本事项的原则要求综合起来考虑。这些因素共同影响与决定着是否追加审计程序。

3. 判断标准的模糊性

任何判断都要有一个确定其取向的标准。在注册会计师审计过程中，判断标准本身在内涵上具有一定程度的不确定性，不同客户、不同业务、不同事项的判断标准在不同时期可能会不一样，而对同一交易、事项，不同注册会计师的判断结果也会不同。正是因为判断标准存在这种模糊性，才有判断失误的可能，才有审计风险的存在。

4. 判断过程的完整性

职业判断贯穿审计的全过程，审计的计划阶段、实施阶段和终结阶段等各阶段的工作都需要运用职业判断，如重要性水平的确定、是否存在舞弊、审计证据的收集与评价、抽样方法的运用，等等。可以说，职业判断是审计各阶段工作的连接点，有审计活动就有职业判断。

5. 判断结果的唯一性

审计工作的最终落脚点是形成判断结果，尽管这一结果可能由于种种原因不尽准确甚至完全失准，但在判断过程的有效性上，结果应该是唯一的，否则判断的目标就无法实现。

9.2.2　影响职业判断的因素

在实际工作中，独立审计的行业环境和社会环境，注册会计师自身的知识结构、思维能力、沟通能力、观察能力、协调能力和风险偏好以及审计项目的复杂性，审计程序的规范性等各种主客观因素都会对注册会计师能否做出准确的职业判断产生重要影响。

1. 审计环境（客观因素）

审计业务是在复杂的社会环境中进行的，舞弊审计尤其如此。因此，审计环境对注册会计师职业判断的质量有着重大影响，主要包括以下因素。

（1）社会责任

社会责任是注册会计师职业判断环境中很重要的一个方面，承担社会责任是指注册会计师满足社会公众对其会计报表审计的期望。注册会计师必须正确对待委托者及其他第三者的利益以维护专业信誉。注册会计师在进行职业判断时应怀着强烈的社会责任感，坚决维护会计秩序，保证会计信息质量，当社会公众质疑时，注册会计师的职业判断必须经得起考验。

（2）竞争压力

注册会计师一方面要保护社会公众的利益，另一方面又要应对来自客户的压力，这使得注册会计师的公正受到严重挑战。注册会计师如果为了争取客户，迎合客户要求，在进行职业判断时就不可能采取客观、公正的态度。由于压力会对职业判断发生严重负面影响，注册会计师应对这些压力及其可能导致的偏差保持高度警惕。

（3）对企业经营的了解程度

舞弊审计要求注册会计师对被审计单位经营的业务及所属行业的基本情况有深入的了解，如被审计单位的业务类型、产品、经营特点及主要的产业政策，关联方及相关交易的存在情况，被审计单位的内部控制制度的完善情况等。同时，注册会计师还应着重考虑管理人员的品行和能力、业务性质、容易遭受的损失或被挪用的资产等因素。对企业的经营状况缺乏了解将导致注册会计师职业判断上的重大偏差。

2. 自身素质（主观因素）

职业判断能力是注册会计师必备的专业能力之一，也是衡量其执业水平的重要标志。审计的过程实际上就是审计职业判断的过程，注册会计师作为判断者，其判断能力的高低往往受以下几个因素的综合影响。

（1）注册会计师的职业意识

注册会计师的职业意识是注册会计师在执业过程中所表现出来的思

想、感觉和理念等，包括注册会计师的职业理解度、职业成就感和职业谨慎等。恰当的职业理解度、适度的职业成就感和应有的职业谨慎等良好的职业意识都有利于注册会计师提高职业判断的准确性。

（2）注册会计师的职业技能

注册会计师的职业技能是注册会计师在执业过程中所体现出来的技术能力，包括注册会计师的知识结构、实践经验、个体智商、思维方式、分析和解决问题的能力等，这些都直接影响和制约着注册会计师职业判断的准确程度。

（3）注册会计师的职业道德

职业道德是注册会计师在执业过程中所应遵循的行为标准和道德规范，包括注册会计师在执业时所体现出来的职业品德、职业纪律和职业责任感等。具有良好的职业品德的注册会计师在执业时正直、诚实、公正和客观；具有良好的职业纪律的注册会计师在执业时会合理地约束自己的行为；具有良好的职业责任感的注册会计师在执业时会恰当地处理社会、客户与同业的关系。只有具备良好的职业道德，注册会计师才能在舞弊审计过程中做出正确与恰当的职业判断。

职业判断过程是一个由注册会计师、审计判断行为和执业环境构成的互动过程。

在这一过程中，注册会计师与审计判断行为的互动关系表现为：注册会计师的专业能力、执业经验和价值伦理观念等内在因素决定着判断行为的结果与质量；反过来注册会计师的判断行为所导致的结果又影响、调整和改变其自身的判断深度。

注册会计师与审计环境之间的关系表现为：注册会计师的专业能力、执业经验和价值观是在一定的环境中形成的，是环境信息综合的结果；反过来，注册会计师又影响并改变着审计环境。

判断行为与判断环境之间的关系表现为：一方面判断行为受到注册会计师所处判断环境的制约，任何一个判断结果都是在一定的环境制约下形成的；另一方面，判断行为也能够改变或者改善判断环境。

在资本市场中，注册会计师要对舞弊行为进行有效分析和判断，必须依据一定的环境因素来实现判断的目标。

9.2.3 职业判断在舞弊审计中的应用

舞弊审计对注册会计师的执业能力提出了很高的要求，知识的深度和广度、经验的丰富程度、执业技能的熟练程度等都影响到注册会计师在舞弊审计方面的执业能力。同时，舞弊审计对注册会计师的职业道德也提出了很高的要求，由于舞弊往往都有明确的经济利益目标，将舞弊行为揭示出来，要求注册会计师能够经受住利诱、威胁等考验。职业判断能力是注册会计师学识、经验、能力和道德水平的综合反映，缺乏职业判断能力的审计人员是无法做好舞弊审计工作的。

1. 审计计划阶段的应用

注册会计师首先要利用职业判断，分析被审计单位的行业特点，确定舞弊可能存在的业务领域；其次，要利用职业判断分析舞弊的特征，并判断被审计单位是否也存在类似的舞弊现象；再次，在了解被审计单位的基本情况、研究被审计单位的内部控制时，要利用职业判断分析被审计单位内部控制方面存在的缺陷。经过这些分析，在制定审计计划、分派审计工作时，就要利用职业判断提高计划和组织的精密性，确保舞弊能够被审计程序全面覆盖。

2. 审计实施阶段的应用

注册会计师要利用职业判断能力捕捉重大舞弊的蛛丝马迹，分析舞弊的可能性，获取有力的审计证据，在发现舞弊迹象后追加实施延伸审计程序，如突击盘点、重新调查供应商或客户、做深入的分析性复核，等等。对于注册会计师来说，实施延伸审计程序有两方面的风险：一方面要增加审计成本，如果实施延伸审计程序后没有发现舞弊的事实，审计成本的增加是不划算的；另一方面，会影响客户关系，如果舞弊迹象识别出错，实施延伸审计程序会影响注册会计师的形象和声誉，客户会认为该注册会计师水平不足，进而投诉或考虑更换会计师事务所。在市场经济条件下，这两方面的风险对会计师事务所都是十分不利的。但是，如果不实施延伸审计程序，就无法获得有力的审计证据，很有可能得出错误的审计结论，这方面的风险同样对会计师事务所极为不利。可见，在审计外勤工作中，识别、分析舞弊迹象并做出是否存在舞弊的判断时，职业判断能力具有至关重要的作用。要想成功控制审计风险，必须依赖注册会计师过硬的职业判断能力。

3. 在延伸审计程序中的应用

在注册会计师决定实施延伸审计程序以获取证据的过程中，职业判断仍然起着十分关键的作用。取证方法的设计与选择、证据效力的辨别都离不开高超的职业判断能力。只有充分发挥职业判断的作用，才能以最高的效率、最低的成本取得最有力的审计证据。相反，如果让一个缺乏职业判断能力的审计人员去完成延伸审计程序，就会事倍功半或功败垂成。被审计单位未被揭示出来的重大舞弊，无论是对注册会计师还是对会计师事务所来说，都是一个隐藏着巨大危险的活火山。因此，提高审计从业人员的综合素质对于充分发挥职业判断能力在舞弊审计中的作用是十分重要的。

9.2.4　舞弊审计中应用职业判断的业务敏感点

注册会计师在舞弊审计中的职业判断所依据的环境因素不是特定性的或一般性的，而是审计中发现的管理层存在舞弊行为的可能性或者一定的舞弊迹象，是帮助注册会计师实施判断的相关因素，这些相关因素（舞弊迹象）构成了注册会计师判断的敏感点，对这些敏感点的关注和分析进而又成为判断的依据。

1. 评价关联交易

当关联交易对财务指标有重大影响时，注册会计师应给予重点关注。一般来讲，最理想的审计证据应来自第三方，关联交易的价格或条款往往与正常交易有很大差别，关联交易实体之间的默契及内部交易一般是不公开的，而且审计人员也很难获得关联交易的全部资料。尤其是在年末，关联交易常被用来粉饰经营业绩和经营成果。因此，注册会计师在评价关联交易对会计报表的影响时，应尽早确定属于高风险领域的关联交易，并在执业中加以关注。

2. 分析应收账款及收入的确认

注册会计师应注意那些通过提前确认收入或记录虚假交易的虚报、误报企业收入的行为。客户有可能通过发出未被订购的产品、曲解质量保证条款或退货约定、夸大工程完工进度等“创造性”会计行为来虚增销售，也有可能将代销确认为正常销售。注册会计师在制定针对收入确认的执行程序时，应注意客户的业务和所处行业特有的风险。这一领域中的欺诈行为常有以下迹象：顾客账户上有大量或大额的调整、较大比例的分期付款、年初的退货度偏高或销售额偏低、应收账款的增加与销售额的增加不协调、销售额增加未能同时带来现金的增加以及应收账款的收现期延长等。

3. 评价期末存货

客户可以通过夸大期末存货来压低销售费用，以掩盖存货短缺、过时的情况并夸大资产。由于注册会计师主要通过观察、监盘等测试来完成某些审计程序，因此存货成为一个风险特别高的领域。管理层可以利用注册会计师对实物证据的依赖而故意掩盖存货数量与质量的不实，所以对存货的观察及审计程序必须谨慎执行，注册会计师必须参与或进行现场监督。审查程序和范围一经确定，注册会计师就不能听凭客户的意愿轻易变动。通常存货方面的欺诈迹象有：计划外存货囤积、管理层声称无法提供存货入库的时间记录、存货周转指标与行业水平不一致、关键品种的存货经常短缺、退货比例过高、存货的永续盘存记录及成本核算资料不全、审计人员实施监盘程序受到阻碍等。

4. 分析无形资产、递延资产等可能形成的高估资产

会计师应关注客户作为递延处理的成本开支，特别是那些无形的或“欺诈性”开支。这些开支虽然在未来期间可能被确认，但能否通过未来的收入得以补偿则需要进行分析。

5. 评价持续经营问题

陷入财务危机的客户往往隐瞒实情，以避免外界对其持续经营能力产生不良评价，尤其是对资金周转能力或偿债能力产生怀疑。对陷入财务危机的客户实施审计程序应特别关注这一风险。持续经营问题往往对注册会计师构成极大威胁，一旦管理层在注册会计师出具无保留意见审计报告后的一年内破产，投资者、债权人和法院将指控注册会计师及其会计师事务所，对未在上年度报告中揭示潜在破产风险负有审计责任。如果会计师事务所和注册会计师接受委托进行这类业务的诉讼证据支持，应分析和评价原审计单位在披露持续经营能力方面是否存在欺诈行为。

6. 考察期后事项

会计年度末是一个敏感期，也是舞弊高发期，粉饰了年度会计报表的客户往往会在第二年年初记录虚假的交易，以掩盖上年年末的虚假记载。因此，注册会计师对期后事项要实施恰当的审计程序，严格执行年末截止测试，评价客户对来年年初大额现金交易所做的解释，当收入与应收账款项目的舞弊风险很高时更应如此。另外，注册会计师还要注意下一年年初的大额退货，这可能是揭露上年夸大期末收入的有效方法。

9.3 舞弊审计中的职业关注

注册会计师作为“经济警察”，其审计的过程往往也是与客户在能力和智慧上较量的过程。上市公司的舞弊层出不穷，针对注册会计师的法律诉讼也日益升级，在这样高风险的执业环境下，严格遵守执业准则，保持必要的、应有的职业关注是降低审计风险、避免审计失败的有效防范措施。

9.3.1 职业关注的内涵

根据《中国注册会计师职业道德守则第 1 号——职业道德基本准则（2009）》第十七条的规定，注册会计师应当保持应有的关注，遵守职业准则和职业道德规范的要求，勤勉尽责，认真、全面、及时地完成工作任务。所谓“应有的关注”，指的是谨慎的审计人员在计划和实施审计业务时必须保持的职业关注，也可理解为职业谨慎。尽管各国准则对职业关注的表述不尽相同，但其内涵都包括以下几个方面：一是注册会计师执业准则和职业道德规范的要求是判断注册会计师是否尽到职业关注责任的标准，也是对职业关注的最低要求；二是注册会计师应当注意评价自己的专业能力是否可以胜任所承担的任务，如果不具备这种能力，则应当考虑向专家咨询或拒绝接受委托；三是注册会计师提供专业服务时，勤勉尽责，积极充分地发挥自己的专业知识和技能；四是注册会计师应具备职业的敏感性，保持职业怀疑态度，以质疑的思维方式对可能表明由于错误或舞弊导致错报的迹象保持警觉，对审计程序和所获取的审计证据进行审慎评价。

“职业关注”是一个职业概念，同时也是一个法律概念，在法律诉讼中，“未能勤勉尽责、保持应有的职业关注”往往成为注册会计师承担法律责任的主要原因及量刑的依据。但无论从理论研究的角度还是从司法判案的角度，如何判断注册会计师是否做到“勤勉尽责、保持应有的职业关注”目前仍然是个难题。

9.3.2 职业关注的判断

1. 何为“必要”

目前的研究对于职业关注概念中的“必要”的含义缺乏深入的探讨，在实务中也缺乏对其的具体判断标准。有的研究成果认为注册会计师在审计的全过程都应当保持最大限度的职业关注。但实际上，相关法律法规和司法解释并没有要求注册会计师保证审计报告的绝对真实，并没有要求注册会计师对审计结论的虚假和不实一概承担责任，要求注册会计师时刻保持最高程度的职业关注会导致审计中的恐惧和畏首畏尾。也有研究成果认为，如果被审计单位过去一直没有出现过重大舞弊，就不需要增加额外审计程序，对那些历史上出现过重大舞弊的单位则要保持高度的关注，这将导致经验决定审计计划，持这种认识的注册会计师对过去信誉较好的客户的会计资料可能会过分信赖。一家企业过去一直是严格遵守会计准则的，但目前他们急需一份好的财务报告，可能会冒险去舞弊。事实上，无论被审计单位以前的信用情况或审计结果有多么好，都不意味着其当期财务报告中存在重大舞弊的可能性会减小，客户以前的审计情况只是当期审计的参考因素之一，不应当影响注册会计师在当期审计中的必要职业谨慎和关注。也有学者认为必要的职业关注是独立审计行业中等执业水平的注册会计师执业时能够保持的水平。如果这种判断能够成立，那么低于中等水平的注册会计师将不再适合执业，因为他们无法达到中等执业水平注册会计师的职业谨慎，由此推理，注册会计师行业只能够保留中等执业水平以上的注册会计师，低于中等执业水平的注册会计师应退居为助理人员。接下来的问题是如何在中等执业水平以上的注册会计师队伍中确定必要职业谨慎与关注。于是，我们不得不在这些注册会计师中再确定一个中等执业水平，这样经过一轮又一轮的筛选，最终，必要职业关注将演变成为最高程度的职业关注，结果是整个行业又回到职业恐惧中。可见，目前研究成果的突出问题是对于注册会计师的职业关注和必要职业关注缺乏区分，因而，其现实指导意义并不强。

“必要的职业关注”概念本身说明职业关注具有程度上的不同，首先应该有高度职业关注和较低程度职业关注之分。最高程度的职业关注要求注册会计师在对财务报告做出判断时，用尽所有的审计程序，尤其是在发现重大舞弊嫌疑的情况下，必要职业关注将等同于高度职业关注。因而，必要职业关注绝不是最低程度的职业关注或者最基本的职业关注，也不能将其理解为高度职业关注之下的一种关注。保持职业关注是为了发现可能存在的重大舞弊，关注程度越高，注册会计师出现过失的可能性就越小，在这个意义上，高度关注和必要关注可能没有明显的差别。但一旦出现审计失败，谁都会意识到，如果当初增加一些审计程序，是能够发现重大舞弊的。然而问题是，法官是在审计失败已成为事实的情况下对注册会计师在审计当时是否保持必要职业谨慎做出判断，而注册会计师只能在审计的当时做出判断，由于审计失败已成事实并导致后果，法官倾向于认定注册会计师没有在执业时保持必要的职业关注。

由此可见，尽管必要职业关注在司法解释中是明确要求的，但什么是必要职业关注实际上并不是明确的，而且也很难通过定义或者规范的方式来列举说明。我们只能说，在不同的环境下，面对不同的客户，甚至同一客户不同时期的审计，注册会计师职业关注的必要程度都是不同的，这取决于注册会计师对客户财务报告中重大错报风险的评估结果，也就是说注册会计师的职业关注程度应该是与重大错报风险水平相适应的，当评估的重大错报风险较高时，保持较高的职业关注就是必要的；当评估的重大错报风险较低时，保持较低的职业关注也是必要的。从司法的角度说，法官也只能对具体案件的具体情况，对注册会计师在执业时是否保持了必要的职业关注做出判断。

2. 如何判断“必要”

民法上的注意义务标准有主观标准和客观标准的区分。行为人对自己行为的结果应当预见或者能够预见而没有预见，为疏忽；无论行为人的个人意志如何，都应当预见行为结果，此为客观标准。行为人对自己行为的结果虽然预见了却轻信可以避免，为懈怠；如果行为人没有预见，则不能认定为懈怠，此为主观标准。如把注意义务定义为应当与处理自己的事务为同一注意就是主观标准，定义为一般人在通常情况下能够注意就是客观标准。在审计过程中注册会计师察觉某些重大事项上有可能存在错误或舞弊，却没有实施追加审计程序来证实，就是缺乏必要职业谨慎。

如果持客观标准，必要职业关注不以个人意志为转移，不体现为具体人所认为的必要关注，而是专业要求的关注。一个经验不足的注册会计师如果没有能力发现舞弊的迹象，也就不可能想到增加审计程序。例如在审计银行存款时，一名注册会计师认为银行对账单的印章比较清晰，另一名更有经验的注册会计师却发现这个印章的字迹排列不够均衡，于是将其与预留印章对比，最终发现了舞弊。第二个注册会计师的谨慎建立在其个人经验的基础上。但客观标准下，第一名注册会计师可能被认定为有过失，因为第二位注册会计师依据经验发现的问题可能会被认为是所有注册会计师应当预见的。尽管不同水平的注册会计师显然会做出不同的判断，可是以个人经验有限作为抗辩显然并不合适。个人经验不足应该被视为执业能力不足，不具备与所承接业务相适应的专业能力显然是违背职业道德准则要求的，这样看来必要职业关注在判断时应当是客观的，否则注册会计师保持必要职业关注只能是空谈。

9.3.3　舞弊审计中保持“必要”职业关注的必要性

注册会计师“应有的关注”之所以称为“职业关注”，很大程度上是由注册会计师审计的职业特性决定的。在舞弊审计中，审计本身的局限性以及审计环境的变化也决定了注册会计师在审计全过程保持职业关注的必要性。

1. 审计过程中大量职业判断的运用

职业判断，是指在审计准则、财务报告编制基础和职业道德要求的框架下，注册会计师综合运用相关知识、技能和经验，做出适合审计业务具体情况、有根据的行动决策。在整个审计过程中，从了解被审计单位及其环境、识别和评估重大错报风险、实施应对措施、评价审计证据到得出审计结论、形成审计意见等所有重要审计环节都需要注册会计师运用职业判断并保持职业怀疑。由于审计从本质上说并不是单纯的技术手段的运用，也不是按程序操作就能达到审计目的的流水线作业，而是一个充满不确定性的分析判断的过程，这就要求注册会计师首先应是一名好的分析师，能够跳出财务知识的限制，从整体、全局的角度观察被审计单位本身及其所处的行业环境，关注异常的变化或信号，敏锐捕捉相关信息，确定主要风险因素和高风险领域，制定适当的审计策略。

2. 审计的局限性及审计成本的限制

审计只能合理保证财务报告中不存在由错误或舞弊导致的重大错报，而不能提供绝对保证，这是由审计的局限性所导致的。在实务中，注册会计师广泛使用审计抽样技术，这一技术虽然能提高审计效率，但对审计质量却可能构成损害。由于不能对所有的业务进行审计，需要注册会计师运用经验、判断和技巧，关注抽样过程中发现的情况，并充分关注未抽取样本可能存在的问题对财务报告的影响。另外，由于被审计单位内部控制的局限性、制度失效和管理层舞弊以及审计程序实施过程中可能遭遇的阻碍和困境，注册会计师需要敏锐地关注到异常的信息。同时，对审计时间和成本的考虑也促使注册会计师必须保持职业关注。面对被审计单位庞大的信息量，要在合理的时间和成本条件下完成审计任务，注册会计师需要运用职业关注在设计最佳审计程序和获取证据的成本之间进行权衡，重点识别和查找可能导致重大错报的事项，合理安排，提高审计效率。

3. 知识更新和客户反审计能力的不断提高对注册会计师胜任能力的挑战

注册会计师是一个有高准入门槛的行业，专业胜任能力成为一种职业道德要求。注册会计师专业具有胜任能力可分为获取和保持两个阶段。专业能力的获取虽然不易，但在知识更新迅速、对注册会计师执业能力要求不断提高的环境下，要始终保持与所提供专业服务相匹配的专业胜任能力却更加困难。注册会计师不仅要具备相当水平的会计、审计知识储备与能力，还要掌握法律、金融、税务、计算机、管理等方面的知识；面对不同行业的客户，还要了解相关业务的特点、流程、技术和工艺等行业知识。同时，不能忽视的是，客户的反审计意识和能力也在不断提高，很多客户的财务人员就是注册会计师出身，熟悉审计程序和方法，大大增加了审计的难度。这些都要求注册会计师时刻关注自己是否具备应当具备的专业胜任能力。如果注册会计师承接了自己不能胜任的业务，则被认为是不道德的，就是未保持应有的职业关注。

4. 审计环境的变化提升注册会计师职业关注的重要性

接连曝光的舞弊案和越来越多的注册会计师卷入法律诉讼，使注册会计师的道德水平受到普遍质疑，人们通常会指责注册会计师在这些会计舞弊案中没有保持应有的职业关注。虽然审计并非专为发现舞弊，但是公众对于注册会计师查找舞弊的期望却日益提高，期望注册会计师能在舞弊审计中发挥更积极的作用。实务中，舞弊已经成为注册会计师执业中面临的最重要、最棘手的问题之一；而且由于“深口袋理论”，司法审判也倾向加重注册会计师的法律责任。但事实是，即便注册会计师在审计过程严格遵守执业准则和职业道德，保持了应有的职业谨慎，仍有可能出现失误导致审计失败。面对审计环境的变化，注册会计师在审计过程中保持高度的职业怀疑和职业关注的重要性空前提高。

9.3.4　舞弊审计中注册会计师应特别保持的职业关注

舞弊是一个宽泛的法律概念，在审计过程中，注册会计师关注的是导致财务报表发生重大错报的舞弊。根据第 1141 号准则的规定，注册会计师的目标是：识别和评估由于舞弊导致的财务报表重大错报风险；通过设计和实施恰当的应对措施，针对评估的由于舞弊导致的重大错报风险，获取充分、适当的审计证据；恰当应对审计过程中识别出的舞弊或舞弊嫌疑。由于舞弊风险是一种特别风险，舞弊审计也比常规财务报告审计难得多，注册会计师在审计中需要保持特别的职业关注。

1. 关注管理层舞弊的可能性及舞弊动机

注册会计师在审计过程中应高度关注管理层凌驾于内部控制之上导致管理层舞弊的可能性。尽管防止和发现舞弊的责任在被审计单位管理层，但实际上，绝大多数会计舞弊都是管理层舞弊。由于管理层所处的特殊地位，其所实施的舞弊的手段和方式具有不可预见性，管理层舞弊通常会对财务报表的整体产生影响并导致重大错报，所导致的重大错报未被发现的风险很高。如果在审计中注册会计师有理由怀疑存在管理层舞弊，应保持警觉并采取恰当的应对措施，切不可相信管理层的解释或借口，也不能因为被审计单位以前没有舞弊行为而放松警惕。同时，由于舞弊动机是促发舞弊行为的主要动因，那些急需获得融资及再融资资格、摘帽保牌、以良好业绩维持股价及获取更多政治或经济利益的被审计单位都具有极强的舞弊动机，注册会计师对于这些客户要给予高度的职业怀疑和特别的职业关注。

2. 关注审计程序的有效性及审计证据的评价

常规的审计程序是针对常规的审计项目设计的，但由于舞弊手段的多样性和舞弊行为的隐蔽性，将其用于发现舞弊却可能是无效的。而且，从近年曝光的舞弊案的情况来看，舞弊行为呈现整体性和协作性的特征，一件舞弊案往往是管理层的整体性舞弊并且是内外协同完成，极端情况下，注册会计师可能面对的是一个强大的舞弊群体。舞弊手段也许并不多么高明和复杂，但舞弊行为却更具隐蔽性，注册会计师在实施审计程序时，可能会受到阻挠和障碍，获取的是虚假的文件和伪造的证明，在客户对内众口一词和对外协同合作的环境下，蓄意隐瞒的舞弊行为更难以被发现，甚至可能导致虚假的审计证据被注册会计师误认为具有说服力。在这种情况下，合理的怀疑和最起码的职业关注是远远不够的，注册会计师应以怀疑一切和推定有错的态度，设计特别的审计程序，增加审计程序的不可预见性，并对发现的问题追查到底；以审慎的态度，评价审计证据的充分性和适当性，并应以能解除对所追查事项的怀疑为标准。

3. 关注被审计单位所处行业和经营环境的变化

对于影响公司经营业绩的外部信息的关注和环境证据的收集往往为注册会计师所忽略。其实，任何一家公司都是处于宏观经济环境中的微观经济个体，国家宏观经济政策的调整、相关法律法规的制定、行业的竞争程度以及公司在行业中所处的地位、所占的市场份额、产品的竞争力和市场认可度都会对公司的经营情况产生影响，其所带来的经营风险和经营业绩的变化也必然会在财务报表中有所反映。这些信息和证据虽然不具有直接证明作用，却能为财务报表中是否存在重大错报提供有力的佐证。业绩压力往往促使管理层实施舞弊，甚至可能产生通过舞弊掩盖经营失败并蓄意向注册会计师转嫁法律责任的动机，因此，在舞弊审计中，注册会计师要对外部经营环境变化对公司业绩可能产生的影响高度关注，对那些由于各种原因急需良好业绩的公司要格外警惕，尤其是当外部信息与财务报表信息严重背离时，注册会计师应高度怀疑舞弊的可能性并采取恰当的应对措施。

4. 关注道德保持的难度及其对审计意见表达的影响

注册会计师是一个尤其强调职业道德的行业，遵守职业道德对于维护注册会计师的职业声誉意义重大，没有道德操守做底线的审计质量是难以想象的。在资本市场一系列重大财务舞弊案中，连续多年的无保留审计意见使人们主要质疑的不是注册会计师的专业能力，而是其职业道德。在审计过程中，职业道德的保持是很困难的，尤其是应对舞弊的审计，注册会计师可能会受到来自各方面的压力和干扰，面临巨大的诱惑和严重的威胁，这些都直接影响审计的最终结果——审计意见的恰当表达。从被审计单位的角度说，想要的只是审计报告中需要的审计意见类型。如果财务报表不符合要求，就可能会购买审计意见。应该说，如果注册会计师觉察到自身职业道德保持的难度越大，财务报表中存在重大错报和舞弊的可能性就越大，道德上的妥协很可能将注册会计师及其所在的会计师事务所卷入法律诉讼。因此，注册会计师应高度关注审计过程中各种因素对职业道德保持的影响，如果应对措施不足以消除这种影响的话，应退出审计项目组；如果会计师事务所整体上所采取的措施也无法消除影响的话，应拒绝接受委托、解除业务合同或中止审计。

第 10 章

舞弊审计的方法

舞弊审计是以舞弊风险的识别与评估为切入点的，因此，科学、准确地识别与评估企业财务报告的舞弊风险就成为舞弊审计成功的关键。但由于舞弊极具隐蔽性，常规的审计方法并不能有效地识别和查找舞弊。很多专家学者在研究中发现，将头脑风暴法、战略推理法、数据挖掘法以及心理学理论等运用到舞弊审计中，可以起到有效揭示舞弊的作用。

10.1 头脑风暴法

头脑风暴法作为激发创造性思维的一种方法，特别有助于解决舞弊风险评估和应对这一类非结构化问题。头脑风暴法解决非常规问题的优点也引起了美国审计准则制定者的重视，2002 年美国注册会计师审计准则（SAS No.99）要求注册会计师在每次审计时都要执行头脑风暴讨论，评估客户财务报表的舞弊风险，并根据评估结果选择恰当的应对措施。美国公众公司会计监督委员会（PCAOB）也支持这一要求，头脑风暴法就成为舞弊审计必要的审计方法。

10.1.1 头脑风暴法的类型

头脑风暴最早是精神病学的用语，指精神病患者的精神错乱状态，现在指无限制的自由联想和讨论。头脑风暴法就是通过小型会议的组织形式，让参加者在自由愉快、畅所欲言的氛围中，自由地交流观点，通过互动激发每位参与者的灵感，从而产生更多的观点和创意。在交流讨论过程中，产生的观点或创意越多，就越有可能找到解决问题的有效方法。在舞弊审计中，运用头脑风暴法主要是组织小组讨论，要求每位审计人员将事先识别的客户舞弊风险因素告诉其他审计人员，然后，在听取和整合他人的观点后，再将自己的新观点提供给大家，以全面地识别舞弊风险因素，在此基础上评估客户舞弊风险，并讨论可以采取的应对措施。在实际运用中，头脑风暴法有很多种，按技术特点来分类，适合在舞弊审计中运用的主要有以下几类。

1. 开放式头脑风暴法

这是一种自由讨论式头脑风暴方法，与会人员坐在一起，共同讨论客户的舞弊风险因素，舞弊风险水平和应对措施，在场的每个人都可以随时加入讨论，没有具体的规则和程序。该方法在舞弊审计中经常使用，由于没有具体规则和程序的束缚，团队内交流和互动非常充分，最大限度地发挥了审计人员的创造性和主动性。但是，这种无序讨论的环境也容易产生一些弊端，影响讨论的质量。

2. 循环头脑风暴法

该方法要求讨论会开始时，每位审计人员按照先后顺序讲解观点，其他人要将自己受到的启发随时记录下来，第一轮结束后，再开始第二轮循环，每个人依次将受到他人启发而产生的新观点以同样的方式陈述出来，供大家参考，直到最后形成理想的方案。

3. 电子头脑风暴法

该方法要求按照事先给定的时间，每位审计人员借助软件技术将自己的观点呈现到其他审计人员计算机屏幕上，在阅读了其他所有人的观点后，再将自己的新观点随时输入计算机，供他人参考，如此循环互动，直到形成理想的方案。这种方法要求审计人员采用匿名方式，最大的优点是所有审计人员可以将观点同时列示，不需要等待，缩短了讨论会的时间，而且信息能够随时记录下来，也提高了讨论的效率和质量。

10.1.2 头脑风暴法在舞弊审计中运用的效果

按照美国注册会计师审计准则（SAS No.99）的要求，审计人员首先要搜集客户信息，然后运用头脑风暴法根据相关信息识别舞弊风险因素和评估舞弊风险水平，最后根据舞弊风险评估结果选择恰当的应对措施。因此，头脑风暴法的效果主要体现在舞弊风险因素识别、舞弊风险评估和舞弊风险应对三个环节上。

1. 在舞弊风险因素识别方面的效果

按照准则的要求，审计人员应当首先识别客户可能存在的舞弊风险因素，并考虑其相关性和重要性，作为舞弊风险评估的基础。舞弊风险因素考虑得越充分，舞弊风险评估的结果就越可靠。

从已有的研究证据看，头脑风暴技术的不同影响着舞弊风险因素的识别数量。卡朋特（Carpenter，2007）采用实验法考察了头脑风暴法对舞弊风险因素识别数量和质量的影响。研究发现，使用头脑风暴法的一组，识别的舞弊风险因素的数量明显多于任何职级审计人员个人识别的数量，这说明头脑风暴法集体判断效果明显优于审计人员个体判断效果；与使用名义群体法的审计人员相比，使用开放式头脑风暴法的审计人员最终识别的舞弊风险因素尽管总量少，但是质量却明显更高。

林奇（Lynch，2009）、默西（Murthy，2009）和恩格尔（Engle，2009）运用实验法比较了电子头脑风暴法与循环头脑风暴法对舞弊风险因素识别数量的影响。研究发现，就识别数量而言，使用电子头脑风暴法的审计人员远远高于循环头脑风暴法的使用者，这说明电子头脑风暴法的效果优于循环头脑风暴法的效果，他们认为这可能是因为电子头脑风暴法中参与者匿名而减少了评价焦虑。

亨顿（Hunton，2010）和戈尔德（Gold，2010）运用现场实验法比较了开放式头脑风暴法、循环头脑风暴法和名义群体法在舞弊风险识别方面的效果。研究结果发现：在准备阶段的客户舞弊风险识别数量方面，开放式头脑风暴法明显少于后两者，而后两者之间则没有明显差别；在交流互动阶段，使用开放式头脑风暴法的审计人员识别的舞弊风险因素数量反而少于准备阶段，而循环头脑风暴法使用者在交流互动阶段识别的舞弊风险因素数量则明显多于准备阶段识别的数量。

从以上研究证据来看，在舞弊风险因素识别数量方面，头脑风暴法集体判断优于审计人员个体判断，而电子头脑风暴法优于循环头脑风暴法，循环头脑风暴法优于开放式头脑风暴法。这或许与使用开放式头脑风暴法的审计人员容易发生社会惰化、产生式阻碍或评价焦虑有关，审计人员不能或不愿意充分发表自己的观点，团队互动交流不充分，最终导致舞弊风险因素识别数量少。

2. 在舞弊风险评估方面的效果

根据识别的舞弊风险因素，准确评估舞弊风险水平是头脑风暴讨论会的第二个重要目标。已有研究证据表明，头脑风暴法不仅影响舞弊风险评估水平的高低，还影响舞弊风险评估水平的准确性。

卡朋特（Carpenter，2004）运用实验法考察了头脑风暴法对舞弊风险评估的影响，实验中他采用了开放式头脑风暴法。研究发现，与使用名义群体法者相比，使用头脑风暴法的审计人员舞弊风险评估水平明显提高。

林奇、默西和恩格尔也比较了电子头脑风暴法与循环头脑风暴法对舞弊风险评估水平的影响。研究发现，无论是电子头脑风暴法还是循环头脑风暴法，与讨论会前的评估水平相比，头脑风暴讨论会后的舞弊风险评估水平都明显提高了。

从以上研究结果可以看出，头脑风暴讨论会后，审计人员通常会调高舞弊风险预期水平，这表明头脑风暴讨论会使其表现得更加谨慎，更有利于发现客户因舞弊而导致的重大错报。头脑风暴讨论会可以使审计人员识别数量更多、质量更高的舞弊风险因素，从而会调高对客户舞弊风险的预期水平。在高质量的头脑风暴讨论会上，舞弊风险因素识别的数量越多，舞弊风险评估水平越高；而在低质量的头脑风暴讨论会中，则没有发现这种明显的正向关系。

卡朋特（2007）还运用实验法考察了头脑风暴法对舞弊风险评估水平准确性的影响。研究发现，在头脑风暴法下，审计人员舞弊风险评估水平更接近于专家的评估水平。这说明头脑风暴法使审计人员舞弊风险评估水平更高。

由此可见，头脑风暴法由于可以识别出更多的舞弊风险因素，审计人员会调高舞弊风险预期水平，表现得更加谨慎。这在一定程度上说明美国注册会计师审计准则（SAS No.99）要求将头脑风暴讨论会作为必需的审计程序是有预期效果的。

3. 在舞弊风险应对方面的效果

舞弊风险属于特别风险，审计准则一般要求采用更为有效的特殊应对措施。但是，美国公众公司会计监督委员会（PCAOB）的调查报告却发现，即使在高舞弊风险环境下，审计人员还是倾向于采用常规审计程序应对舞弊风险。研究人员为了确定头脑风暴法对审计人员舞弊风险应对措施的选择是否有影响进行了相关研究。

霍夫曼（Hoffman，2009）和津贝尔曼（Zimbelman，2009）运用实验法考察了头脑风暴法对审计人员舞弊风险应对措施的影响。研究发现，针对高舞弊风险水平，使用头脑风暴法的审计人员能够更加有效地修改拟实施的审计程序，这说明头脑风暴法有助于提高舞弊风险应对措施的有效性。

同时，头脑风暴技术的不同也影响着审计人员对实质性测试程序的选择。亨顿和戈尔德（2010）研究发现，在增加实质性测试程序的数量方面，开放式头脑风暴法使用者明显少于头脑风暴法使用者，而且两者的差别主要体现在修改实质性测试程序的性质和时间方面，在范围方面则没有明显差距。许多研究者和实务界人士也认为就舞弊风险应对程序而言，修改实质性测试程序的性质和时间比修改审计范围更有效。

此外，头脑风暴讨论会质量的高低也会影响审计人员对实质性测试程序的选择。布雷泽尔（2010）、卡朋特（2010）和詹金斯（Jenkins，2010）现场实验研究发现，在高质量头脑风暴讨论会组，舞弊风险评估水平越高，审计人员修改拟实施审计程序的意愿越强烈，还发现，客户业务复杂程度越高，审计人员越愿意修改实质性测试程序的性质，更愿意委派高水平的审计人员；而在低质量一组，则存在审计程序不足的现象。

由此可见，经过头脑风暴讨论会的集体判断后，在调高舞弊风险预期水平的同时，审计人员还能够修改拟实施的实质性测试程序，而且愿意采取更为有效的舞弊风险应对程序。

10.1.3　应用头脑风暴法需要注意的问题

尽管头脑风暴法在舞弊审计中能够激发审计人员的创造性和能动性，但是，如果组织不当，会出现产生式阻碍、群体支配、社会惰化和集体思维现象，损害头脑风暴讨论会的效果。因此，在舞弊审计中运用头脑风暴法时，应建立基本原则，注意以下问题，尽量避免影响讨论会质量的问题发生。

1. 拒绝批评，倡导鼓励

营造一种自由思考、畅所欲言的氛围是头脑风暴法成功的关键，为了保持这种畅所欲言的氛围，拒绝任何形式的评价或批评是至关重要的。

会计师事务所内部职级层次明显，从初级助理人员到注册会计师、经理，直至合伙人，职业经验和职业地位相差较大，在讨论会上，经验水平低的审计人员往往担心自己的观点会受到批评而不愿意发表意见，或尽量少发表意见。为此，无论与会审计人员的观点是对还是错，其他参会者都应当给予充分的鼓励和赞扬。来自高职位审计人员的鼓励对初级审计人员业务素质的提高至关重要，可以避免评价焦虑现象的发生。

2. 避免搭便车现象

项目组头脑风暴讨论会是一种团队判断和决策机制，需要充分发挥每个人的机智和才能，但是，作为一种群体判断和决策行为，容易产生搭便车行为，又称社会惰化现象，是指在集体讨论过程中个别审计人员的偷懒行为。

为了避免或减少搭便车现象的发生，在准备阶段的会议通知中就要明确，每位与会人员都要就客户可能存在的舞弊风险因素、舞弊风险水平和可能的应对措施列出一个书面记录，并在会议开始时将备份交给会议组织者，以此鼓励审计人员做精心的准备；在交流互动初始阶段，要求每位审计人员报告其准备的书面资料，供其他人参考，轮流发言，使得每个人都有发言的机会。

3. 避免群体思维现象

群体思维是指在群体判断和决策中，为快速达成集体共识从而忽视个人不同观点或建议的一种现象。在群体思维现象中，迫于从众的压力，群体对不寻常的、少数人的或不受欢迎的观点得出不客观的评价。某一“权威”意见一经提出，即使很多人有异议，也不愿意发表不同观点，甚至有人以沉默应对，以避免与群体共识的偏离，因为群体成员感受到群体规范要求共识的压力。

一致性程度或共识水平的高低一直是审计职业界衡量审计判断决策质量水平高低的重要标准之一，审计准则制定者也习惯于这一标准。因此，寻求判断决策的一致性就成为审计职业界的习惯性思维，在审计头脑风暴讨论会中容易产生群体思维现象。此外，随着近年来审计收费压力的加大，审计项目组对审计成本或时间预算相当关注，为提高审计效率，就客户舞弊风险判断快速达成集体共识而忽视不同观点的现象也容易发生。

为了避免或减少群体思维现象的发生，首先，审计项目组讨论会的组织者应该努力营造一种无拘无束、畅所欲言的讨论气氛，使每个审计人员能够充分发表自己的意见；其次，组织者应该鼓励审计人员提出问题或批评意见，对不同意见要给予足够的关注；最后，组织者和高职位审计人员在交流互动阶段应避免表示对某种观点的偏爱。

4. 避免群体支配现象

头脑风暴讨论会的出发点是通过团队交流互动，发挥每个人的创造性和能动性，从而达到团队创意的最优。然而，一旦个别“权威性”成员占据了讨论会的主导地位，成为讨论会的主角，就非常容易打击或抑制其他成员的创造性和能动性，此现象被称为群体支配现象（Group Domination）。

会计师事务所与其审计项目组都是传统的职级层次结构组织，内部是由审计助理、注册会计师、项目经理、高级经理和合伙人等不同职级者组成的，在长期审计执业中，形成了正式组织或非正式组织的“权威人物”，他们的意见或观点也往往具有“权威性”。因此，这些“权威人物”很容易成为审计项目组讨论会的主角，其意见或观点往往成为讨论会的基调，甚至会成为不容置疑的结论，从而挫伤其他审计人员的积极性，尤其是低职级审计人员的积极性，这与头脑风暴讨论会的精神是相背离的。

为了避免或减少群体支配现象的发生，项目组讨论会的组织者和高职级人员应当对自身的角色和影响有清醒的认识，同时要注意自己的言行可能产生的负面影响。首先，应该安排合理的发言顺序，先由低职级审计人员发表意见，然后是高职级审计人员，如果顺序相反，高职级审计人员的发言往往会给讨论会“定调”，其他低职级审计人员会陷入“盲从”地位；其次，高职级审计人员发言时切忌批评低职级审计人员的观点或意见，给予的应该是鼓励或赞扬。

10.2 战略推理法

博弈论研究人类活动中的互动行为，在经济学中得到广泛应用。在博弈论中，人类的所有活动，只要是互动活动，都可以看成博弈行动。在此基础上，一种新的推理模式“战略推理”得以兴起，它是一种特殊的行动逻辑，主要研究“理性的”行动者或参与者在互动的过程中如何选择策略或如何做出行动的逻辑，因此，战略推理又称为“博弈逻辑”。

在舞弊审计中，注册会计师预测在做出审计职业判断之后被审计单位人员会有何种反应的能力，就是战略推理。舞弊是一种故意行为，其发生与否会受到被审计单位人员对审计行为预期的影响。当注册会计师忽视了他与被审计单位人员之间这种相互关系时，就会产生误判从而导致审计风险。因此，在舞弊审计过程中，注册会计师必须考虑客户的博弈行为，做到“知己知彼”，设计适当的审计程序，才能有效地发现被审计单位的舞弊行为。美国第99号审计准则公告指出“审计小组成员应该讨论由舞弊引起的重要错报发生的可能性”，这证明了充分交流的小组讨论的必要性，也显示了审计准则正在朝着鼓励注册会计师进行战略推理的方向发展。

10.2.1 战略推理法在评估舞弊风险中的应用

在舞弊审计中运用战略推理法时，首先需要合理评估舞弊风险，注册会计师对此需要关注几个问题。

1. 要突破认知局限

多年来，美国的注册会计师一直关注舞弊风险的预测问题，美国第 53 号、第 82 号、第 99 号审计准则公告中都包含了详细的舞弊风险的列表，这使得注册会计师在设计调查问卷时，将所有线索都包含进去。这些调查问卷虽然要求注册会计师注意管理人员的压力、机会和态度等因素，却未考虑到管理人员可以操纵问卷上的线索以影响注册会计师的职业判断。这意味着注册会计师以调查问卷为基础设计出的审计程序是在管理人员“意料之中”的。因此，在舞弊审计中要设计出“意料之外”的不可预知的审计程序对注册会计师而言显得尤其重要。如果注册会计师不运用战略推理，就不会考虑到要实施的不可预知的审计程序，就给了客户“钻空子”规避审计程序的机会。

2. 要防止“稀释效应”

“稀释效应”在舞弊审计中的应用是指红旗标志过多使注册会计师对舞弊线索失去应有的敏感性，从而导致不能正确评估舞弊风险的概率增大。舞弊调查问卷中不相关线索信息的存在削弱了注册会计师正确考虑相关线索的能力。因此，注册会计师需要在预先对被审计单位进行一定了解的基础上，更好地对被审计单位管理人员的行为进行战略推理，才能有针对性地设计适当的调查问卷（而不是普通的调查问卷）。

3. 要恰当分解和归并审计决策

通常情况下，把审计决策分解成几个部分，独立地考察每一部分，然后再将这几部分组合起来作为一个总体决策，这样有助于注册会计师进行战略推理。三角理论是舞弊的基本理论，注册会计师在评估舞弊风险时可以从三因素出发进行考虑，不仅能更全面地考虑舞弊风险相关因素，也可能提高对舞弊行为的敏感性。

10.2.2　战略推理法在设计审计计划中的应用

在合理评估舞弊风险的基础上，战略推理法可以有效地帮助注册会计师设计更适当的审计计划。在实际审计工作中，由于一些标准审计程序已经为被审计单位人员所熟知，他们完全可能实施一些这些标准审计程序检查不出来的舞弊行为。如果注册会计师制定的审计计划容易被预测，舞弊就很难被发现。所以，注册会计师需要运用战略推理的方法设计出被审计单位无法预知的审计程序，对审计计划的性质、时间、范围等方面都要做更多的改变。

注册会计师在舞弊审计中运用战略推理至少要特别注意两个问题：一是要考虑客户会怎样进行重大舞弊；二是要考虑管理层将怎样向注册会计师隐瞒舞弊行为。因此，审计计划最好能够包含“不可预测”的审计程序，以更有效地发现舞弊行为。

当然，要设计出不被客户预知的审计程序，充分了解客户所处的环境及其经营情况是十分重要的。同时，熟悉这些情况还能够提高注册会计师的战略推理能力。对影响客户经营的一些情况如市场竞争、宏观经济、行业规则等的了解，可以帮助注册会计师发现重大舞弊的线索。一般情况下，在执行分析性程序时，富有专业知识的注册会计师更善于发现舞弊。在美国，许多公司都聘用注册舞弊审核师来进行舞弊调查。

10.2.3 应用战略推理法要注意的问题

注册会计师在舞弊审计的整个过程中，可能都要用到战略推理法，在运用的时候，还要尤其注意以下两个问题。

1. 在审计过程中不断学习

从博弈论的角度来说，所谓学习，就是要从不断的反馈中获取有用的信息，将其归纳总结，并以此来推断对手的策略。这一过程实际上也可以视为注册会计师与被审计单位管理人员不断“博弈”的过程。在舞弊审计过程中，注册会计师要尽可能发掘学习的机会，例如，当管理层暗示不鼓励实施某一种审计方法时，注册会计师应该对此保持一定的敏感性，以便更有效地执行审计程序。

在某些情况下，由于管理层的舞弊行为是分散的，所以检查起来可能是比较困难的。此时，梳理当前或以前在审计过程中的审计小组与管理人员的交流、沟通情况，可以帮助注册会计师做出职业判断。注册会计师在讨论管理人员的一些可能操纵审计结果的行为时，需要运用战略推理并重新回顾一下整个审计过程。战略推理一定要侧重于考虑管理层会如何向注册会计师隐瞒舞弊行为，这样，注册会计师就能把一些不被管理层所预知的方法置于审计程序中。

2. 要克服锚定效应

锚定效应是一种重要的心理现象，是指当人们需要对某个事件做定量估测时，会将某些特定数值作为起始值，起始值像锚一样制约着估测值。也就是说，人们通常在决策的时候，会不自觉地给予最初获得的信息过多的重视。在舞弊审计中，锚定效应是指注册会计师往往只注意在审计工作开始时对舞弊风险所做的评估，却不愿利用在审计过程中得到的信息来对舞弊风险进行重新评估。一些研究资料显示，在执行了初步的审计风险评估之后，注册会计师一般就不愿意改变他们认为的低舞弊风险的看法，特别是当注册会计师面临效率压力的时候。研究发现，最初形成的观念很难改变，即使出现了新情况证明其必须调整。要改变这种情况就要时刻运用战略推理，帮助注册会计师摆脱其最初所做的舞弊风险评估的束缚，使注册会计师随着审计工作的深入推进而不断地对舞弊风险进行更合理的评估。

10.3 数据挖掘技术

数据挖掘是一个集合了多个学科知识的交叉学科，其基本原理来源于数据库技术、统计学、计算机科学等学科，同时又集成了包括人工智能、经济学等其他学科的技术。数据挖掘就是从大量的数据中挖掘出有用的信息，也就是从海量的、不完全的、有噪声的、模糊的、随机的实际应用数据中发现隐含的、规律性的、人们事先未知的，但又是潜在有用的并且最终可理解、有用的信息和知识的过程。基于这一特点，现在许多领域如市场分析、欺诈检测、顾客分析、科学探索等都已经在应用数据挖掘技术解决问题。

10.3.1 数据挖掘与舞弊识别的耦合

数据挖掘和舞弊识别的耦合点就在于作为审计高级分析性程序，数据挖掘在帮助注册会计师进行舞弊识别决策时具有兼顾效率和效果的潜力。现行国内外舞弊审计准则都在舞弊三角理论框架下提供了识别舞弊的红旗标志和详细指导，特别强调充分利用各种信息源寻找舞弊风险所在，以及通过分析性程序充分识别隐藏于各类信息中的舞弊风险因子。然而，注册会计师如何从众多的红旗标志中综合得出接受或拒绝财务报告中存在舞弊的决策结论仍是相当困难的。为解决这一难题，引进决策辅助工具就显得既现实又非常必要。

数据挖掘技术不同于分析程序。分析程序是通过研究不同财务数据之间以及财务数据与非财务数据之间的内在联系，对财务信息做出评价。分析程序还涉及调查识别出的、与其他相关信息不一致或与预期数据严重偏离的波动和关系。在方法上，分析程序通常使用比较分析、比率分析、趋势分析和结构分析，这些分析思路已经被广泛采纳。分析程序主要依赖财务分析的理论和方法，对被审计单位的财务报表依然采用传统处理方法，并对计算出来的各种指标依据业务逻辑和经验加以诠释，特别要求对异常变动及不合理的、难以解释的指标予以关注，以帮助注册会计师增强对总体状况的了解和对重大错报风险的识别。但数据挖掘技术对数据的思维方法不同，一方面它以最原始的数据而非加工过的信息（如财务指标）为数据基础；另一方面，数据挖掘技术利用数据自身的规律，从大量数据中提取隐含的有用的信息。其主要特点是对财务数据库中的大量业务数据进行抽取、转换、分析和其他模型化处理，从中提取能够辅助审计决策的关键性信息。简而言之，数据挖掘其实是一种深层次的数据分析方法。数据挖掘作为一种“发现驱动型”的知识发现技术，主要针对非常大型的数据进行研究和分析，采用自动或半自动程序，代出先前未知的、有趣的、可理解的隐含的信息。数据挖掘跳出了审计理论框架，试图从系统论的角度发现事物的本质联系，挖掘有价值的知识，然后通过对这些知识的解释和应用，在舞弊审计中把握整体风险，确定重点目标。

10.3.2 数据挖掘技术在舞弊审计中的作用

数据挖掘技术为审计人员面对海量数据的审计提供了方便。在历次审计准则修订和数据挖掘技术发展的推动下，有许多数据挖掘算法被应用于财务舞弊检测，在舞弊审计中可以发挥以下作用。

1. 聚类

聚类就是对数据进行分组操作，而分组的目的是了解各组内部数据之间的规律和不同组之间数据的差异，通过观察这些差异，可以发现数据的某特征。比如，在舞弊审计中，可将特定交易记录群按不同特征分为不同的特征群，从而描述各个群的特征，找出离群孤立点，对其进行重点分析，确定审计风险，发现舞弊线索。聚类技术的优势是摆脱了审计人员的先验知识或知识局限，是科学而非靠直觉地使得具有相似行为特征的对象聚为一类。

2. 分类与预测

分类与预测也是数据挖掘常用的技术。在理想状态下，审计人员对被审计单位海量数据进行挖掘，找到输入和输出之间的内在联系，再用发现的规律对历史数据进行分析，对分析的预测值和实际值进行比较，能帮助注册会计师锁定审计重点，发现舞弊疑点。

3. 关联分析

关联分析是在数据中抽取频繁出现的模式，进而总结出隐藏在数据中两个或多个事项之间的关系，为进一步的数据分析提供基础。例如，审计人员可以从已有的财务舞弊审计案例中找出某种共同特征，从而为今后的舞弊审计工作提供帮助。

4. 发现孤立点

孤立点是指数据库中那些与数据的一般行为或模型不一致的数据对象。与聚类分析不同，离群孤立点检测是从大量事务中发现少量的与多数事务具有明显不同的异常个体的过程。它主要关注一个事务有别于常规的异常表现或行为。通过对离群孤立点的检测和分析，人们发现并理解异常事务的起源和机理。从数据分析的角度来看，离群孤立点检测就是从大量的数据中分离出少量的个体样本，它们在属性上与其他样本之间存在足以引起怀疑的差异。大部分数据挖掘方法是将孤立点视为“噪声”或“异常”丢弃，然而，这些“噪声”或“异常”正是舞弊审计想要挖掘的。舞弊审计就是要发现那些混杂在大量业务中的疑点，这与通过数据挖掘发现孤立点相吻合。由于孤立点是隐藏在海量数据中的，审计人员用常规的方法难以发现，数据挖掘技术下的孤立点发现是通过数学运算计算出来的，能大大提高发现异常数据的概率，从而有助于发现可能存在的舞弊风险。

10.3.3 数据挖掘技术在舞弊审计中的应用过程

数据挖掘技术在舞弊审计中应用的过程一般需要经历以下几个阶段。

1. 确定挖掘对象

应用数据挖掘技术的第一步是要定义审计业务问题，确定挖掘对象，即要清晰地定义出需要数据挖掘帮助我们发现什么信息、解决什么问题，这是整个挖掘过程的基础，也是检验最后结果的依据。因为数据挖掘的结果往往是不可预测的，但舞弊审计需要解决的问题应该是明确的，所以，首先要确定从何处入手、需要挖掘什么数据、需要多少数据以及数据挖掘要进行到什么程度等问题。有时还需要了解一些先验知识，这些先验知识可能是被审计单位的业务领域知识或是以前数据挖掘所获得的初步成果。这意味着数据挖掘是一个过程，在挖掘的过程中可能产生新的问题，可能尝试用其他方法来检验数据，在数据的子集上进行同样的研究。有时挖掘对象是一些已经理解的数据，但是还需要对这些数据继续进行深挖。此时，数据挖掘的目标可能不是寻找新的有价值的信息，而是通过数据挖掘验证假设的准确性，或是通过同样方式的挖掘查看模式是否发生变化。如果在经常性的同样数据挖掘中有一次挖掘结果和以前不同，说明模式已经发生了变化，需要进行更深入的挖掘。

2. 数据采集

在确定数据挖掘的业务对象后，就需要搜索所有与业务对象有关的内部和外部数据，从中选择适合于数据挖掘应用的数据。如果数据挖掘是基于财务数据库的数据，则数据的选择相对比较简单，因为财务数据库已经准备好挖掘的基本数据，否则就要从各种数据源中选择用于数据挖掘的数据，再把多个数据源中的数据集成到单一的数据挖掘库中，并且协调来自多个数据源的数据在数值上的差异，这是提高数据挖掘质量的关键。选择数据时要充分考虑数据的相关性、可靠性和完整性，尽可能地采集所有与需要解决的审计业务问题密切相关的数据，以方便下一步的数据清理工作。

3. 数据清理

将不同来源的数据合并到单一审计数据库后，数据中难免存在错误或不一致等问题，因此，必须对采集的原始数据进行清理，以提高审计数据的质量，这是保证审计结论正确的关键。数据清理通常包括：填补遗漏的数据值、平滑有噪声的数据、识别或去除异常值，以及解决不一致等问题，有问题的数据将会误导数据挖掘的搜索过程。在清理的过程中，有时还需要对数据进行分组，以提高数据挖掘的效率，降低模型的复杂程度。必要时还要建立一个数据挖掘库，因为直接采集的数据一般都不能直接用于数据挖掘，必须经过清理和集成变换后形成按要求设计的审计中间表，才能作为数据挖掘模型的实例数据集。如果建立数据挖掘模型的目的不仅是了解数据特性和发现数据中的规律，还要对某些数据内容进行预测，就需要根据审计业务问题定义将审计中间表再划分为实例数据集和被预测数据集。数据选择和数据清理在数据挖掘过程中可能重复很多次，因为在建立模型过程中可能又发现新的问题，对这些新问题的解决又需要重新选择和处理数据。数据清理工作非常重要，而且工作量也很大，一般来说，这一阶段的工作可能要占到数据挖掘工作的50%~90%。

4. 数据转换

数据转换的目的是解决对采集到的原始数据进行语义识别的问题，同时它可以将含义相同或相近但格式不同的数据转换成相对统一的数据，这一阶段的工作分为以下几步。

①数据分析：为了清洗出干净的数据，必须对数据进行详尽的分析，涉及采集来的财务数据的字段类型、宽度、含义，以及数据的格式类别等。

②模式转换：主要是将源数据映射成目标数据模型，如属性的转换、字段的约束条件和数据库中各个数据集之间的映射和转换等。有时还需要将多个数据表合并成一个二维表格，有时却要将一个数据表拆分成多个二维表格以便于问题的解决。

③类型转换：最常见的是将一个类型的数据转换成另一种相容类型的数据，不丢失原始数据的信息。有时选择合适的类型能让后面的分析速度更快。

数据的清理和转换需要始终面向分析的主题，体现业务的本质关系，并随着审计分析的深入做相应的调整。这一过程经常反反复复，审计人员需要对采集到的电子数据进行多次清洗，这样才能得到高质量的审计数据。

5. 构建挖掘模型

选择一个合适的数据挖掘工具非常重要，决策树、神经网络、回归分析、最近均值、聚类和关联规则这六种工具都是非常优秀的数据挖掘工具，但每一种可能适用于不同的环境，审计人员要根据问题定义和实际情况来选择合适的工具。当选择好一个工具之后，就要针对审计问题选择合适的挖掘技术，因为这将影响到挖掘结果的准确性和易理解性。各种数据挖掘技术都有其特定的算法和目标，最终影响模型的成败。

建立一个适合挖掘算法的分析模型是数据挖掘成功的关键，而模型的建立必须从数据分析开始。首先为模型选择变量，从全部变量中剔除无关紧要的变量，以缩短建立模型的时间，改善模型的使用效果。接下来需要从数据中选取一个子集或样本来建立模型。对大多数数据挖掘问题来说，使用经过随机挑选的数据子集不会引起信息不足。建立多个以数据样本为基础的模型效果会更好。模型的建立是一个迭代循环的过程，需要研究各种可供选择的模型，从中找出一个最能解决实际问题的模型。模型建立后，需要从模型的准确性、可理解性和性能方面进行考察。

①模型的准确性。就模型的准确性而言，数据挖掘不能完全替代统计分析，数据挖掘模型的准确性一般需要通过时间来检验。统计分析往往会遗漏数据挖掘所发现的重要关联关系，例如数据挖掘工具可以发现材料采购业务发生后财务部门延迟 2 周才进行财务处理的原因。这种原因在一个给定的出错范围内正确性的百分比则需要统计分析来完成。

②模型的可理解性。模型的可理解性需要从多方面去考察。首先要使数据挖掘人员了解不同的输入对结果产生什么影响。从单纯的数据挖掘模型来说，神经网络的可理解性较差，而决策树的可理解性最强。其次，模型应该能使数据挖掘人员了解预测为什么会成功或为什么会失败。如果模型能够提供最终数据挖掘结果报告，那将有助于对模型的理解。再次，模型应该能对复杂数据产生预测结果，在这方面，决策树的能力相对较差。最后，模型还应该能对模型所产生的结果进行检测，即模型应该具有将预测数据与已知数据进行比较的功能。

③模型的性能。模型的性能主要由模型的构造速度和从模型中获取预测结果的速度来确定。一般情况下，神经网络的模型构造速度较慢。检测后的模型即可用处理后的数据进行挖掘，除了完善与选择合适的算

法需要人工干预外，其他数据挖掘工作都由挖掘工具自动完成。

6. 结果分析

数据挖掘模型的结果很可能存在冗余和无关甚至错误的模式，也有可能不能满足审计人员的需要，这就需要退回到之前的阶段，如重新选择数据、采用新的数据变换方法、设定新的参考值，甚至改变算法。另一方面，应以可视化的形式展示结果，以易于理解的方式对结果进行解释和评估，从而形成审计思路。但是，审计人员应该对所挖掘的结果进行评估，以保证数据挖掘结果在实际应用中的成功率。在对挖掘结果进行评价时，需要考虑三个方面的问题：一是此结果是否优于用不同的数据集在模型上操作的结果；二是该模型的结果是否比其他模型的结果更加准确；三是以样本数据为基础建立的模型所产生的实际结果是否比建模时差。

评价一个模型是否有意义通常基于三条标准：一是易于被用户理解；二是对新数据或测试数据能够确定有效程度；三是具有潜在价值。事实上，数据挖掘的任务就是从海量数据中找出容易理解的规则和关系。这些规则或关系可以用来预测未来趋势、评价客户、评估风险或简单地描述和解释给定的数据。当然，在舞弊审计中，应用数据挖掘技术的结果能不能达到审计工作的要求是评估数据挖掘成败的最直接的标准。由于数据挖掘要融入很多事先的知识、准备和设计，它并非完全自动化，而是一个与人互动的过程，利用计算机的处理能力辅助审计人员实现事先建立的目标才是有效的和有意义的。

7. 知识应用

数据挖掘的结果要经过审计业务决策人员的认可，才能被实际应用，要将数据挖掘得出的结果和各个领域的知识结合在一起，构成一个可供不同类型的人使用的应用程序。在舞弊审计中，运用一定的数据挖掘技术对被审计数据进行分析计算，找出数据的特点和规律，并以图形、报表等形式展示出来，最终得出审计经验，建立审计经验库或者根据得出的审计经验，判断其正确性和合理性，然后根据验证结果对审计经验做出适当修正，甚至可能推翻之前总结出的审计经验，重新挖掘、重新分析、重新总结归纳，最终形成舞弊审计的知识。

10.3.4　数据挖掘技术在舞弊审计中应用的局限性

在舞弊审计中，数据挖掘技术的引入为审计人员面对海量审计数据时打开了宽广的思路，丰富了舞弊审计的方法，但是也应该看到，数据挖掘在审计应用方面也存在一定的局限性。

1. 数据挖掘技术本身非常复杂，对审计人员要求较高

数据挖掘技术本身源于统计学、机器学习和计算机技术等，是一个交叉学科领域，因此，要求熟练掌握数据挖掘技术的人员也必须掌握多个学科的知识，将其应用在审计中，还要求使用人员掌握审计业务知识。在具体的舞弊审计过程中，审计人员不仅要正确选择和使用各种挖掘技术，还要对结果做出分析和评价。这对现阶段的审计人员的业务素质要求极高，符合这样要求的人员少之又少。如果审计人员在没有完全掌握数据挖掘技术的前提下，仓促地将其应用于审计项目中，不仅数据挖掘的功能得不到充分发挥，而且可能得出矛盾甚至错误的结论，反而影响舞弊审计的效果。

2. 数据挖掘的结果并非完全可靠和易于理解，可能影响其使用

数据挖掘得出的结果是完全由算法得到的，有时难以用逻辑来解释，如著名的神经网络算法，而人的本能是趋向于拒绝无法理解的东西。数据挖掘的结果有一部分是以概率数据的形式展示的，这与审计工作的注重事实和证据的职业精神和理念是矛盾的。同时，目前由于应用水平参差不齐，在审计工作中使用数据挖掘技术还缺乏统一的技术标准和操作指南，也使数据挖掘技术的推广应用遇到一定的困难。

10.4　心理学在舞弊审计中的应用

舞弊行为涉及人类的本质特性，本质特性体现为心理素质、个性和

教养等。而侦查舞弊的过程往往是审计人员与被审计单位人员在心理、思维、策略等方面进行较量的过程。与常规的财务报表审计不同的是，舞弊审计更多地涉及舞弊心理分析和舞弊思维分析，而不是一般意义上的具体审计程序。在舞弊审计中，利用心理学的相关理论和方法往往能收到事半功倍的效果。

10.4.1 利用心理学原理分析舞弊者的心理特征

心理特征是人的认识、情感、意志等心理过程所产生的，是指行为人在实施行为过程中形成的能直接或间接反映行为人心理活动的一切现象。在舞弊审计中，舞弊行为人的心理特征主要表现为以下几个方面。

1. 个性心理特征

个性心理特征就是个体在心理活动中经常地、稳定地表现出来的心理特点，包括能力、气质、性格等。

①能力。能力是人能成功完成某项活动所必须具备的心理特征。舞弊活动需要行为人具备相应的能力，如侵占资产需要具备一定的逻辑思维能力，善于选择作案的动机和方法，并能巧妙把握和处理好账目以避免被发现。

②气质。气质是个人生来就具有的心理活动的动力特征，可以指个人的性情或脾气，也可以指个人心情随情境变化的倾向，即个体的反映倾向。不同气质特征的人的行为以及对同一事物做出的反映也都有很大的不同。

③性格。性格是指表现在人对现实的态度和相应的行为方式中的比较稳定的、具有核心意义的个性心理特征。人的性格中往往包含很多社会道德含义。性格是一种习惯化的态度和行为方式，一个人偶尔表现出来的特点并不是性格。性格和气质是两个完全不同的概念，性格主要是后天在与环境的交互作用中形成的，而且是会发生变化的，而气质则具有相对稳定性。

研究表明，舞弊案件中的行为人个性着重表现为消极的性格特征，对社会缺乏个性化的稳定态度。主要表现为：一是缺乏对社会、集体、他人的责任感，追求享乐，贪婪自私，这类性格在侵占资产类案件中较为突出；二是意志薄弱，自控能力差，容易被诱惑，爱面子，侥幸心理突出，这类性格的人很容易犯受贿罪；三是情绪冲动、理智性差、虚荣心强，嫉妒心重，这些特征在一些贪污犯罪者身上表现得尤为明显；四是有不良生活习惯的人。对于某些长期从事舞弊活动的人来说，习惯是一种特殊形态的熟练能力的重复，对舞弊起着加固和激发作用，即使心理因素有所改变，但长期形成的习惯却难以马上改变。

2. 定式心理特征

定式就是人们按照一种固定了的倾向去反映现实，从而表现出心理活动的趋向性、专注性。定式心理现象也同样存在于舞弊行为人心理痕迹中。行为人在第一次舞弊成功后，其行为方式在大脑中产生了深刻的印象，以后再次作案时，成功的体验会反馈到大脑，对其舞弊动机和行为起强化作用，使得其舞弊心理结构得到巩固和发展。在已经查处的大量财务舞弊案侦查实践中，一些舞弊手法多次重复使用，反映的就是舞弊行为人的定式心理特征。认识和利用这些特征，对推断财务舞弊行为有一定的帮助。

3. 无意识特征

所谓无意识特征是指舞弊行为人在舞弊过程中遗留的行为人无法控制而产生的那些痕迹。由于无意识是当前没有被人清晰地意识到，却对人的活动产生影响的心理活动，是整个心理活动的必要补充和辅助成分，因此，舞弊活动既受意识的制约，也受无意识的制约。也正是由于无意识的行为很难加以伪装和修饰，往往与行为人的意识行为相矛盾，因此会留下无意识的心理痕迹，这些痕迹就成为反映财务舞弊方式的有形特征。舞弊心理特征在很长时间内具有相对的稳定性，因而在其行为的某些方面有着一定的连续性和相似性。在财务舞弊审计工作中，了解、掌握心理痕迹的无意识特征，往往对掌握审计线索具有非常积极的意义。

4. 非常规特征

舞弊行为人在确定了舞弊目的后，一般都会对将要实施的舞弊行为进行周密的思考和准备。这些方法和策略在一般情况下都是非常规的，都表现出一些与众不同之处，这些与众不同的表现可能就是财务舞弊的信号，如被审计单位财务人员或管理层对审计人员撒谎或过分回避询问，或经常与审计人员争执，对审计人员表现出敌意等。当审计人员察觉出这些信号时，就应当加以注意。

5. 可知特征

辩证唯物主义认识论认为，世界是可知的，只是人们对事物的认识程度不同。心理痕迹虽然是一种看不见的现象，但它可以被我们感知和认识。因为心理痕迹存在于每一个财务舞弊过程中，它与财务舞弊的物质痕迹有着密切的因果关系，而事物之间的因果关系，正是我们认识心理痕迹的有效途径。我们可以借助已知事物的因果关系，来推断未知事物的结果，从而达到发现舞弊的目的。物质痕迹通过一般的感性认识就能被发现，而心理痕迹则要上升到理性认识后变成可感知的东西从而被认识和掌握，这需要有一个再认识的飞跃。

6. 狐尾特征

会计资料是会计信息的载体，舞弊者实施舞弊行为之后，不管其舞弊手法多么高明、多么隐蔽，总会在会计资料中留下一些蛛丝马迹。如果审计人员掌握一些心理学知识，就能够洞察舞弊者在舞弊前后的心理动机和会计资料中的舞弊手段，能够察觉某些善良的会计人员在会计资料中“画蛇添足”的良苦用心。做个“有心人”，就能够利用所获得的会计资料，迅速有效地抓住舞弊者的“狐狸尾巴”。

10.4.2 利用心理效应选择不同的审计程序

在舞弊审计过程中，注册会计师可以根据具体情况，运用不同的心理效应来设计审计程序。

1. 利用可知效应查看舞弊破绽

可知效应告诉我们，舞弊行为人在实施舞弊后，在各种文件和会计资料中一定会留下蛛丝马迹，不管是多么高明的作弊手法。审计人员利用可知效应，仔细检查相关资料，总会发现破绽。

①查看有关文件和会议纪要。文件和会议纪要是单位记录重要事项和决定的载体，不同于会计信息，被审计单位的文件和会议纪要的内容一般都反映真实意图，查看有关文件和会议纪要可以了解被审计单位管理层的重大决策情况、经营目标的实现情况、内部管理情况等，可以从中发现线索。

②查看有关合同和协议。合同和协议中一般记载了被审计单位重大事件的来龙去脉，通过查看这些经济合同和协议，来了解企业遵守国家财经法纪的情况以及经营活动的运行情况，然后将相关信息与会计信息相互核对印证，可以从中发现不一致的地方，也可能就是舞弊的线索。

2. 利用链条效应突破薄弱环节

链条效应是指牵动机器动作的链条，是由许多链环组成的，但只要有一个链环坏了，整个链子就无法发挥作用。也就是说，一个链条的牢固程度取决于其中最薄弱的那个环节，要想解开一个链条，只需要找到并处理好那个最薄弱的环节就可以了。对审计人员来说，在运用各种审计方法寻找舞弊线索时，要找到突破口，然后一追到底。这就需要审计人员要了解舞弊人员的思维方式并掌握与之较量的技巧，才能有取胜的把握。

3. 利用矛盾效应寻找舞弊线索

由于事物的发生、发展都是有其固有的规律性、连续性，因而舞弊者在回忆其舞弊的事实经过时，也应该体现这种规律性和连续性，但由于逃避和侥幸心理，舞弊者总是会在心理上设置防御体系，这样就不可避免地出现前后矛盾及各种反常现象。审计人员要能敏感地捕捉到舞弊者所述内容的各种时间上的矛盾、事实上的矛盾、逻辑上的矛盾等，并从这些矛盾入手，揭示矛盾的根本原因，揭露舞弊者说谎的事实，从而发现重要的线索。

4. 利用逻辑效应推断舞弊线索

任何事物都存在一定的联系，而这种联系也必然具有一定的逻辑性。根据事物之间这种内在联系的逻辑性，对收集到的信息进行分类、归纳、分析、推理，把相关的问题和现象不断纳入逻辑分析的视角，再不断地排除非逻辑因素，从现象的矛盾关系到实质性的因果关系，能够推断出一些必然性的信息，从而发现和揭示线索。

在审计实践中，这些方法还需要审计人员依据审计工作的实际情况和被审计单位人员的具体心理状态而灵活运用。审计工作是复杂的双方心理斗智过程，审计人员应该始终掌握审计的主动权，确保自己的心理优势，用谋略影响被审计人员，让舞弊者按审计人员画出的心理轨迹去陈述。

要有效地使用这些方法，发现线索，解决问题，实现审计目的，审计人员在审计前对资料的详尽分析、审计计划的周密安排、对参加询问的审计人员进行合理分工、询问前要精心设计等都是必不可少的。

10.4.3 利用心理规律恰当运用审计策略

人的心理活动，不仅会有意无意地表现出来，而且其表现还是有规律的，在一定环境影响下，某种心理活动就会表现出来。在财务舞弊审计中，审计人员面对的是“足智多谋”“智商超群”的舞弊高手，在与这些舞弊高手斗智斗勇的过程中，审计人员仅有专业知识是远远不够的，还必须具备一定的心理学知识，掌握一定的心理规律，选择恰当的审计策略，运用适当的计谋推测舞弊者的心理活动，及时捕捉其心理弱点，突破其心理防线，才能在审计过程中争取主动，获取有价值的审计证据，实现审计目的。

1. 出其不意，攻其不备

人们在进行各种活动时，总要做计划，做准备，但实际上计划和准备要做到万无一失是很困难的，再周全的准备也有疏漏之处。在经济活动中，尽管舞弊者大多是高智商者，也有事先设计好的防御谋略，但是一经审计立案，其还是会处于紧张、不安、恐惧的状态。这就需要审计人员运用这一谋略，要了解舞弊者的防御心理特点及手法，选准对手“有备”和“无备”之处，在审计中避其“有备”，攻其“无备”，攻破其防御体系。在舞弊审计中，审计人员可以在对方没有思想准备、还没有编好一整套谎言的时候，利用其防御中的疏忽和漏洞突然发问，使舞弊者措手不及。这种方法的实质是审计人员突然提出舞弊者意想不到的问题或舞弊者认为隐瞒得很深、不可能暴露的问题，或揭露对方事先编造好的谎言，使对方不清楚审计人员究竟掌握多少舞弊事实，而对其造成心理压力，迫使其交代全部舞弊行为。

2. 利用错觉特征，声东击西

声东击西就是制造假象，迷惑对方，让舞弊者产生错觉的策略。我们在判断事物的时候有时候也会被我们的知觉所欺骗，舞弊者在一定心理影响下，对审计人员的问话也会产生知觉上的错误。这种错觉的形成，往往是由舞弊者个人的主观意愿在思维中起了决定性作用。在审计调查中，审计人员可以利用舞弊者的某些愿望或不希望的结果等，用巧妙的询问使舞弊者产生错觉，让舞弊者觉察不出审计人员的真实意图，先从无关的情节谈起，在自然平缓的谈话中消除对方的警觉，分散其注意力，而后一步一步“引蛇出洞”，使其在不知不觉中暴露破绽，再及时扭转局面，直取要害，使其交代全部问题。

3. 利用行为强化理论，“鼓励”谎言

强化理论也称为行为修正理论或行为矫正理论，是人或动物为了达到某种目的，会采取一定的行为作用于环境，当这种行为的后果对其有利时，这种行为就会在以后重复出现，不利时行为就会减弱或消退。在舞弊审计中，审计人员如果对一些舞弊事实产生怀疑但是还没有掌握证据，可以利用强化理论，以征询意见的方式，让对方无阻挡地、自由地编造谎言，审计人员要认真记录，耐心听完，让对方以为审计人员相信他的谎言。但是，言多必失，谎言越多，破绽就越多，就越经不起核实查证，审计人员也就越容易在其破绽百出的谎言中找出线索，查清事实。

4. 利用遗忘规律，重复提问

在一般情况下，人们对于自己经历的真实事件，多次复述是不会有差错的。但是，对于编造的情节，再次重复时非常容易出错，这就是遗忘规律在起作用。根据遗忘规律，在舞弊审计过程中，审计人员对所怀疑的问题可以对舞弊者进行多次、重复的提问，令其作多次重复的回答，如同一事件发生地、时间、人物、经过、各种细节、物品的数量、物品规格和特征、账目的往来、钱款的去向、舞弊者在其中的活动等。通过一系列重复提问，核实详尽细节，迫使舞弊者就编造的假情节反复叙述，必然会出现错误和矛盾，审计人员可允许其纠正回答过程中的不实之处和前后矛盾，然后舞弊者可能再次编造谎言，令其再复述，多次重复询问后，错误和矛盾就会使舞弊者陷入窘境。

第 11 章

舞弊审计的技术策略

策略是指根据形势的发展而制定的行动方针和斗争方式。在审计实践中，特别是独立审计中注册会计师对舞弊行为的审计，不讲究策略或者审计技巧是很难实现审计目标的。简单地说，审计策略就是指审计人员为审计目标而安排的有利于保证审计质量、节约审计成本和提高审计效率而实施的各种工作方式、方法和技巧。审计策略是一种事先规划的行为，有效的审计策略能够对审计人员正式执行审计业务提供明确的指导，是审计行为的一种战术性选择。因此，在舞弊审计中，注册会计师必须通过各种“行动方针和斗争方式”，以有效的审计策略的运用来履行揭示舞弊的责任，实现舞弊审计的目标。

11.1　舞弊审计的基本应对思路

舞弊审计的核心是审计思维的转变，是在“舞弊推定”和“怀疑一切”的思维方式的指导下，强调的是审计技术的有效性、审计程序的周密性和审计证据的可靠性。注册会计师在制定舞弊风险的应对方案和措施时，务必保持清晰的思路，不仅要识别到位，更要判断到位和程序到位，才能保证审计的质量。

1. 深入调查了解客户的经营情况

对委托客户的行业情况和经营的业务不熟悉是导致审计失败的重要原因之一。由于审计市场上普遍缺乏对高质量审计服务的需求，会计师事务所提供的服务结构单一导致对客户的经济依赖性较强，事务所之间的竞争不是审计质量的竞争，而是能否争取到更多客户以求生存的竞争，所以许多事务所在承接业务时来者不拒，忽视对客户的调查了解。由于上市公司普遍存在造假行为，对客户所在行业、经营活动、管理层的诚信程度等环境因素进行了解是十分必要的。对那些资本运作和关联方交易频繁、业绩的股价波动严重、行业亏损或行为过度竞争的上市公司要提高警惕；对那些处于特定时期（如被 ST、准备增发新股或配股等）的上市公司要特别关注，因为这种类型的公司具有更强的舞弊和欺诈动机。对于首次接受委托的客户要进行仔细的调查了解和甄别，弄清楚其变更委托的真正原因和动机所在，以免成为其购买审计意见的牺牲品。在实务中，时间紧、任务重都不应该是忽视甚至省略这项工作的借口。做好对委托客户的调查了解工作，有效评价由于客户方面原因带给注册会计师的审计风险是避免审计失败的重要手段之一。因此，注册会计师必须摒弃侥幸心理，树立足够的风险意识，把好预防审计失败的第一道“关口”，为进一步审计程序的实施打好基础。

2. 熟知上市公司舞弊手段

无重点、无头绪的审计往往使注册会计师费了很大的劲仍是一头雾水，不得要领，而熟知上市公司管理舞弊的手段无疑是掌握了提高审计质量和效率的利器。我国上市公司舞弊常见的手法是多计存货价值、多计应收账款及固定资产、虚增销售收入、虚减销售成本、费用任意递延和隐瞒重要事项披露等，其中最常见的是利用各种途径虚增销售收入和利润。从本质上看，上市公司舞弊的动机不外乎融资及再融资、配合二级市场炒作、其他方面考虑（避免被特别处理、经理人为保住职位、获取资金及实现某些政治目的等）三种，出于不同的动机采取一种或多种舞弊手段。其实很多上市公司的舞弊手段并不高明，但之所以能够骗过注册会计师与注册会计师本身的“识假”能力不高有很大关系。在实务中，仔细分析上市公司可能有的舞弊动机，了解和掌握常见的舞弊手段，有助于注册会计师合理分配审计力量，确定审计重点，有的放矢地实施审计程序和收集审计证据。注册会计师只有不断磨炼和提高自身“识假”的本领，才能练就“火眼金睛”，才能做好舞弊审计这项工作。

3. 充分认识舞弊行为的相互关联性

舞弊行为可能发生在各种各样的公司，也可能采用各种各样的手段，但无论如何，这些舞弊行为都有一个共性，那就是都有明确的目标指向，各种行为和手段之间都存在一定的关联性。资本市场中的舞弊结果一般不是单一行为所致，掌握其相关行为的关联性，可以帮助我们认识舞弊行为的审计策略和思路。比如，通过膨胀现期收入与所得或压缩现期费用支出，以夸大现期的盈利数字；或者通过压缩现期收入或膨胀现期费用，以缩小现期盈利数字（从而夸大未来的结果）。第一种行为的利润膨胀很直观，不需要做过多的解释；而第二种行为是有意识地使用公司报表的利润看上去比实际结果更差，可能会让人费解，但这种行为的真正目的是将现在的盈利转移到未来真正需要的时候，即有意识地夸大未来时期的利润。舞弊行为有各种各样的表现，而其中一些行为之间存在着重要的相互关联性，有些舞弊行为甚至可以被视为近亲，例如公司在收到客户为将来的服务预先付款时，如果不适当地立即确认为收入，则可能同时行使了过早记录收入与没有记录负债或不适当地减少负债的舞弊行为；如果不适当地、有保留地记录本期的收入，就不可避免地将这笔收入计入未来某个需要的时期。这些舞弊行为之间都具有重要关联性。注册会计师在设计审计程序时，必须对此予以充分认识和关注。

4. 熟知高风险客户的特征

高风险客户的财务报告中存在重大错报以及重大错报的性质是舞弊或欺诈的可能性远远高于普通客户，公司管理层的诚信和道德品质问题、较强的舞弊压力和动机、潜在的诱发舞弊的机会等往往构成舞弊风险因素并释放强烈的舞弊信号。虽然每个公司的情况各不相同，但不同案例中舞弊公司所表现出来的特征还是有一些共同之处的。

（1）公司治理机制的有效性无法判别

我国大多数上市公司的治理结构都存在“形似而神非”的缺陷，股东大会、董事会、监事会之间无法形成有效约束和制衡，“内部人控制”现象严重。对注册会计师而言，应尤其关注普遍情况中的三种“异类”。一是组织结构混乱的家族型上市公司。这类公司的董事会往往主要由家庭成员组成，公司如何治理无从得知，我们也很难想象一个由家庭成员组成的管理层和治理层会有有效的监督和制约。二是公司管理层和治理层高度重叠的公司。这类公司的董事会规模很小，很多董事既是高级管理人员，又是董事会成员，一人兼任多种角色，相互间职能交叉，权力无法恰当分配，管理层的有效制衡无法实现。三是由一个人或少数几个人掌控的公司。这类公司可以完全使公司治理结构变成一副空架，任意行使权力，完全操纵财务信息的生成、列报和披露，呈现实际控制人治理的状态。这三种类型的公司不仅使公司治理中的约束机制和监督机制完全丧失，而且为财务欺诈提供肥沃的滋生之地，实施舞弊毫无制度障碍。

（2）管理层不诚信或存在不良记录

公司管理层的不诚信或不道德使注册会计师面临巨大的风险。在实务中，注册会计师往往使用红旗标志作为预警系统来识别舞弊与欺诈，大量实证研究表明管理层不诚信所引发的审计风险是最大的。管理层的不诚信会对财务报表整体产生广泛影响并导致财务报告中存在严重的舞弊，而曾经有过舞弊或欺诈等不良记录的上市公司对注册会计师来说无疑也是最危险的客户，虽然以前有舞弊行为并不代表现在也会舞弊，但鉴于舞弊行为的非孤立性，注册会计师要充分关注以前的舞弊事实、审计意见，如果变更委托，要了解变更的原因及动机。不诚信的公司管理层很可能还存在蓄意构陷注册会计师并转嫁法律责任的动机，面对这样的客户，注册会计师必须保持高度的职业警惕。

（3）公司高层或关键管理人员的频繁更换

公司高层管理人员的稳定对于公司战略决策的执行和经营业绩的持续增长影响重大。以中国证监会历时两年多查证的震动整个资本市场的绿大地欺诈上市案为例，公司在 2007 年年底上市，短短几年，公司高层三套班子大规模换血，董事会成员除原董事长何学葵之外，原班人马仅剩 2 人，监事会则全部是新面孔，2010 年财务总监就换了两任。此类人员的变动虽然不排除是“各奔前程”，但也极有可能因未能赞同或满足公司实际控制人的意见或要求而被解职，或是意识到情况严重而被迫离职以求自保。只有“挡路”的人离开，公司管理层才能在无障碍的内部环境中实施舞弊。可见，高层管理人员尤其是关键人员的非正常频繁变动往往是公司经营出现异常或可能存在重大舞弊的强烈信号。

（4）经营规模和业务收入的快速扩张

任何事物的发展变化都是有规律可循的，违背规律都是不正常的。公司经营规模和业务收入的急剧扩张，如果没有大型并购或其他合理的解释，都极有可能潜伏巨大舞弊或欺诈的危险，而且业绩增长越是神奇，其舞弊的程度也越是惊人。银广夏以财务数据倒推和伪造的方式实施了一条龙的造假，在 1998—2001 年间共计虚增收入 10.5 亿元，虚增利润 7.7 亿元。绿大地在上市前的 2004 年至 2007 年 6 月间，使用虚假的合同、财务资料，虚增资产 7011.4 万元；采用虚假苗木交易销售，编造虚假会计资料，或通过其控制的公司将销售款转回等手段虚增营业收入总计 2.96 亿元；上市后虚增资产 2.88 亿元，虚增收入 2.5 亿元。康美药业 300 亿元的财务欺诈无所不用其极。谎言终被戳穿，神话化为泡沫，这些都提醒注册会计师在执业中要时刻引以为戒。

5. 掌握舞弊“重灾区”的业务特征

舞弊最可能发生在什么地方？哪些业务在会计处理上最容易引发舞弊或者最适合用来实施舞弊？这是注册会计师在舞弊审计时必须掌握的基本问题。从大量舞弊案例研究结果来看，以下业务类型存在舞弊的可能性非常高。

（1）关联方交易

利用关联方交易是最常见的舞弊手段之一。有的上市公司通过关联方交易将巨额亏损转移到不需审计的关联企业，从而隐瞒其真实的财务状况。从交易本质上看，关联方交易体现的主要是交易双方管理层的主观意志，尽管相关的准则和会计信息披露的相关规定对这类交易进行了严格的限制，但并不意味着上市公司利用这些交易操纵利润的行为就会减少，更可能的情况是操纵的手段更高明、行为更隐蔽。由于这类交易对上市公司会计报表的公允性有重大影响，所以注册会计师在审计这类交易时要保持高度的专业怀疑和敏锐的洞察力，要善于透过交易事项的表面看其实质，洞察管理层的动机。

（2）非常规性交易

不少上市公司为避免三年亏损摘牌或为达到规定的配股条件，常常采用非常规性交易达到目的，如股权转让、非货币交易、债务或资产重组、年末发生非常销售业务、收取政府补贴等，从而获取非常收益，以使公司业绩得到一次性改观。这些非常规交易的特点是虽然发生次数少，但金额大，而且交易事项本身具有很强的目的性，管理层操纵度非常高，注册会计师必须予以高度关注。

（3）非货币性交易

有许多上市公司的交易业务是非货币性的，如转让土地、股权等巨额资产，没有现金流入，只是借记“应收账款”，同时确认转让利润。还有一些公司通过非法渠道将资金拆借出去，或者将资金投入子公司，这些资金或资本实际上已难以收回，也没有现金流入，却仍在以此确认利息收入或投资收益。如果注册会计师发现公司的主要收入是非货币性的，其正常的生产经营能力和获利能力就应当受到怀疑。

（4）资产重组

资产重组在企业扩大经营规模、改善资产结构等方面具有积极作用，但一些上市公司实施了“突击重组”的战略，或者说是“报表重组”，重组后上市公司业绩在短期内会大幅度改善，但实际上增加的只是“业绩幻觉”。资产重组审计是一项复杂的业务，涉及许多问题，如股权变更的标志是什么？如何确定重组购买日？重组相关公司的优质资产、不良资产的计价标准是否一致？资产置换、注入优质资产、剥离不良资产、剥离非经营性资产的会计处理是否合法和公允？被购并方的债权、债务是否真实？是否存在或有负债或损失？对关联单位、关联交易的界定是否准确？对关联交易的计价和会计处理是否正确？等等。这些问题的存在都大大增加了交易处理时舞弊的空间和注册会计师的执业难度。

（5）期后事项与或有事项

注册会计师应对上市公司期后事项及或有事项保持高度的职业敏感，不可轻易放过任何蛛丝马迹。这方面的问题包括：上市公司期后投资决策出现较大失误，投资效益很差，连续出现巨额亏损或营运资本减损，使公司持续经营能力受到怀疑；存在重大不确定因素，如所得税减免无法估计、法律诉讼等；资产负债表日发生了诸如合并、清算等重大事件；存在应收票据贴现、应收账款抵押、通融票据和其他债务担保；上市公司披露的相关资料与审计附送资料不一致；等等。

此外，复杂的控股关系、跨地区交易、非法或非规范的融资行为等舞弊风险也很高，注册会计师也应当给予特别关注。

6. 关注管理层舞弊的可能性

由于大多数的舞弊行为都是管理舞弊，因此，在舞弊审计中，注册会计师应对被审计单位是否存在管理舞弊给予更积极的关注。

（1）在虚假编制财务报表方面

虚假编制财务报表是指为了欺骗财务报表使用者而在财务报表中做出的故意错报，包括但不限于：操纵、伪造或篡改财务报表所依据的会计记录或相关凭证；在财务报表中不真实地表达或故意遗漏交易、事项或其他重要信息。这些舞弊行为一般都是在管理层的授意和指使下才能完成。

（2）管理层超越内部控制制度的情形

虚假编制财务报表通常涉及管理层对控制的凌驾或者超越，从而实施舞弊。管理层可能通过下列方式凌驾于控制之上：编制虚假的会计记录，特别是临近会计期末；不恰当地调整会计估计所依据的假设及改变原先做出的判断；漏记、提前确认或推迟确认报告期发生的交易或事项；隐瞒或不披露可能影响财务报表金额的事实；构造复杂的交易以歪曲或掩盖真实的财务状况或经营成果；篡改与重大异常交易相关的会计记录和交易条款。

（3）管理层的盈余管理方面

利用一些看似合法的手段进行盈余管理在上市公司中是普遍存在的。虚假编制财务报表可能源于管理层通过盈余管理误导财务报表使用者对公司业绩或盈利能力的看法，以欺骗财务报表使用者。虚假编制财务报表的动机包括但不限于：为了满足市场预期，将以经营业绩为基础的报酬或激励最大化；降低税负，或者为了获取银行贷款融资。

（4）分析管理舞弊行为的重要程度

资产侵占可以被认定为盗取公司的资产，是舞弊行为的重要表现。资产侵占如果由员工实施，通常金额较小且对会计报表影响不是很大；如果是由管理层实施的资产侵占，则通常金额较大，舞弊行为也非常隐蔽且不容易被发现，对企业会计报表的影响往往是整体性和实质性的。通常侵占资产的形式包括但不限于：贪污收入款项、盗取实物资产或无形资产；造成企业对没有收到的货物或服务支付款项，而后设法据为己有；将公司资产用于私人用途等。侵占资产通常伴随虚假或误导性的记录与凭证，其目的是隐瞒资产丢失或未经适当授权使用资产的事实。

11.2 对舞弊行为的反应

在大多数情况下，当审计中涉及舞弊事项时，审计主体都必须要做出积极的反应。在发现了舞弊信号并评估了舞弊风险后，适当的方法是将事件的有关情况报告给该单位组织机构中被认为有牵连人员负责的那个层次的上级。当对单位的全面管理负有最终责任的人员怀疑时，审计人员通常要求助于法律顾问，以确定所应遵循的程序。而且，无论是国外的审计准则，还是我国的审计准则，都对如何回应舞弊行为做出了详细而具体的规定。

11.2.1 审计准则对舞弊行为反应的规定

面对此起彼伏的舞弊浪潮，各国的审计界都对财务报告审计中出现的舞弊给予了足够的重视与关注，有很多国家对此都制定了相应的审计准则来规范注册会计师的执业行为，指导注册会计师的审计实务工作，维护会计师事务所和注册会计师的正当利益。

1. 美国独立审计准则对舞弊行为反应的规定

美国的一般公认会计准则规定，向被审计单位高层管理者、审计委员会或董事会之外的有关机构或人员报告财务报告中存在的舞弊行为，通常不是注册会计师的责任，并且这将受到注册会计师职业道德或法律保密责任的阻止，除非该事件对注册会计师发表审计意见产生重大影响。美国的审计准则规定，就欺诈和其他舞弊行为来说，如果注册会计师怀疑管理层可能犯下或正在宽恕其他不正当行为，应当直接向被审计单位的高级管理阶层报告（假定所报告的管理层不在被怀疑之列）；如果注册会计师认为高层管理者（包括董事会成员）已经犯下了欺诈和其他的不当行为，或者认为他的报告不起作用，或者他对所要报告的人缺乏信心，那么进行法律咨询是必不可少的；也可能有法律规定的例外情况，注册会计师须直接向第三方报告而无须经过管理层的认定或同意。英、法等国都要求将影响会计报表公允表达的舞弊行为在审计报告中说明，并向社会中的会计信息使用者予以充分揭示。而国际审计准则（IAS）规定，在决定向被审计单位的适当代表报告其可能发生或正在发生的重大舞弊行为时，审计人员要考虑到所有的情况，对于舞弊的问题，审计人员需要估计到高级管理人员卷入舞弊事件的可能性，在必要时，应寻求法律帮助，以确定采取适当的应对措施。

2. 我国独立审计准则对舞弊行为反应的规定

我国审计准则对舞弊行为反应的规定借鉴并吸收了国外审计准则的精华，形成了独特的审计准则的方法和技巧。我国与对在审计过程中识别或怀疑存在舞弊行为应当做出的反应有关的审计准则有《中国注册会计师审计准则第 1141 号——财务报表审计中与舞弊相关的责任》和《中国注册会计师审计准则第 1142 号——财务报表审计中对法律法规的考虑》。

根据第 1141 号审计准则的要求，尽管注册会计师可能怀疑被审计单位存在舞弊，甚至在少数情况下识别出发生的舞弊，但注册会计师并不对舞弊是否已经实际发生做出法律意义上的判定。在按照审计准则的规定执行审计工作时，注册会计师有责任对财务报表整体是否不存在由于舞弊或错误导致的重大错报获取合理保证。如果识别出某项错报，注册会计师应当评价该项错报是否表明存在舞弊；如果存在舞弊迹象，鉴于舞弊不太可能是孤立的事项，注册会计师应当评价该项错报对审计工作其他方面的影响，特别是对管理层声明可靠性的影响。如果审计识别出舞弊或获取的信息表明可能存在舞弊，注册会计师应当及时将此类事项向被审计单位适当层级的管理层通报，以便管理层告知对防止和发现舞弊事项负有主要责任的人员。如果确定或怀疑舞弊涉及管理层、在内部控制中承担重要职责的员工或其他人员（在舞弊行为导致财务报表重大错报的情况下），注册会计师应当及时将此类事项向治理层通报，除非治理层全部成员参与管理被审计单位。如果根据判断认为还存在与治理层职责相关的、涉及舞弊的其他事项，注册会计师也应当就此与治理层沟通。如果注册会计师识别出舞弊或怀疑存在舞弊，注册会计师应确定是否有责任向被审计单位以外的机构报告。尽管注册会计师对客户信息负有保密义务可能妨碍这种报告，但如果法律法规要求注册会计师履行报告义务，注册会计师应当遵守法律法规的规定。同时，注册会计师应当在审计工作底稿中记录与管理层、治理层、监管机构或其他相关各方就舞弊事项进行沟通的情况。

11.2.2 审计项目组对舞弊行为的反应

项目审计小组在审计中发现了舞弊的迹象时，就应当从应有的职业谨慎的角度加以充分关注，并采取适当的审计措施。对已经确认的舞弊风险信号应立即在审计小组之间进行交流，而不论是否已经做出风险评估。在审计工作的早期阶段和外勤工作结束时都要考虑召开小组会议，讨论舞弊的可能性。但对舞弊风险的调查结果和评估应当保密，以免将下一步的审计策略和审计程序为客户预先知晓而采取预防措施。

1. 沟通与交流

审计小组之间的沟通与交流可采用下列方式。

（1）自上而下的交流

整个审计小组都参与舞弊风险评估是很重要的，应确保审计小组全体成员知晓舞弊的潜在重要性并恰当理解这些风险，如果风险与某一特定子公司或职能部门有关联，应当与负责这一领域的审计人员讨论这些风险及相关审计程序。

（2）自下而上的交流

项目小组的所有成员应当做到：如果在外勤工作期间发现了额外的舞弊风险因素或舞弊证据，需要立即通知其审计项目经理和高级主管（合伙人）。

（3）及时有效的沟通

在完成初步及最终舞弊风险评估以后，应当交换风险评估工作表的内容，进行及时有效的沟通。同时，应当充分考虑其他注册会计师的工作，作为母公司的注册会计师应当考虑与其子公司的注册会计师沟通相关舞弊风险因素，以便于从整体上进行舞弊风险评估，而作为子公司的审计人员也应当向母公司的审计人员询问与客户相关的任何舞弊风险因素的了解和掌握程度。

2. 回应方式

在评价舞弊风险因素后，审计项目组可能做出的回应主要有以下两种。

（1）考虑取消该项业务

如果项目组对公司高管人员的诚信有严重关注，已了解和掌握高管人员涉及舞弊的证据，应当实施下列回应措施：向审计合伙人或审计项目负责人（大多数情况下向内部或外部律师）咨询，以考虑取消该项业务；与适当管理人员讨论评估的结果，以便确定注册会计师对相关情况的理解；识别可能使已确认风险减少的控制；确定管理层是否承诺采取适当行动预防舞弊（如改进内部控制环境），并在适当的时候调查实际舞弊的证据。只有在管理层接受控制舞弊风险责任并在适当的时候调查实际舞弊的证据时，会计师事务所才可以考虑继续进行工作。

（2）保留客户

如果会计师事务所要保留客户，项目组应当考虑在所有审计领域大幅度扩大测试范围，因为舞弊风险可能很普遍，不可能仅限于单个领域，在某些情况下，可能有必要重新构造账户余额而不仅仅是测试现有会计记录，要考虑修改审计计划的总体策略，考虑在年末或接近年末时实施最重要的审计测试。在这些情况下，由于存在管理层人为操纵的可能性，通常不能简单地依赖监督和交易层面的控制。

11.2.3 与管理层就舞弊事项进行沟通

项目审计小组如果发现了舞弊或捕捉到舞弊风险预警信号，应及时与适当层级的管理层就舞弊行为的相关内容进行有效的沟通，以了解管理层对该公司舞弊风险的理解程度，确定他们是否了解或知悉公司内部发生的舞弊或违法行为。通常情况下，拟沟通的管理层应当比涉嫌舞弊人员至少高出一个级别。如果发现舞弊涉及管理层、在内部控制中承担重要职责的员工以及其舞弊行为可能对财务报表产生重大影响的其他人员，注册会计师应与治理层沟通。询问是审计中非常重要的方法和手段，由于大多数舞弊案都是管理舞弊，管理层甚至治理层是整个舞弊的谋划者和实施者，他们可能会有过硬的心理素质和防御能力，涉及的人员很可能已经事先订立攻守同盟，对所提问题的回答统一口径。在这种情况下，注册会计师更要把握主动，运用心理学的相关理论和方法，与管理层要打心理战术，询问要特别注意方式与技巧。事先要设计好询问的问题，询问过程中要善于寻找细节上的异常作为突破，尽量争取管理层的配合，最大限度地降低舞弊给审计工作带来的风险。

11.3 舞弊审计的程序

由于舞弊的复杂性和隐蔽性，注册会计师针对舞弊查找所设计和实施的审计程序不是一般财务报告审计的常规程序，而主要是运用个性化程序、延展性程序和附加性审计调查程序。这些程序的应用要求注册会计师不仅要讲技术，更要讲艺术，才能达到审计效果。

11.3.1　以分析性程序为核心

1. 分析性程序的含义

分析性程序是现代审计中应用最广泛的审计程序和技术，它是指注册会计师通过分析被审计单位重要的比率或趋势，包括调查这些比率或趋势的异常变动及其预期数据和相关信息的差异而获取初步审计线索的方法。在实施分析性程序时，注册会计师使用比较分析法、比率分析法、结构分析法、趋势分析法等对相关指标进行分析，寻找审计的重点范围和领域，并确立审计的突破口。在比较分析中，注册会计师需要将客户的会计数据与以前年度数据进行比较、与同行业平均水平进行比较，以发现异常增减。比率分析是通过对财务报表中比率指标的计算来分析异常，如毛利率、应收账款周转率、资产收益率等。结构分析是通过计算某一项目在总额中所占的比重并通过这一比重的增减变化的分析来寻找异常。趋势分析是通过对不同时期的数据（可以是某一比率，也可以是某一项目的结构，也可以是某一项目数据本身）的波动发现其变动趋势并进行分析。这些方法往往要结合使用，通过不同角度的对比分析，才能更准确地做出专业判断。以毛利率为例，由于同行业中毛利率具有平均化的趋势，如果一家上市公司主营业务毛利率与行业平均水平相差太大，就可能存在造假。如果其毛利率大大高于行业水平，则意味着其收入很可能是虚假的；反之，收入可能被隐瞒。如果将毛利率与公司以前年度的毛利率（至少为连续 3 年的比较数据）进行比较也可以发现变动趋势，并与同行业比较，从中可以推测公司产品的竞争力及公司经营策略的变化。相关财务指标的计算可以帮助注册会计师迅速准确地关注到异常数据并确定可能存在舞弊的业务领域。

一般而言，在整个审计过程中，注册会计师都将运用分析性复核程序，但在实务中，很多注册会计师对这一程序的运用十分有限或只是形式上的运用。在年报审计中经常是注册会计师进入现场后，直奔凭证账簿而去，埋头于账簿数据间的加总核对，然后抽查一些会计凭证，复印一些资料，甚至将一些应由注册会计师本人处理的工作交由被审计单位去做，最后匆匆得出结论。这样的审计很难说有什么质量可言。舞弊审计应该跳出数据、账簿的局限，站在战略角度根据企业的经营能力和行业前景等内外部因素综合评判审计对象，而反映企业经营的财务指标的异常变动往往说明公司管理层有重大舞弊嫌疑，应引起注册会计师极大的职业关注。现在上市公司造假成风，许多上市公司的业绩都不可信，因此，分析性复核程序已经成为确定重点审计领域进而实施对应审计程序的有效方法，可以帮助注册会计师从总体上把握被审计单位会计报表数据的合理性，至少不会出现某些财务指标十分荒谬的情形。只要注册会计师保持足够的职业谨慎的专业怀疑，通过分析性复核发现上市公司经营业绩中的异常变动，并把这些异常变动作为审计重点，要想发现上市公司舞弊和欺诈的事实应该是不难的。

2. 应用分析性程序应注意的问题

分析程序能够帮助注册会计师进行舞弊风险评估，进一步确定高风险领域，锁定审计重点，但它不能包治百病，在应用时还应注意以下几个问题。

（1）选择正确的分析方法

不同企业的经营业务有不同的特点，其舞弊情况也各不相同。根据被审计单位的实际情况，多种分析方法要结合运用，综合多方面的分析结果才能恰当地识别和评估舞弊风险，以便采取总体应对措施和进一步审计程序。如果采用的分析方法不当，分析手段单一，即使分析过程再精确也可能做出错误的判断。比如企业受到经济危机的影响或者国家出台新的经济政策，实施新的企业会计准则、制度时，有些报表项目就不能再用趋势分析法进行比较。

（2）合理确定期望值

所谓期望值，即审计人员根据各种不同来源的数据考虑到会计报表中可能存在的变化而估计的基准值。注册会计师通常会把审计的重点聚集在列报值与期望值偏差较大的交易或事项上，因此，在应用分析程序时，期望值确定合理性尤为重要。注册会计师对重大差异或波动进行分析时，首先应评估一下确定期望值所使用的方法和数据是否合理，所考虑的因素是否充分、适当。

（3）不能过分依赖分析程序的结果得出审计结论

根据分析程序所提供的证据在很大程度上是间接证据，也就是“软证据”。这些间接的“软证据”虽然能够帮助注册会计师抓住财务报表审计的重要领域，但是审计人员对有关账户或交易类别乃至整个财务报表发表审计意见时，仅靠分析程序的结果是远远不够的，还要借助于其他的细节性测试程序进行更加细致和深入的调查，以获得说服力更强的直接证据，来证实舞弊是否存在，也就是“软证据”需要“硬证据”的支持才能得出恰当的审计结论。

11.3.2 运用特殊的分析视角

在舞弊审计中，注册会计师需要结合具体情况选择分析的方法和视角，往往以特殊的角度去分析可能会取得意想不到的效果。

1. 期后事项分析法

期后事项包括自资产负债表日至审计报告签发日，以及自审计报告日至会计报表报出日两个时间段内所有对会计报表产生重大影响的事项。上市公司往往利用“截止”认定的不当确认在资产负债表日前后调整损益，粉饰财务状况，如提前确认收入、滞后确认成本费用和债务等。虽然资产负债表日后的交易和事项并不在年报审计范围之内。但通过对期后事项的分析与审查可以发现资产负债表日前的交易或事项的确认与计量是否存在重大错报，如发现第二年年初的大额退货说明本年年末有夸大收入的行为。另外，由于上市公司的中期报表不需要进行审计，中期报表中的虚假信息不能有效制止，年终时迫于外部审计的压力很可能会对报表做出不规范的调整，形成虚假信息并在期后事项中表现出来。因此，资产负债表日前后是舞弊行为的高发期间，注册会计师要特别关注。

2. 税项分析法

证券市场中，若一家上市公司的应交税金数额特别大，则欠税可能是虚构的，其基本造假手法就是虚开发票。根据会计公式计算的应交税金期末余额与公司的期末实际欠税额比较，若两者相差较大，则公司造假确定无疑。反之，若公司的实际税负非常低，与其主营业务收入难以配比，则其收入和利润都可能是虚构的。需要说明的是，只要税法允许，上市公司对财务会计和税务会计实行不同的会计政策是合理的，但是，财务会计与税务会计之间的关系在一定时期内要保持连续性，除非税务准则和会计准则发生显著变化；否则，如果公司会计利润与应纳税所得额之间差距扩大，则表明公司提供给股东的财务报告很可能是不真实的。税项分析法是利用应纳税额的非弹性和不易为上市公司所操纵特点来推断其收入和利润的真实性，在实务中是非常有效的一种方法。

3. 交易实质分析法

交易实质分析法就是要求注册会计师能够透过经济业务的现象发现经济实质。有些上市公司会刻意采用复杂的会计政策把相关的会计记录复杂化，如利用复杂的金融工具手段和某些所谓创新会计技术，来达到掩盖交易实质的目的。很多形式上符合会计准则要求的交易并不一定具有实质性经济内容，很可能是上市公司为达到特定目的制造出来的，如资产重组带来的资产质量和相关财务指标的改善、债务重组收益增加的利润、年末巨额订单形成的销售、关联交易形成的投资收益等都更多地带有粉饰报表的目的。因此，那些形式上合法但从哪个角度看都没有实质性经济意义的交易就有可能存在舞弊或操纵，并传递误导性会计信息。

4. 资产质量分析法

上市公司资产负债表上的资产项目有优劣之分，大量不良资产的存在一方面导致资产虚增，另一方面也可能说明这些不良资产是由于舞弊或欺诈等行为造成的。比如存在大量长期应收账款且未计提足够的减值准备，在建工程长期挂账，某些无形资产已毫无价值，一些租赁、承包、托管的子公司或分公司根本就不存在，有大量的递延成本开支未摊销等。这就需要对资产的质量进行分析，将不良资产进行逐项核实，注册会计师可以将不良资产总额与净资产进行比较，如果前者大于或接近后者，即说明该公司的持续经营能力可能存在问题，也可能表明该公司在过去因为一直人为夸大利润而形成资产泡沫；如果当期不良资产的增幅大于利润总额的增幅，则表明该公司当期的利润表很可能存在重大错报。

5. 共同规模分析法

共同规模分析是一种帮助注册会计师判断一家公司资产负债表和利润表各个组成要素与一个共同因素（总资产或总销售额）之间关系的方法。使用此方法对资产负债表进行分析时，表中所有项目都以总资产的比例表示；对利润表时进行分析时所有项目都以销售收入或净销售额的比例表示。共同规模分析可以是纵向分析，也可以是横向分析。这种分析虽然不能发现舞弊，但是可以发现舞弊预警信号，并提供关于公司财务健康情况和利润情况的重要线索。

11.3.3　设计延伸性审计程序

舞弊审计程序实际上和普通的审计程序并没有实质上的区别，只是执行程序的着眼点不同。在普通的审计程序之外，舞弊审计还应当采用延伸性程序，以追查并彻底揭露舞弊。延伸性审计程序是国外在舞弊审计中常用的一些审计程序，程序延伸的深度和广度并没有特别限制，它主要取决于注册会计师的思维、设计以及企业管理层的合作程度，只要是注册会计师认为必要的任何合法的审计程序都可以成为追踪舞弊行为的延伸性审计程序。在实际工作中，延伸的范围可以包括：向相关年度延伸、向其内设机构延伸、向关联单位延伸、向其他有关人员延伸等。

常见的延伸性程序包括以下内容。

①在一日之内或近期之内突击盘点两次现金。第一次盘点很容易让舞弊者事先有所准备从而备齐余额，而在出其不意的第二次盘点中，就能发现贪污或挪用行为。

②对供应商和客户进行调查。这种程序可以发现由企业采购人员或其他人员虚构的供应商，同时可以揭露一些企业虚构的客户。

③特别函证支票的二次背书。如背书人是否属于组织内部的授权人，这就可以形成一条舞弊线索。

④对应收账款的总账和明细账进行特别的加总核对。

⑤测算现金收入送存银行拖延时间。可以检查现金日记账，比较现金收入和该笔收入解存银行的时间，如果发现时间有拖延而又无法解释原因，也许就意味着现金的挪用。

⑥询问程序。在舞弊审计中询问程序是非常重要的和关键的，很多问题都可以通过询问实现审计目标。审计询问的技巧非常体现“专业智慧”，询问可以使对方提供不愿意提供的资料，陈述不愿意陈述的事实，也可以使对方接受不愿意接受的审计建议。在询问时应保持谨慎，特别注意不要同有可能涉及舞弊的管理人员讨论舞弊的可能性。可以在平常的审查中设计一些针对舞弊的常规问题，让相关人员回答，这样就不会引起舞弊者的警觉，而注册会计师也可以从这些回答中获得线索。

⑦跟踪分析。通过观察舞弊者生活习惯和方式及其变化可以在一定程度上发现舞弊的信号。一旦发现舞弊行为，或确实值得怀疑的地方，可以对其收入和支出的背离性进行分析。舞弊者也许能够掩饰其某些个性特征，但无法掩饰用舞弊所得来改变生活方式的事实，如购买高档住宅、名贵物品等，而这些又无法用其正常的收入来解释。所以，观察一个人的变化，特别是生活消费方面的变化，通常可以给注册会计师一定的帮助。分析的方法是将其正常的收入与所有的支出进行比较，如果支出大大超过了合法收入，那也许就是舞弊所得。

11.3.4　设计附加或补充审计程序

在舞弊行为被揭露之后，注册会计师并不应完全结束他们的工作，应继续采用相关的附加或补充审计程序，对舞弊事项予以切实调查。对于已发现的舞弊，注册会计师应以适当的方式告知管理层，并把告知的结果记录于审计工作底稿，对于涉及的人员应至少向对该人员负责的更高层的管理人员报告。如果怀疑最高层管理人员舞弊时，注册会计师应谨慎考虑向董事会、监事会报告；如果怀疑治理层出可能涉及舞弊，注册会计师应征询法律意见或考虑是否有必要向监管部门报告。

①如果有迹象预示舞弊存在，注册会计师首先应该考虑其对会计报表的可能影响。如果有可能对会计报表产生较大影响，就应该执行适当修改原有程序或追加审计程序。至于如何修改或追加程序，应视注册会计师的职业判断水平、可能发生舞弊的类型、该种舞弊发生的可能程度及其对会计报表产生影响的可能性而定。

②注册会计师在分析这些舞弊迹象对财务报表的影响程度上，还需要重新评估客户的内部控制制度。由于内部控制制度的设计目的在于规范与维护经济业务处理过程的正常有序，减少或杜绝舞弊行为的发生，因此，除非其他方面的情况已经明确显示，否则注册会计师不应该假定舞弊行为是一个孤立的偶发事件。如果舞弊是应该由内部控制予以防止或发现的，注册会计师应重新考虑其以前对内部控制制度的评价，必要时应该修改实质性测试的性质、时间和范围。

③注册会计师还必须考虑舞弊行为可能对审计报告结论及其发表的审计意见类型的影响。这是因为，舞弊行为可能严重降低会计报表的真实性、合法性和公允性，因此，注册会计师应将舞弊的影响和专业判断的结果反映在审计报告中，并依照客户的反应表述恰当的审计意见。如客户拒绝调整会计报表或拒绝披露已发现的重大舞弊，注册会计师应当考虑舞弊对会计报表的影响程度，当影响较为严重时，应

发表非无保留意见的审计报告。注册会计师在实施了必要的审计程序后，无法确定舞弊对会计报表的影响程度，或审计范围受到客户的限制，以致无法获得充分适当的审计证据，或审计范围受到客观环境的限制，有可能得不到足够的审计证据，既无法证实，也无法消除对舞弊的怀疑，这就要求注册会计师咨询法律顾问，来确定相应的技术程序和策略。

11.3.5 设计非常规的个性化程序

对于识别的舞弊迹象和高风险领域，注册会计师应采取非常规的、出其不意的个性化审计程序，目的是克服传统审计模式和审计思路在揭示舞弊方面存在的缺陷。针对特殊的风险点，可以特别地实施程序组合策略。舞弊的特点决定了注册会计师往往无法突破客户预先设置的障碍或防范措施。为此，注册会计师在应对舞弊风险时，应当在了解和分析被审计单位基本情况的基础上，根据管理舞弊风险评估结果所确定的被审计单位的重点审计领域和风险点，实施有针对性的审计程序。针对管理舞弊导致的认定层次的重大错报风险，应实施的特定审计程序为：改变拟实施审计程序的性质，以获取更为可靠、相关的审计证据，或获取其他旁证性信息，包括更加重视实地观察或检查，在实施函证程序时，改变常规函证内容，询问被审计单位的非财务人员等；改变实质性程序的时间，包括在期末或接近期末实施实质性程序，或针对本期较早时间发生的交易事项或贯穿于整个本期的交易事项实施测试；改变审计程序的范围，包括扩大样本规模，采用更详细的数据实施分析程序等。

11.4 针对高风险客户的特别应对策略

高风险客户无疑是实施舞弊的高危群体，对注册会计师自身及审计程序的实施来说，都需要特别的应对措施。

11.4.1 高风险客户对审计的影响

1. 审计难度和审计成本加大

舞弊审计的过程实际上也是注册会计师与客户“斗智”的过程，与高风险客户“交手”，会计师事务所需要选派更有经验的注册会计师，审计过程中往往需要实施额外的审计程序，收集更多的审计证据以控制审计风险，从而使审计成本增加。同时，由于经济业务的复杂性和舞弊手段的多样性，加之客户对其舞弊行为的刻意隐瞒，往往采用复杂的交易处理方式和会计政策，与银行或其他客户串通提供虚假证明文件，甚至对审计程序的实施进行阻挠使审计的难度加大。在这种情况下，由于审计的时间和成本有限，注册会计师往往需要在审计质量和审计成本之间进行利弊权衡，这不仅是对注册会计师的执业能力的考验，同时也对注册会计师构成强大的心理压力。

2. 严重损害注册会计师的独立性，甚至出现购买审计意见的现象

在现有的审计委托模式下，会计师事务所与客户之间其实并不是单纯的委托受托关系，客户在注册会计师面前扮演着“衣食父母”的角色，使得注册会计师在执业时的“独立性”陷入困境，迫使注册会计师在道德和利益之间不断地博弈。高风险客户就像“烫手的山芋”，而且很可能比一般客户更迫切需要“无保留意见”，如果该客户又是重要客户的话，情况就更加糟糕，注册会计师的独立性很可能受到致命性影响，甚至完全丧失。为了保持客户和维持事务所的生存，与客户合谋串通舞弊，完全按照客户的要求出具审计意见的例子并不鲜见，几乎所有重大会计舞弊案连续多年的审计报告均是“无保留意见”的事实足以证明这一点。

3. 可能导致注册会计师承担严重的法律后果

在由舞弊引发的法律诉讼中，注册会计师即便能洗脱合谋串通舞弊之嫌，仍难逃过失之责，同时客户的舞弊行为往往会伴随蓄意转嫁会计责任从而减轻其法律责任的动机。在审计过程中，可能会采用隐瞒、伪

造、欺骗、串通等手段刻意构陷，而由于“深口袋理论”，在司法判定中往往倾向于加大注册会计师的法律责任。安然事件直接导致当时“五大”之一的安达信破产，2001 年的银广夏舞弊案导致深圳中天勤事务所被撤销，签字注册会计师锒铛入狱，2013 年的绿大地案导致鹏城会计师事务所被撤销证券市场执业资格，签字注册会计师受到终生市场禁入的重罚。在这样的执业环境下，注册会计师即便遵循了审计准则，仍可能陷入由高舞弊风险客户带来的法律纠纷，并承担了本不应承担或可避免的法律责任。

11.4.2 特别应对策略

1. 提高对高风险客户的识别能力

案例学习法是提高注册会计师专业胜任能力的有效方法之一。深入剖析不同时期、不同情况下的舞弊案例，从失败中总结经验教训可以提醒注册会计师在审计过程中时刻保持清醒的头脑，保持高度的职业谨慎和职业怀疑态度。高风险客户是舞弊的高危群体，会带来更高的审计风险，熟悉并敏锐识别高风险客户的异常特征应该成为注册会计师职业胜任能力要求的重要组成部分，这不仅是应对舞弊风险的必然要求，使注册会计师保持对舞弊的敏感性，也是制定审计策略，防范审计失败的重要依据。但是对高风险客户的识别方法并不是固定不变的，也无法套用某种模式，对高风险客户特征的分析在实务中只是参考和借鉴，哪些客户更可能实施舞弊需要注册会计师运用专业知识进行分析。

2. 重视舞弊风险评估，以职业判断引领审计程序的设计

舞弊风险评估是舞弊风险导向审计最重要的一项审计程序，要求注册会计师要对客户及其环境做深入细致的了解，目的在于识别和评估导致财务报表重大错报的舞弊风险。但在实际工作中，这一程序却常常流于形式，变成了只是填写相关工作底稿“走程序”而已，导致在审计之初就忽略了重要的风险信号和危险警示，致使后续审计程序失当，引发审计失败。针对高舞弊风险客户，尤其要重视风险评估程

序，以专业判断引领审计程序的设计。审计不是单纯的技术和程序问题，更多的是方法和方向问题，“标准化”在舞弊审计中很可能会束缚注册会计师的思维，如果说独立性是注册会计师的“精神灵魂”，专业判断则是注册会计师的“技术灵魂”并贯穿审计过程的始终。由于高风险客户可能会预先设置障碍或采取防范措施，常规的审计程序不一定能有效发现舞弊行为，而且某些程序的实施在实务中也会面临证据收集的困境，因此，应根据对客户的舞弊风险识别和评估结果，设计个性化的审计程序，尽量避免常规审计程序的缺陷，注意程序实施对象的保密性，同时要随着审计过程的推进，及时调整审计程序的安排，降低客户的反审计能力。

3. 拓宽审计视野，密切关注客户非财务因素的异常变化

审计能否取得成功，从一定意义上说取决于对客户的了解程度，对客户了解得越深入越细致，“交手”成功的把握就越大，对高风险客户的审计尤其如此。任何一个公司都是处于宏观经济环境下的微观经济个体，经济环境、市场竞争、政策调整等因素的不利变化所带来的经营风险的加大必然会在公司的经营业绩中有所反映，而财务报表作为公司财务状况、经营成果和现金流量的综合反映，其反映的是公司管理层的经营管理的能力和水平。审计过程的本质其实是从财务报表入手，通过探究报表背后的真相来还原报表的本来面目。舞弊审计不应是从财务到财务，而应是从非财务到财务，注册会计师应形成整体的、全局性的审计战略，具备更宽的审计视野，在审计过程中要避免只见树木、不见森林的误区，密切关注客户内外部非财务因素的异常变化及其在财务数据中的反映，敏锐捕捉风险信号、识别高风险业务领域，在与客户之间同样存在信息不对称的前提下，注册会计师要本着“舞弊推定”的思维方式，充分结合财务信息与非财务信息，才能在审计中占据主动，实现舞弊审计的目标。

4. 恪守职业精神，勿忘社会责任

尽管我国注册会计师事业有了长足的发展，行业规范不断完善并与

国际充分接轨，风险导向审计模式已广泛应用，审计技术不断改进，证券市场的监管也不断加强，但是上市公司很多并不高明的舞弊和欺诈行为还是能一再得逞，说明注册会计师缺失的不只是技术和能力，还有道德和责任。上市公司审计的风险性很高，但也充满利益诱惑，对高舞弊风险客户的审计与其说考验的是注册会计师的能力，不如说考验的是注册会计师的职业精神。技术和能力在审计过程中毕竟只是工具，如果放弃了职业精神，忘却了社会责任，那么注册会计师在客户面前恐怕就是“一切皆有可能”。职业精神的本质是无论在什么情况下都不能逾越和放弃的定律，具有非选择性，它不应是注册会计师以“理性经济人”的角度进行利弊权衡后做出的符合自身利益最大化的行为选择。所以，恪守职业精神，勿忘社会责任不仅是策略，而且对其他策略起着统驭作用，是注册会计师当好“经济警察”的精神保证。

11.5 积极利用专家工作

利用专家的工作是指在财务舞弊审计中对被审计单位财务报告及相关资料中所包含的重要技术事项等，可以通过专家的协助以获取充分、适当的审计证据。专家是指除会计、审计之外的某一特定领域中具有专门技能、知识和经验的个人或组织。专家可以是被审计单位或审计机构的人员，也可以是外部聘请的个人或组织，通常包括工程师、律师、资产评估师、精算师、环境专家、地质专家、IT 专家以及税务专家，也可以是律师事务所。注册会计师并不是万能的，对于在审计过程中遇到的超出自己专业领域之外的事项向专家请教或请专家协助工作，是有效避免审计失败的必要措施。在舞弊审计中，可能需要利用专家工作的领域如下。

①对特定资产的估价。如对土地、建筑物、高科技设备或产品、医药产品、复杂的金融工具、艺术品、珠宝等资产价值进行评估，可能需要利用相应专业领域的评估师的工作。

②对资产的数量和实物状况的测定。如堆积的物质（煤炭、木材等）的数量和体积的测量、地下矿藏（石油、煤、金矿）的储量、等级的测定，通常需要利用地质专家、工程师的工作。

③需要利用特殊技术或方法的金额测算。如与保险合同相关的赔偿金额的计算、员工福利计划的精算等，可能需要利用精算师的工作。

④未完成工作的计量。如工程的进度、合同的执行情况、计算机软件的开发进度等，则可能涉及工程师和 IT 专家的工作。

⑤涉及法律法规的合同的法律意见。如合同、协议、章程的解释，对未决诉讼和法律纠纷的进展情况和处理结果的分析等，通常需要律师的帮助。

在审计中确定是否需要利用专家工作时，审计人员还应当考虑下列因素。一是项目组成员对所涉及事项具有的知识和经验。如果是项目组成员从未接触过的事项，通常需要考虑利用专家的工作。二是根据所涉及事项的性质、复杂程度和重要性确定的重大错报风险。通常，如果所涉及的事项性质特殊、复杂程度高，且对财务报表影响重大，那么所涉及事项存在舞弊的可能性也比较高，在这种情况下，从职业谨慎的角度出发，应当考虑利用专家的工作。三是预期获取的其他审计证据的数量的质量。如果预期可以获取的其他审计证据数量较多且质量较高，能够解决注册会计师遇到的相关问题，就可以不利用专家的工作，否则就需要利用专家的工作，而且，获取的其他审计证据也可以同专家的工作结果相互印证。

11.6 恰当表达审计意见

上市公司已审计会计报表一般会被强制性地要求附在审计报告后一起对外披露。会计报表使用者首先是通过审计报告来确定会计报表的信赖程度，其次才是阅读自己关注的会计信息。如果审计报告虚假，那么审计就丧失了其应有的鉴证职能；如果审计报告被错误理解和运用，也将会给报表使用者带来损失，并增加经济运行的信息成本。由于我国目前的注册会计师审计准则对舞弊审计报告还没有明确的规定，在审计实务中也没有形成规范格式，且由于本研究所指的舞弊审计为舞弊关注审计，即将舞弊审计作为财务报告审计的延伸，因此，在现有的准则框架下，掌握常规的审计报告的编制技巧，恰当表达审计意见也是注册会计师在舞弊审计中减少或免除法律责任的有效策略。

1. 有效利用审计报告中的说明段和强调事项段

根据《中国注册会计师审计准则第1502号——在审计报告中发表非无保留意见》的要求，注册会计师如果对财务报表发表非无保留意见，应当说明导致发表非无保留意见的事项。如果财务报表中存在与具体金额（包括定量披露）相关的重大错报，注册会计师应当在说明段中说明并量化该错报的财务影响；如果无法量化财务影响，注册会计师应说明这一情况。如果财务报表中存在与叙述性披露相关的重大错报，注册会计师应当在说明段中解释该错报在何处。根据《中国注册会计师审计准则第1503号——在审计报告中增加强调事项段和其他事项段》的要求，如果注册会计师认为有必要提醒财务报表使用者关注已在财务报表中列报和披露，且根据职业判断认为对财务报表使用者至关重要的事项，在已获取充分、适当审计证据证明该事项在财务报表中不存在重大错报的条件下，应当在审计报告中增加强调事项段，并明确提及被强调事项以及相关披露的位置，以便能够在财务报表中找到对该事项的详细描述。为避免引起公众的误解，也避免注册会计师滥用强调事项段规避审计责任，注册会计师应当严格遵守审计报告准则的要求考虑是否增加强调事项段以及需要强调哪些事项段。此外，注册会计师还应该在强调事项段中说明，该段内容仅用于提醒报表使用人关注，审计意见没有因该强调事项段而改变。

审计报告的说明段和强调事项段具有特殊的作用，但一些注册会计师在编制和使用时常常出现如下问题：没有尽到应有的披露责任，应该说明的事项没有说明；滥用强调事项段，把不应该强调说明的事项加到强调事项段中；用带强调事项段的无保留意见代替保留意见；说明段表述不充分或晦涩，不能让审计报告使用者掌握充分信息，反而引起误解。在审计实务中，有些注册会计师不能很好地处理减值准备计提、未决诉讼、大额逾期借款、持续经营能力、重大交易事项的法律手续不完善、关联方交易、资产重组、非经常性损益、一次性交易取得的收入占主营业务收入比重较大、会计政策和会计估计发生变更等事项并判断这些事项对会计报表的影响程度。遇到这些事项时，有些注册会计师无论是否实施了必要的审计程序或已经证实了某一事项，为了满足客户的要求或屈从于客户的压力，或出于谨慎的考虑，往往发表带强调事项段的审计报告，有的上市公司的审计报告中强调事项段达十几项之多，以此达到既不得罪客户又避免承担法律责任的目的。这种做法既不符合专业要求，也不明智。对于重大事项，注册会计师应当实施必要的审计程序，把问题查清楚。如果是需要调整的事项，注册会计师应当在被审计单位拒绝调整时，出具保留或否定意见的审计报告，没有必要在审计报告中一一披露，干扰信息使用者的决策。如果注册会计师在实施了必要的审计程序之后仍不能查清楚该重大事项，才考虑发表保留或无法表示意见，但审计报告中必须披露审计范围受到严重限制。虽然谨慎是注册会计师必备的职业品质和专业技术规范，也是职业道德的要求，但是谨慎不能成为注册会计师推卸自身应承担的审计职责和法律责任的借口。实际上，严格遵守审计准则的要求出具审计报告并恰当表达应当表达的审计意见本身就是对注册会计师最好的保护。

2. 准确区分保留意见与否定意见

注册会计师在出具审计报告时，如果认定整个会计报表是公允表达的，而因某种事项的存在，使发表无保留意见的条件不具备，影响了会计报表公允表达，应发表保留意见；只有当注册会计师确信整个会计报表存在严重错报，以致根本不能按照会计准则和会计制度公允反映企业财务状况、经营成果和现金流量时，才发表否定意见。但在审计实务中，这两者的界限需要注册会计师运用专业知识，经常出现的情况是以保留意见代替否定意见。当然，这其中的原因可能并不是注册会计师职业判断的问题，而是会计师事务所出于保持客户的考虑而在审计意见上有所妥协，毕竟没有一家上市公司愿意得到否定的审计意见。两种意见类型判断的标准在于错报对报表的影响程度不同，如果错报重大但对整个报表影响不大时，应发表保留意见；如果错报不仅重大，而且对报表的影响具有整体性和广泛性时，应发表否定意见。注册会计师应准确判断和把握两种意见类型的界限，降低可能因发表不恰当审计意见而承担的法律责任。

3. 正确使用无法表示意见

注册会计师在实施并完成了一系列审计程序后，由于某些重大限制而使注册会计师不能对某些重要事项取得审计证据，无法完成审计工作，进而无法判断应当使用的措辞或者无法判断存在问题的有效归属时，应当发表保留或无法表示意见。但在实务中，一些注册会计师往往不能区分保留意见和无法表示意见，可能用保留意见代替无法表示意见，或用无法表示意见代替否定意见。这不仅降低了审计报告的使用效能，也使社会公众质疑注册会计师的执业能力。保留意见和无法表示意见的主要区别在于因审计范围受限而无法取得充分适当的审计证据对会计报表影响的严重程度。如果对报表的影响限于局部而不至于对报表整体产生实质性影响，应当发表保留意见；如果审计范围严重受限而导致注册会计师无法对会计报表做出评价，应当发表无法表示意见。混淆保留或无法表示意见可能使注册会计师遭遇判断失误的审计风险。而用无法表示意见替代否定意见更多地体现了注册会计师既不得罪客户，又可避免承担不必要的法律责任的心态，这也许是在上市公司年报审计中罕见否定意见的原因。这样的做法也许是避免法律责任的有效办法，却是注册会计师缺乏职业勇气的表现，在舞弊审计中是非常不可取的。实际上，只有客观地、实事求是地表达审计意见才是注册会计师减少或避免承担法律责任的最有效方法。

11.7　法律责任的归责与抗辩

法律责任是注册会计师承担的一切责任的典型代表，合理界定注册会计师的法律责任是树立注册会计师执业的权威性和强化注册会计师审计自律性的基本需要。独立审计作为一种社会服务活动，不仅受到职业界自身的约束监督，也受到法律和社会公众的严格监督，如果注册会计师违背执业规范和职业道德，不仅会受到行业监管部门的惩罚，还可能会卷入民事，甚至是刑事诉讼之中，造成经济损失的同时也使行业的社会信誉扫地，这就促使注册会计师在履行审计职责时，既要对个人执业负责，亦必须对社会责任负责。

11.7.1　归责原则

归责原则是指确定侵权行为人侵权损害赔偿责任的责任认定准则，它是在损害事实已经发生的情况下，确定侵权行为人对自己的行为所造成的损害是否需要承担民事赔偿责任的基本原则。我国侵权行为的归责原则体系由过错责任原则、无过错责任原则和公平责任原则所构成。归责原则的认定在审计界和司法界的认识有一定的分歧。

审计界认为，根据《注册会计师法》的规定："注册会计师执行审计业务，必须按照执业准则确定的工作程序出具报告。"依此规定，注册会计师只要严格遵循审计准则出具审计报告，可以不承担责任，只有注册会计师没有严格遵循审计准则，主观上故意或过失地出具了与实际不相符的审计报告，才依法承担责任。因此，审计界认为，注册会计师的民事责任以行为人主观上的过错为前提条件，其归责原则应为过错责任。而法律界却不能接受审计界"遵循审计准则即免责"的主张，他们认为审计准则对"程序"规定得再详细，也不可能解决在特定单位审计中出现的问题。现有的独立审计准则与社会发展特定条件、公众意识的不适应亦是法律界人士不能将其作为判定注册会计师是否承担民事责任的依据。根据我国《民法典》的相关规定，民事责任实行过错责任原则，但对特殊侵权行为规定了无过错责任原则，尽管《民法典》并没有明确规定审计业务的无过错责任，但从最高人民法院有关的司法解释以及法院的相关判例来看，只要注册会计师的工作结果与实际不相符，因此而遭受损失的利害关系人即可能就不实部分追诉注册会计师及其会计师事务所，从而使注册会计师对第三者的民事责任归责原则为无过错责任原则。

11.7.2 抗辩策略

依照法理学原理的界定，过错推定原则是根据损害事实的发生来推定行为人的过错行为，只有行为人证明自己确实无过错时才能免责，即举证责任的倒置。按照过错推定原则，注册会计师承担对第三者的侵权责任的构成要件包括：审计报告是虚假的、注册会计师在执业中未保持应有的职业谨慎、报告使用者发生了经济损失、该损失与审计报告中的虚假陈述内容存在因果关系。从法律角度来说，这四个要件中，任何一个不成立就不能构成侵权责任的成立。因此，注册会计师只有从这四个方面进行积极抗辩，才能争取减责或免责。同时，面对现在“诉讼爆炸”的现实，注册会计师也应提高自身的执业水平，强化法律责任意识，维护自己的正当权益。如果产生了法律责任的诉讼程序时，会计师事务所和注册会计师可从以下几个方面进行抗辩。

1. 积极寻找审计报告中不存在重大虚假陈述的证据

由于受到被审计单位重大错报风险、审计技术和客观条件等因素的限制，注册会计师不可能对被审计单位财务报告的公允性和真实性作百分之百的保证。期望通过注册会计师的审计达到“完全保险”的目的是不现实的。只要注册会计师保持了应有的职业谨慎，并按照独立审计准则规定的审计程序严格操作，没有发生重大的虚假陈述，则可以争取免责，特别要防止“深口袋理论判例原则”使民事责任形成无限扩展，造成会计师事务所和注册会计师不必要的损失。

2. 仔细分析原告中不符合“第三者”界定的证据

注册会计师对“第三者”的民事责任是指注册会计师在执业过程中，由于自身的过错对债权人、潜在投资者、银行、财务咨询机构等第三者所承担的民事赔偿责任，如果提出赔偿的人不属于“第三者”所界定的范围，就可以减少赔偿责任的损失，减轻过错的赔偿数额。

3. 尽力寻找不存在因果关系的事实

因果关系是注册会计师承担民事责任的必要条件，它是指行为人的行为与受害人所受损失之间的因果关系。只要第三者证明在证券市场中，因对注册会计师出具的无保留意见审计报告形成了合理的信赖，进行了投资并遭受了损失，而不需要证明被告实施了针对原告的积极侵权行为，则应当认为注册会计师的行为与第三人受损失之间有因果关系。当然，第三者对注册会计师出具无保留意见审计报告的信赖必须符合一个“理性经济人”的要求——具有合理的信赖。这就意味着报表使用者由于受其自身能力的限制，不能合理正确地理解报告的内容而产生误解，由此造成的损失不应当由注册会计师承担。对于不存在因果关系的诉讼，也就不应追究注册会计师的民事责任。

4. 积极收集不存在审计失败与存在共同过失的证据

注册会计师的审计失败是指注册会计师在执业中未能发现会计报表中存在重大错报或漏报而发表无保留审计意见。与审计失败相关的是经营失败，当经营出现失败时，审计失败可能存在，也可能不存在。如果注册会计师未按照独立审计准则的要求开展审计业务，发表了不恰当的审计意见，即存在过错，则应当承担相应的法律责任。在发生经营失败而不存在审计失败时，即注册会计师不存在过错，这时情况比较复杂。由于发生经营失败的公司无力偿还债务，这时公众往往指责审计失败，部分原因是他们不了解注册会计师的责任，另一部分原因是遭受损失的人们希望得到补偿而寻求利益平衡，这时候注册会计师就应尽力证明自己的工作不存在审计失败，以争取达到减责或免责的诉讼结果。同时，共同过失是注册会计师应当重视的有效抗辩策略。共同过失就是注册会计师与委托人共同发生过失。

目前，上市公司舞弊现象非常普遍，有些欺诈手段及串通舞弊手段也很高明，由于注册会计师运用的是抽样审计，有时很难发现财务报告的这种虚假性。在这种情况下，发生审计失败致第三者受损时，注册会计师应争取共同过失，首先应追究被审计单位的民事赔偿责任，再由注册会计师承担补充赔偿责任，以维护注册会计师及所在会计师事务所的正当权益。

11.8 信息系统环境下舞弊审计的应对程序

信息技术的应用改变了传统的会计核算和管理方式，在为管理带来极大便利和效率的同时，也存在不容忽视的弊端。信息系统容易被犯罪活动侵害，利用信息系统实施的舞弊比较难以防范，也更难以被发现，舞弊造成的后果也更为严重。因此，信息技术的发展给舞弊审计带来了严峻的挑战，如何在信息系统管理环境下有效开展舞弊审计已经成为亟待解决的问题。

11.8.1 信息系统下舞弊环境的特点

信息系统下的舞弊是指在应用信息技术进行会计核算和管理的环境下，通过信息系统实施舞弊，或者是使用信息技术进行财务造假，或者是对核算和管理系统进行恶意攻击和破坏等行为。信息系统下舞弊的环境主要有以下特点。

1. 数据过分集中

信息系统通常要从一个组织内部的所有部门收集和整合各种数据，出于成本效益的考虑，各部门的核算和管理系统通常只是整个系统的一个终端，会计核算的数据比对集中储存于单位统一设置的数据库中。因此，数据库经常成为舞弊攻击的目标，且对数据进行非常利用、篡改、删除等操作非常方便，只需获得适当的口令，甚至一个人就可以访问一个组织的任何记录。

2. 舞弊完成速度快

当信息系统遭到破坏，系统无法识别非法用户，当其执行舞弊指令时，系统也无法识别真假，舞弊指令会像其他正常指令一样被执行，由于信息系统运算速度极快，舞弊指令几乎即时完成，这大大减少了舞弊者实施舞弊的风险。

3. 舞弊的风险大大增加

由于网络系统容易受到攻击，通过一个工作站进行复制，或者通过篡改传输线路，就可以窃取信息，这使得网络系统比传统管理环境存在更多的舞弊机会和风险，特别是在网络风险防范相对滞后的情况下，这种风险被进一步放大。

4. 取证难度大

在信息化时代，会计核算资料都储存于信息系统中，既容易被窃取，也容易被破坏，数据如果被改写可以不留任何痕迹，通过数据检测也难以发现。这导致审计的线索模糊不清，加之会计核算业务由于联机访问和适用于许多系统的网络联系在一起，极可能使原本已经模糊的审计线索更加混乱，审计人员往往需要借助高技术含量的手段或专业人士的帮助，审计过程中取证的难度非常大。

11.8.2　信息系统下舞弊审计的应对程序

信息系统环境下实施舞弊审计的目标是了解被审计单位与会计核算和管理相关的内部控制的合理性和有效性、信息系统功能的稳定性和健全性、系统操作程序的规范性和准确性、系统风险防范的科学性和有效性，检查可能发生的舞弊行为。

1. 实施内部控制测试程序

①了解和描述与会计核算和管理有关的系统内部控制，通过对比、观察、询问和查阅有关制度和执行记录，跟踪业务处理等方法掌握内部控制的合理性情况。

②测试内部控制制度的执行情况。对内部控制的实际执行情况进行符合性测试，检查内部控制制度是否得到切实执行，并取得应有的效果。如对操作人员是否执行安全规范进行检查，对系统防范病毒措施进行核对，对数据处理程序和结果进行分析等。

③对内部控制进行评价并实施实质性测试。对会计系统内部控制总体的健全性、有效性进行评价，确定实质性测试的内容和范围。

2. 对系统基本功能进行抽样检测

对系统功能进行抽样检测的目的是对数据的处理功能、操作控制功能实施检测性审查。通过查阅会计系统文档，了解其处理和控制功能及流程，选择若干业务数据输入会计系统，检查其处理和控制功能是否正常发挥，与业务处理的规范程序是否相符；或将正常业务数据输入系统进行规范运算处理，将输出结果与其他方法处理结果进行对照，检查有无差异；也可以有意将错、漏、重、反的经济业务输入系统，验证系统能否识别并做出反应。

3. 审查系统软件的初始化功能

系统软件的初始化功能审查主要是审查会计系统软件初始化阶段的管理制度及权责分配是否合理，包括：内部控制制度与管理制度是否到位和是否设置内控牵制等；内部授权控制是否落实，重要信息是否采取加密措施；系统操作员获悉口令后是否能随时修改，保密性和专用性是否得以体现；系统软件初始化阶段的会计科目体系是否完整、合规，科目的名称、数量、级次是否符合会计制度的规定，会计科目名称和代码是否具有唯一性和对应性；初始化阶段输入的金额是否正确，借贷方是否相符，软件系统是否能自动检测这种一致性；系统能否控制输入的初始化金额不能被任意修改等。

4. 审查系统软件凭证输入功能

系统软件凭证输入功能的审查主要是检查输入凭证有无序号编号控制功能，对重号、不连续编号凭证系统软件能否给予必要的提示并拒绝执行；输入凭证金额有无平衡性和完整性控制功能，即在输入凭证借贷方的金额不相等时，系统能否给予必要的提示并拒绝执行；输入凭证的会计科目对应关系有无控制功能，即输入凭证借方或贷方无科目或科目相反时，系统能否给予必要的提示并拒绝执行；输入凭证日期有无完整性检验功能等。

5. 审计系统软件的修改功能

系统软件修改功能的审查主要包括系统软件对经过审核确认的会计凭证能否提供直接修改功能；系统软件对机内审核或已登账的会计凭证中的错误能否提供更正功能；系统软件能否对机内凭证、账簿、报表等资料的修改行为保留必要的痕迹功能；系统软件有无对输入、修改和核对等功能提供使用权限的控制功能等。

6. 审计系统软件登账、结账及输出功能

当凭证输入系统内经过确认正确后，系统会按照指令进行登账和结账，这一阶段审查的主要内容如下。

（1）系统软件的登账、结账权限的内部控制功能

即系统软件有无按分配指定的权限操作人员的权限建立了权限设置资料库，限定只有经过授权的人员才能执行相应的操作，否则不能进行操作系统；检查系统管理人员对登账、结账操作权限的配置是否合理，有无合理分工和适当的内部牵制，有无让一个人从头至尾执行系统软件的全部操作功能。

（2）系统软件的登账、结账正确性的内部控制功能

即系统软件是否建立了登账、结账正确性的检测控制功能，其功能是否能及时发现错误并予以更正；系统软件对其在系统内生成的账簿、报表有无直接修改其数据的功能；系统软件在结账之前能否自动检查本期输入凭证的完整性，能否进行总账与明细账相关科目的自动核对，对不符的情况能否给予提示并拒绝执行操作。

（3）系统软件的输出功能

包括系统软件的查询功能是否良好，能否提供及时查询机内总账、明细账、已登账凭证、未登账凭证和往来业务等；系统软件的打印输出

功能是否处于良好状态，打印输出的会计凭证、账簿、报表的格式与内容是否符合国家会计制度的统一规定等；系统的备份功能是否良好，在会计年终结账时，是否具有及时提供数据磁带、可装卸硬盘等存储介质的强制性备份功能；系统能否对存储在磁性介质上的会计数据提供必要的加密等保护措施，以防其被非法篡改或利用。

需要说明的是，上述针对信息系统环境下开展舞弊审计时实施的审查程序只能从一定程度上确定系统的健全性，并不是说，如果审查没有发现系统存在重大问题，那么财务报告中就没有由舞弊导致的重大错报。现实的情况是，信息系统环境下的舞弊行为更隐蔽、更难以被发现，风险更大。注册会计师在很多情况下还需要借助其他信息技术，甚至需要借助信息技术专家的工作。在实施具体审计程序时，注册会计师更要保持高度的舞弊风险意识，对审计证据的充分性和适当性进行审慎评价，才能有效揭示舞弊。

第12章

舞弊审计风险模型

审计风险是审计理论中的一个重要概念，也是审计研究中的重要课题。对审计风险的早期探索是在研究统计抽样的背景下进行的，后来审计风险逐步成为贯穿整个审计过程的一个基本概念。随着社会经济的发展和企业经营的复杂化，独立审计面临的不确定性因素增加，审计风险更加难以评价和控制，了解和防范审计风险一直是注册会计师必须首先解决的问题。如何认识不断变化的审计环境下的审计风险、怎样评估和控制这种风险，都是现代审计人员不得不面对的课题。舞弊审计对注册会计师的舞弊风险识别和评估能力的要求非常高，只有突破传统风险导向审计风险模型的局限性，充分关注并掌握不同审计环境下舞弊审计风险的特征，才能对舞弊风险进行有效评估和控制，并最终完成舞弊审计工作。

12.1　审计风险的形成原因及形成机理

12.1.1　审计风险的形成原因

审计风险是审计发展到一定阶段的产物。独立审计发展到今天，风险问题已经成为理论界、职业界普遍关注的一个热点问题。实际上，审计风险对注册会计师和会计师事务所而言已经成为一种职业痛苦，千方百计控制但却无法解决。尤其是近年来，一系列重大舞弊案的爆发，将审计职业界推到了风口浪尖。

审计环境的不断变化，促使产生审计风险的因素不断增加。研究审计风险的成因，有助于我们更好地理解审计风险对审计工作的影响，加强风险管理，从而达到提高审计质量。对于审计风险的成因，我们可以从主观和客观两个方面进行分析。

1. 主观原因

审计风险形成的主观原因是指审计人员自身因素对审计风险产生的影响，它是形成审计风险的直接原因，主要包括以下几个方面。

（1）审计人员能力和经验的有限性

自独立审计产生至今，审计人员始终为满足社会的需求而努力提升自身的能力，但一直无法达到完全满足需求的程度。旧的审计需求刚满足，新的审计需求又产生了，而要满足不断出现的新的审计需求，审计能力需要不断提高，但这又需要一个过程，因此审计能满足社会需求的程度总是相对的，审计能力与社会公众的需求之间总是存在一个期望差。审计能力的相对有限，使审计人员完成任务的能力难以达到社会的全部期望，而社会与审计职业界对审计的需求不一致，就会引发审计诉讼纠纷。事实上，许多国家颁布的独立审计准则都强调审计报告只是一种意见而不是一种保证，就是对审计能力有限性的一个认识。此外，审计经验是审计人员拥有的一种重要技能。审计人员所采用的审计方法及表达意见正确与否直接依赖于直觉和经验的判断。可是审计经验又是有限的。因为经验是过去实践的累积，不一定能适应迅速变化的客观环境，而且实践的内容丰富多彩，经验不一定能完全把握，因而审计人员对审计事项常有判断错误的时候。

（2）审计人员的职业道德和职业关注问题

审计工作要求审计人员不仅是高层次的专业人才，而且必须具备较高的道德水准。如果审计人员的工作责任心差，随意省略必要的审计程序，就发现不了应该发现的问题，给审计工作带来风险。另外，职业关注也是审计人员在履行审计职责时应注意的一个问题。如果审计人员未就审计过程中发现的疑点进行扩大范围的审查，就是没有保持应有的职业关注，如判断失误、遗漏了重要的审计程序、采用不恰当的审计方法等，都将导致审计风险的产生。

（3）审计方法固有的局限性

现代审计方法强调审计成本和审计风险的均衡，所采用的审计程序以允许存在一定的审计风险为必要前提，主要表现在审计抽样方法和分析性复核方法的采用上。审计抽样带来了抽样结果和推断总体的误差，必然会引起抽样风险；而大量的分析性程序的应用也会产生一定的风险，使审计风险的构成更为复杂。审计职业界迫于竞争的压力，努力追求最高的审计效率，审计人员通常把审计的力量重点放在各个重要组成项目上，放弃一些自己认为不必要的审计程序，审计人员也愿意在承担一定风险的基础上从全部业务中抽取一部分来进行审查。虽然抽样理论已被研究得很深，但具体应用到审计中，主观结论与客观事实之间的偏差总是存在的。

2. 客观原因

审计风险形成的客观原因是指审计活动所处工作背景和环境方面的原因，主要包括以下几个方面。

（1）现代经济生活对审计结论的依赖程度和影响范围

现代审计的产生与发展是以与被审计单位经济活动有各种利益关系

的第三方的需求及需求的变动为轴心的。从我国审计发展的实践来看，人们对审计意见的依赖程度及审计意见的影响范围有一个不断扩大的过程。随着市场经济的发展，企业在市场竞争中的不稳定性将会增强，审计意见将会被更多的人依赖。审计结论的服务对象越广，社会公众对会计信息的依赖程度越高，公众对审计结论的敏感性就越强，审计风险也就越高。

（2）审计活动所处的不断变化的法律环境

审计活动作为社会经济生活的一个方面，必然要受到法律的调整。随着市场经济的不断完善和法制化程度的不断提高，经济成分和产权关系的不断变化，企业所处的市场不稳定性的增强，审计人员必将面临社会公众依法自卫的挑战。

（3）审计对象的复杂性和审计内容的广泛性

现代审计范围已远远超越了传统的财务审计，深入到管理领域的各个方面，不仅要研究和评价内部控制制度的健全性和有效性，还要评价财务前景和持续经营能力。审计报告的信息也扩展到财务预测信息、关系到企业未来经营成败的因素、企业面临的营业或行业风险等。随着市场的发展和完善，企业的经营风险日益加大，业务的复杂性也不断增强。这些信息的不确定性很强，审计人员做出审计结论的难度增加，审计风险在所难免。

（4）被审计单位内外部的环境因素

①内部控制的强弱。如果被审计单位缺乏良好的分工控制，工作人员兼任相关职务，就会增加其舞弊和掩盖差错的可能性，这些问题有时难以被审计人员发现而使审计风险增加。

②管理层的可信赖程度。当管理层缺乏正直品质、可信赖度较差或根本不可信赖时，财务报表存在重大错报的可能性会大大提高，也最容易发生重大违纪案件。

③行业性质。一般而言，经营风险高的行业，其营业失败的可能性就大，审计风险也比较高。

④财务状况的好坏。被审计单位在财务状况不佳时，可能会采用不正当的手段加以掩饰，如延期注销坏账和废品存货，故意漏列负债等，审计风险必然加大。

12.1.2 审计风险的形成机理

我们从主观和客观两个方面分析了审计风险形成的原因，这些原因也可以说是审计风险的来源，但要真正理解审计风险，还需要探讨审计风险形成的理论根源。本部分依据经济学的相关理论，对审计风险的形成机理进行深入剖析。

1.“理性经济人”导致的必然逐利行为

“理性经济人”假设最早由英国经济学家亚当·斯密（Adam Smith）提出。其核心观点是人的行为动机根源于经济诱因，理性的人都要争取最大的经济利益。“理性经济人”被视为经济生活中一般人的抽象，其本性被假设为利己，力图以最小的经济代价去追逐和获得最大的经济利益。

在审计关系中，被审计单位、审计委托人、审计主体都是“理性经济人”。在自利原则的诱导下，被审计单位在拥有足够理由的情况下，往往不惜违反法律法规篡改账目、粉饰业绩，甚至实施商业贿赂、财务舞弊等行为，如果没有制度和监督机制，被审计单位这种逐利行为会存在于所有的交易和事项中。

尽管现实中存在一定的监督机制和约束性法律，但是在利益的诱惑下，一些被审计单位会采用各种手段掩盖事实、蓄意舞弊。因此，各种虚假交易、记录会混于正常的交易和记录中，此时审计风险自然产生。

基于这种假设，注册会计师需要格外关注那些能够给被审计单位带来较大利益的事项，如果为获得更大利益需要被审计单位做出违法违规行为，那么这些地方通常会蕴藏着较大的审计风险。

审计主体作为“理性经济人”同样需要实现自身的利益最大化，在目前的制度的安排下，当选择被认为是“理性”的，审计人员的逐利行为必然发生，道德风险和审计风险也进一步放大。

2. 扭曲的委托代理关系

委托代理理论通常用于分析企业内部的委托代理关系，主要涉及委托人和代理人，认为委托人和代理人是两种不同的人，他们之间存在两个方面的不对称：一是利益的不对称，委托人（股东）追求的是公司利润和股东权益最大化，而代理人（经理）追求的是个人收入最大化、社会地位和声誉的提高、权力的扩大以及舒适的办公和生活条件等；二是信息不对称，委托人了解公司运营的信息是有限的，而代理人在这方面存在明显优势。尽管所有权与经营权分离被认为是独立审计产生的前提，但这并不足以解释审计的根源。如果代理人能够忠心耿耿地为委托人服务，忠实地履行自己的职责，那么审计就没有存在的必要。要是所有的公司经理和政府官员都能全心全意地为股东、为公众服务，那么审计监督就没有必要了，但客观事实并非如此。

从委托代理关系上看，注册会计师审计存在两方面的委托代理关系。所有者与经营者之间的关系是第一委托代理关系，所有者与注册会计师之间的关系是第二委托代理关系。按照委托代理理论，第二代理关系的存在以第一代理关系为前提，也就是说，审计委托代理关系一定存在于多代理人结构中。在该多代理人结构中，注册会计师必须与经营者相互独立，才能对经营者的业绩发表客观公正的意见，这是理想状态的审计委托代理关系。然而，现实的审计委托代理关系却是扭曲的，在第二委托代理关系中，真正的委托人并不是企业的所有者，而是企业的经营者，这种扭曲的委托代理关系使得经营者和注册会计师的地位明显不对等，这就为审计风险、审计失败甚至审计合谋的产生埋下伏笔。

“理性”的审计委托人在委托审计之前必然考虑审计给其带来的收益。就第二委托代理关系而言，委托方往往存在两种委托目的。一种是真正的鉴证目的，即通过独立的注册会计师调查了解被审计单位的经营情况和财务信息，给股东和经营者之间的第一委托代理事项做出评价。这种委托目的的委托代理关系对审计风险的影响较小，这时的审计风险主要来自被审计单位的风险和检查风险，审计人员只要认真履行工作职责就可以将风险控制在可接受的水平之下。另外一种委托目的比较复杂，主要表现为被审计单位的所有者和经营者存在合谋，为了达到利己的目的，寻找会计师事务所和注册会计师来当“替罪羊”。他们往往已经串通好将公司业绩和财务信息做了精心粉饰，审计人员很难发现其中的破绽。他们聘请注册会计师的目的就是通过注册会计师的鉴证，达到继续欺骗外界的目的。事件一旦暴露，注册会计师往往难辞其咎。这样的审计失败案例不胜枚举。因此，这种非真正鉴证目的的委托代理关系，使注册会计师的审计风险变得更为复杂，一旦审计不力就可能给注册会计师和会计师事务所带来异常严重甚至是毁灭性的打击。

3. 审计人员的信息不对称地位

信息不对称理论认为，由于市场中卖方比买方更了解有关商品的各种信息，这样掌握更多信息的一方通常可以利用信息优势在市场中获益；而买卖双方中拥有信息较少的一方为减少损失，可以努力地从各种渠道获取信息以弥补由于信息不对称带来的劣势。市场经济主体各种利害关系产生的根源，往往都和关系各方信息不对称有关。

按照信息不对称理论理解审计风险，是指独立审计人员在为被审计单位提供监督、鉴证等服务的过程中，未能对财务会计信息系统的不完全、不对称进行合理的揭示与分析，未能有效揭示存在于被审计单位内部的、与财务信息生成有关的所有过程与载体存在的重大错误或偏差，而提出了不恰当的审计意见，从而导致未来遭受损失的风险。这里的不完全信息是指有关方首先采取行动，其行动至少有一方参与人无法预测。具体地讲，被审计单位信息系统、各种电子数据、财务和管理软件、内部控制等出现变化，注册会计师、委托人、管理层和社会公众至少有一方缺少信息而无法预见，事实上被审计单位的外部关联者、注册会计师和社会公众通常都处于不完全信息地位。

注册会计师的责任就是用专业技术和经验，将这种不完全信息、不对称信息合理地揭示出来。具体到独立审计业务活动中，这种不对称信息对审计风险的影响主要表现在：审计业务的参与各方对被审计单位的经营情况和外部条件的了解是不对称的。管理层了解自身的能力，但董事会不了解管理层的实际能力；被审计单位了解自身的风险状况，但审计人员的了解相当有限；大股东了解自身的情况，而小股东不了解大股东的情况；注册会计师了解自身的情况，但委托人和政府不了解。这些不对称信息的存在，往往会导致参与方逆向选择，并影响到事后行为，从而直接或间接导致审计风险的高或低。

信息不对称决定了审计的必要性，决定了审计人员难以充分准确地掌握被审计单位的各种信息，也使广大信息使用者对审计意见的依赖加强，因此，信息不对称就决定了审计风险产生的必然性。信息不对称下的独立审计风险广泛存在于现实生活中，我们很难单纯从一方面出发抑制这种风险的发生，往往需要社会制度、经营体制、监督机制、法律约束等多方面因素共同作用，才能逐渐解决。就审计主体来讲，会计师事务所和注册会计师必须通过各种审计手段调查了解被审计单位的实际情况，从改变信息不对称的劣势地位出发，努力挖掘各种信息，才能将审计风险控制在可接受的范围之内。

4. 会计师事务所的成本效益分析

成本效益分析是经济学分析的重要方法之一。成本效益原则不仅是审计模式演变的重要推手，也是审计风险产生的重要原因。根据“理性经济人”假设，只有当取得的效益大于所付出的成本时，理性的人才会去做这件事。作为审计主体的会计师事务所和注册会计师当然也是“理性”的。

注册会计师审计的目的是通过适当的鉴证手段对被审计单位财务报表信息的合法性和公允性发表意见。从理论上讲，审计证据收集得越多，信息不对称的问题就会解决得越好，审计意见就越具有公正性，审计风险也就会越低。然而审计行为的发生是要付出一定成本的，这些成本需要通过审计收费来弥补。这就会导致会计师事务所和注册会计师在收集审计证据时，不得不考虑成本支出，进行成本效益分析。如果为证实某个可疑事项而付出的代价高于审计收益，会计师事务所和注册会计师就会放弃这种证实，可能选择更经济的审计证据收集手段，这样就会出现新的风险。尤其是在市场经济下，会计师事务所同业竞争日益激烈，有些事务所为了拓展业务，不惜压低价格、降低收费，较低的审计收费限制了可能付出的审计成本，甚至有些事务所为了拉拢客户，不惜放弃独立、客观、公正的立场而完全按照客户的意愿发表审计意见，这些都导致审计风险的发生，甚至是审计失败的重要原因。

12.2 审计风险模型的演变

最早提出审计风险模型的是美国注册会计师协会(AICPA)，它在20世纪70年代发布的《审计准则第1号》中就提出了实质性测试可靠性的模型，可靠性的反面就是风险，因此AICPA开了创建审计风险模型之先河。审计风险模型是用数学术语表达审计风险各要素之间一般关系的模型，对审计人员开展审计工作起到规范、指导的作用，不同时期的审计风险模型还反映了不同时期的社会环境、技术水平对审计风险的影响。因此，审计风险模型的研究一直都是学术界关注的焦点。但是由于不同历史时期社会经济环境对审计发展的影响不一样，不同时期、不同审计模式下的审计风险模型也不一样。

1. 账项导向审计阶段的审计风险模型

在审计发展的早期，由于企业组织结构简单、业务性质单一，注册会计师的审计主要是为了满足财产所有者的需要，对会计核算进行独立检查，促使受托责任人（通常为经理或下属）在授权经营过程中做出诚实、可靠的行为。注册会计师主要对客户负责，对第三者的责任则不明确，因此审计风险也相对较小。其审计的重心在资产负债表，目的是发现和防止错误与舞弊。注册会计师根据财务报表的每一项目进行审查，包括检查支持凭证、评估报告资产的价值（通常是成本）、确定受托责任人对存货购买和发出核算的正确性。可以说，这一时期的审计风险模式是审计风险基本模式的简单表现，此时财务报表的风险主要指财务报表各项目本身的固有风险，所以这一阶段的审计风险模型可表述为：

审计风险 = 固有风险 × 检查风险

这种风险模型是以分析固有风险为基础，以控制检查风险为重点，因此，主要采用详细审计或大样本抽查审计方法。

2. 制度导向审计阶段的审计风险模型

随着企业规模日益扩大，经济活动和交易事项内容越来越丰富和复杂，注册会计师的审计工作量和审计成本迅速增大，使得详细审计难以实施，因此，审计职业界逐渐转向抽样审计。然而，抽样审计需要注册会计师对企业风险、样本取舍、误差范围乃至误差率进行估计，具有内在局限性。同时职业界逐渐认识到，设计合理并且执行有效的内部控制可以保证会计报表的可靠性，防止重大错误和舞弊的发生。所以，注册会计师将内部控制与抽样审计结合起来，形成了制度基础审计方法，重点在于了解、测试和评价内部控制设计的合理性。如果企业建立起了有效的内部控制制度，就可有效地防范和控制固有风险。这个阶段的风险模型可表述为：

审计风险 = 固有风险 × 控制风险 × 检查风险

这一模式的特点是其构成要素已由原来的两项变为三项，增加了控制风险，且将对控制风险的测试评价视作审计风险控制中最重要的方面。

3. 风险导向审计阶段的审计风险模型

20 世纪 70 年代后，西方管理层欺诈舞弊活动的大量出现和抽样审计的随意性使制度基础审计方法的局限性越来越明显。制度基础审计过于关注被审计单位的内部控制制度即控制风险，而相对忽视引发审计风险的其他因素和原因，未能做到审计资源的合理分配。在这种情况下，风险导向审计方法应运而生。风险导向审计经历了两个发展阶段，即传统风险导向审计和现代风险导向审计，虽然两阶段的风险要素构成不尽相同，但两者从可接受的被审计单位的整体风险水平出发，以审计风险的评估与控制为核心指导审计工作的实质是一致的。传统审计风险模型为：

审计风险 = 固有风险 × 控制风险 × 检查风险

现代审计风险模型为：

审计风险 = 重大错报风险 × 检查风险

这一模型的特点是，审计是以对被审计单位财务报告的重大错报风险进行评估作为切入口，根据重大错报风险水平的高低确定检查风险，从而控制审计风险。

审计风险模型的贡献在于抽象地概括了审计证据收集过程，为控制审计风险提供了手段，注册会计师运用审计风险模型可计划和控制审计风险，为实施有效率和效果的审计奠定了基础。长期以来，用科学方法量化审计风险一直是会计师事务所面临的一个难题，审计风险模型也为审计风险量化提供了技术解决方案，注册会计师可以借助于统计抽样原理和方法，量化样本规模和审计风险。

12.3 风险导向审计模型的局限性

在风险导向审计的时代，研究审计风险和风险模型是为了提升注册会计师的风险意识，并以评估的审计风险作为出发点，制定审计工作的目标和计划。审计风险模型是对审计风险理论的简要表达，它表明了审计风险各要素之间的关系，有利于审计师合理分配资源，提高审计效率，节省成本。

12.3.1 传统风险导向审计模型的缺陷

传统审计风险模型曾在审计界受到广泛推崇，其审计风险要素关系式为：

审计风险 = 固有风险 × 控制风险 × 检查风险

其中固有风险（Inherent Risk，简称 IR）是指在没有任何相关内部控制的前提下，被审计单位发生重大错报的可能性。事实上，任何一家被审计单位都不可能没有任何相关内部控制制度，因此，固有风险只是一种理论上的假设。但一些行业（涉及外汇交易或复杂合同等）和一些账户及交易（如现金等）的固有风险还是会明显高于其他行业或账户及交易，因此固有风险的评估还是具有一定的现实意义。审计人员无法改变固有风险的实际水平，但可以通过对被审计单位的了解改变对其的评估水平。一般情况下，如果审计人员无法准确估计被审计单位的固有风险，为保险起见，往往将其估计为最高。

控制风险（Control Risk，简称 CR）是指被审计单位的内部控制制度没有能够有效防止或发现重大错报的可能性。控制风险的高低与被审计单位内部控制制度设计的有效性有关，但却不能为零，因为再有效的内部控制制度也不可能绝对地防止或发现财务报表的重大错报。审计人员同样无法改变控制风险的实际水平，但是可以根据对被审计单位内部控制制度的了解和测试，改变对控制风险的估计水平。

检查风险（Detection Risk，简称 DR）是指审计人员的实质性程序也未能检查出内部控制没有发现或检查出的任何重大错报的可能性。与固有风险和控制风险不同，审计人员可以通过改变实质性测试的性质、时间和范围，控制检查风险的实际水平。

运用这一模型进行审计风险评估的程序是逐个评价固有风险、控制风险，并据此制订计划和确定实质性测试的重点、性质、时间和范围，使审计工作最终能够达到审计目标，将审计风险控制在可接受的水平之下。审计风险的水平既可以用百分比或相对数定量表示，也可以简单地用“低、中、高、最高”等定性地描述。一般而言，风险导向审计模式要求审计人员先确定可接受的审计风险大小，然后评估固有风险、控制风险水平，最后再通过下面的表达式确定检查风险的水平：$DR=AR\div(IR\times CR)$。这样可以根据检查风险的大小确定实质性测试的性质、时间和范围。

传统审计风险模型使定量分析审计风险成为可能，但是传统审计风险模型有着自身不能克服的缺陷，这为现代审计风险模型的产生及运用提供了动力。

1. 对固有风险评估困难，评估数据缺乏准确性

注册会计师在运用传统审计风险模型时，通常难以对固有风险做出准确评估，往往将固有风险简单地确定为高水平，转而将审计资源投向控制测试（如果必要）和实质性测试，即传统风险导向审计方法注重对账户余额和交易层次这个较低层面上风险的评估，却忽视从宏观层面上了解企业及其环境（如行业状况、监管环境及目前影响企业的其他因素；企业的性质，包括产权结构、组织结构；企业的经营、筹资和投资情况；企业的目标、战略以及可能导致会计报表重大错报的相关经营风险；对企业财务业绩的衡量和评价等）。

审计风险是审计内部环境与审计外部环境综合作用的结果，随着信息社会和知识经济时代的来临，企业与其所面临的多样的、急剧变化的内外部社会环境之间的联系更加紧密，内外部经营风险很快就会转化为会计报表错报的风险。在这样的环境下，注册会计师深刻意识到如果将被审计单位隔离于其所处的广泛的经济网络，是不可能有效地理解被审计单位的交易及其整体绩效和财务状况的。为了减少会计报表审计的风险，必须研究报表所反映的企业及其所处的整个“系统”，以实现对其的充分理解。

2. 对控制风险的评估依赖于内部控制，导致评估结果可能失真

传统风险导向审计模型本身较多地依赖于被审计单位内部控制的测试与评价结果，使得最初的风险导向审计模式实际上是制度导向审计模式的一个延伸，从而决定了其在风险评估上存在致命缺陷，即难以有效评估固有风险。在实务中注册会计师往往不评估固有风险，只评估和测试控制风险。但是，内部控制有着自身不可避免的局限性，例如，在决策时的人为判断可能出现错误和由于人为失误而导致内部控制失效；在内部控制方面可能存在两个或更多的人员进行串通或管理层凌驾于内部控制之上的现象，使舞弊行为得以实施。控制风险测试最大的局限性就在无法发现来自制度的舞弊，即管理层舞弊，导致的结果很可能是实

际上风险很高但评估的风险却很低，难以起到防范审计风险的作用。随着公司财务丑闻和审计失败案例的层出不穷，从 20 世纪 90 年代开始，传统风险导向审计模式逐渐被现代风险导向审计模式所代替。

3. 运用传统审计风险模型进行审计不能用于财务报表整体

注册会计师的审计目标是对财务报表整体发表审计意见，但在传统审计风险模型中固有风险评估是从财务报表层次和认定层次两个方面加以考虑，而控制风险只能从账户余额或交易类别的相关认定层次进行评估，不涉及财务报表层次。固有风险和控制风险之间的差异使得审计风险只体现在认定层次。这样一来，传统审计风险模型就失去了为企业整体进行风险导向的理论基础。所以，传统审计风险模型的这种由部分到整体的审计思路，使得注册会计师审计工作变得零散，缺乏对被审计单位风险的整体认识。

12.3.2　现代风险导向审计模型的局限性

现代风险导向审计引入“重大错报风险”概念以克服传统审计风险模型随着审计实务的发展表现出的缺陷，并重建风险模型：审计风险 = 重大错报风险 × 检查风险。

其中，重大错报风险包括两个层次：一是会计报表整体层次；二是交易类别、账户余额、披露和相关陈述层次。会计报表整体层次的重大错报风险是指同会计报表整体关系紧密的重大错报风险或对许多认定都有潜在影响的重大错报风险。它通常同被审计单位内部控制环境和其他环境因素相关。交易类别、账户余额、披露和相关陈述层次的重大错报风险由固有风险和控制风险两部分构成。国际审计与鉴证准则委员会认为，在既定的审计风险水平下，可接受的检查风险水平与认定层次重大错报风险的评估结果呈反向关系。评估的重大错报风险水平越高，可接受的检查风险越低；评估的重大错报风险水平越低，可接受的检查风险越高。因此，对于会计报表整体层次的重大错报风险评估水平，新准则要求注册会计师应该做出整体反应，例如，对审计小组强调收集和评价证据过程中要保持职业怀疑态度；分配一些更有经验或具有某方面特别技能的人员加入审计小组；对审计小组加强督导；在选择实施审计程序时加入更多的未预料的因素；必要时考虑调整审计程序的性质、时间和范围。而对于交易或账户层次的重大错报风险评估水平，注册会计师则应该确定下一步审计程序的性质、时间和范围，进行控制测试，实施实质性程序，测试表达和披露的充分性等。

作为审计风险的抽象表达方式，审计风险模型表达了审计风险的构成，反映了审计风险各要素的相互关系及它们对审计风险的影响，但需要指出的是，我们研究审计风险的目的主要是增强人们的风险意识，并以审计风险作为规划审计的起点和归宿，这既是风险导向审计的内涵，也是风险导向审计有别于账项基础审计和制度基础审计的实质所在。虽然现代审计风险模型具有不可替代的先进性，但是其在实务中的运用程度远远落后于理论上的先进性，在实际应用中仍然存在一定的局限性和问题，主要表现在以下几个方面。

1. 新风险模型应用成本较高，对注册会计师的专业要求高

现代审计风险模型要求在进一步审计程序之前必须整体评估企业经营风险，这项评估工作需要会计师事务所投入大量时间、人力、物力，而且评估结果与注册会计师的专业水平有很大关联，这些困难使得新风险模型的推行受阻。

2. 注册会计师执业风险不高，导致执业行为缺乏应有的谨慎性

目前，根据我国现行《注册会计师法》《公司法》《证券法》等法律及其他法规的有关规定，注册会计师的民事责任均由会计师事务所负责。例如，根据《注册会计师法》第16条的规定，在承接业务、签订委托合同时，均以事务所名义签约，而且鉴证报告亦盖有会计师事务所公章，一旦涉及违约，会计师事务所将对注册会计师承办的业务承担法律责任，注册会计师在执行审计业务时的民事赔偿责任也被转嫁至会计师事务所。政策上的规定与新审计准则中注册会计师必须始终保持职业怀疑态度、对审计工作的许多方面应进行职业判断的要求不相符，注册

会计师不履行责任的成本低，导致其执业时缺乏必要的谨慎。

3. 对企业整体战略风险评估困难，大部分会计师事务所仍然是以定性分析为主，缺乏定量分析的数据

现代审计风险模型的理论发展远高于实务操作，目前大部分会计师事务所在审计风险评估中仍然以传统审计风险模型为主。相对于传统审计风险模型的缺陷而言，现代审计风险模型在企业整体战略风险评估方面存在困难使得许多会计师事务所望而却步。企业战略风险分析主要包括经营环境、经营产品、经营模式等方面的综合分析，注册会计师并非专业的企业管理人员，所以信息不对称等原因会导致其掌握的信息不充足，为其战略分析造成障碍，使战略分析评估比较困难。另外，不同的会计师事务所进行战略风险评估的方法不同，这使得注册会计师在进行审计时审计方法不同，事务所之间数据通用性较差。

12.4　舞弊审计风险模型

舞弊审计以对财务报告中舞弊风险的评估为切入点，对舞弊风险因素进行识别并对舞弊风险水平进行评估，从而确定相应的审计程序控制检查风险，并最终将审计风险控制在可接受的水平上。因此，为了提高注册会计师识别和评估舞弊风险的准确性，提高审计的效率并保证审计的质量，有效地揭示财务报告中由于舞弊导致的重大错报，需要重构审计风险的模型。

舞弊审计的风险模型为：

审计风险 = 舞弊导致的重大错报风险 × 检查风险

舞弊审计风险模型与原有的风险导向审计风险模型相比，可在以下几个方面体现其查找和揭示舞弊的优势。

1. 帮助注册会计师提高识别和评估由于舞弊导致的重大错报风险的准确性

很多审计失败是由注册会计师对被审计单位的基本情况缺乏足够的

了解、“仓促上阵”所致。注册会计师应该通过各种渠道获取有关重大错报风险识别和评估的信息，特别是被审计单位经营环境信息、内部控制信息。

经营环境信息包括宏观经济环境、所在行业环境、法律环境等外部因素。行业越不景气，被审计单位会计报表反映不实的可能性越大，审计风险也就越大；而与审计相关的法律制度越健全，审计主体将承担的审计风险可能也越大。对于被审计单位，主要是考虑其经营情况，投资、融资情况，同时要特别注意管理层的品格和声誉，企业是否陷入财务困境和诉讼纠纷，以及被审计单位与前任会计师事务所的关系，有无重大会计问题和异常事项等。

内部控制则主要包括控制环境和控制程序。新准则及应用指南对这些相关信息都做了详细列举，对注册会计师从各方面收集信息起到了较好的指导作用，增强了可操作性。如《中国注册会计师审计准则第 1141 号——财务报表审计中与舞弊相关的责任》应用指南第 12 条说明，注册会计师应向管理层询问其对舞弊风险及旨在防止和发现舞弊的控制的自我评估是否恰当，如果管理层没有对舞弊风险做出评估，在某些情况下可能意味着管理层对内部控制缺乏重视；第 16 条说明，注册会计师也可以就是否存在或可能存在舞弊，直接询问被审计单位内部管理层以外的下列其他人员——不直接参与财务报告过程的业务人员、拥有不同级别权限的人员、参与生成和处理或记录复杂或异常交易的人员及对其进行监督的人员、内部法律顾问、负责道德事务的主管人员或承担类似职责的人员、负责处理舞弊指控的人员以及内部审计人员等，对识别出的舞弊风险进行评价，并在人员的分派和督导、选择审计程序时增强不可预见性、改变拟实施的审计程序的性质等方面指导注册会计师应对识别出的舞弊风险，以有效控制审计风险。

2. 新的风险模型强调了风险评估程序的重要性

新的审计风险模型要求注册会计师在整个审计过程中都要关注财务报表是否存在由舞弊导致的重大错报风险，并将舞弊风险评估作为整个审计工作的前提和基础，据此有针对性地采取措施，合理保证财务报表不存在由舞弊导致的重大错报。

审计准则把审计过程分为三部分。

①了解被审计单位及其环境，包括内部控制（目的是评估财务报表总体层次和认定层次的重大错报风险）。这部分程序也称为“风险评估程序”。

②控制测试（必要时）的目的是测试内部控制在防止、发现和纠正认定层次重大错、漏报方面的有效性，并据此一并评估重大错报风险。

③实质性测试的目的是检查认定层次的重大错报风险。

其中，②、③程序统称为“进一步审计程序”，审计准则指出风险评估程序不足以为发表审计意见提供充分适当的审计证据时，注册会计师还应当设计和实施进一步审计程序，包括控制测试和实质性测试程序，并指出应当以对识别出的认定层次的由舞弊导致的重大错报风险的相关评估结果（包括实施风险评估程序的结果和必要时执行控制测试的结果）为基础，同时考虑既定的审计风险水平，来确定可接受的检查风险水平，再据此计划和实施实质性测试。

在既定的审计风险水平下，可接受的检查风险水平与认定层次重大错报风险的评估结果呈反向关系。评估的由舞弊导致的重大错报风险越高，可接受的检查风险越低；评估的由舞弊导致的重大错报风险越低，可接受的检查风险越高。

检查风险取决于实质性测试设计和执行的有效性，注册会计师应当合理设计实质性测试的性质、时间和范围并有效执行，将检查风险降至可接受的水平。

表面上，新的审计风险模型只是用舞弊导致的重大错报风险代替原有审计风险模型中的重大错报风险，即识别和评价“舞弊导致的重大错报风险”，从而更好地体现了审计程序的多样性和不可预见性。它所体现的思想是：审计检查前的风险是客观存在的，是多方面因素综合作用的结果，这些风险因素彼此又不是独立的，因此不能割裂起来单独评估，而是需要联合起来评估。同时，审计检查前的风险又具有多样性和复杂性，行业状况，企业性质，监管环境，企业的战略、目标、经营风险、业绩考核体系不同，引发财务报表错报的风险因素就不同，因此，在具体审计中审计师需要根据企业的实际情况制定适合该企业的风险评估程序，关键要找出引发错报风险的源头并从源头来识别风险。

与原有的风险模型相比，舞弊审计风险模型虽然只是发生小小的变化，但体现的审计理念却发生了重大变化：它要求审计师从源头发现风险，审计重心前移；舞弊风险评估由零散走向结构化，它将各种导致舞弊的风险因素联系在一起，从多方面多角度考虑问题，风险评估方法更加系统化；将战略分析引进审计，风险分析方法多样化；以舞弊风险控制为导向，将舞弊风险评价贯穿整个审计过程；它的核心思想是通过系统的舞弊风险评估来识别可能存在由舞弊导致重大错报的地方，并将其作为实质性审计的重点，以此提高审计效率，降低审计成本，提高舞弊审计的质量。

12.5 审计风险模型的扩展

自从审计风险模型产生，国内外学者对其的研究就没停止过。国内学者对审计风险模型的研究起步较晚，最初的文献大多是对国外研究结果的介绍和总结。目前审计准则中对审计风险的定义主要基于“意见不当论”的观点，而由于国内学者更倾向“损失可能论”的观点，因此，国内学者根据不同主体对审计风险模型的需求不同，他们基于国际公认的审计风险模型尝试从不同角度去修改原有的审计风险模型或建立新的审计风险模型。

审计风险的定义基于财务报表存在重大错报的前提，但实际中还存在以下情况：财务报表存在错报或漏报，审计人员已觉察却也出具了标准审计报告的情况；财务报表已公允反映但审计人员出具了非标准审计报告的情况。

杨方文、惠英（2008）认为重大错报风险只是审计风险存在的前提，不是其存在的主要原因，应将重大错报风险剔除并在新风险模型中加入报告风险，即审计风险 = 检查风险 × 报告风险，并用博弈论模型证明了这一模型。结果表明，审计人员在报表存在重大错报时，会对发表非标准审计报告所造成未来客户流失、收入减少的损失与发表标准审计报告而受处罚带来的损失进行权衡，最终目的是规避风险。

谢海洋（2010）虽然也认为仅用重大错报风险不足以描述风险，但无法否认其客观存在性，因此在未剔除重大错报风险的基础上在模型中加入了"不当意见表达风险"，即审计风险 = 重大错报风险 × 检查风险 × 不当意见表达风险。同时，他提出，为了使审计风险模型具有较好的可操作性，需要对重大错报风险按照风险动因进行分解，进而将审计风险模型进一步深化为：审计风险 =（环境风险 + 发展战略风险 + 经营失败风险 + 管理舞弊风险 + 财务失败风险 + 会计处理风险）× 检查风险 × 不当意见表达风险。

汪立元（2012）从高管经济责任角度出发，提出高管经济责任审计风险模型：经济责任审计风险 = 重大错报风险 × 检查风险 + 评价风险 + 处理处罚风险。

罗永亮（2012）采用分层次研究方法，引入编报风险概念，提出新审计风险模型：审计风险 = 编报风险 × 检查风险，编报风险包括造假、控制、环境等方面的风险，检查风险包括抽样、审计人员、专家等带来的风险。

综观上述各模型，虽然各学者出于不同审计目的和需求对审计风险模型进行了改良，但这些研究多是建立在理论分析的基础上，尚缺乏经验证据的支持，也没有配套的评估程序和测试方法，因而缺乏对进一步具体研究的指导性。

在实际工作中，审计风险的各因素的评估主要依靠审计人员的职业判断，有比较强的个人主观因素，这造成了审计风险模型在理论上和实务上一定程度的脱节。

通过对比分析可以看出，相对于传统审计风险模型而言，现代审计风险模型是对传统的继承和发展。后者克服了前者的缺陷，形成了自己的模型优势，也使审计过程及对风险的计量更可靠。但需要特别指出的是，审计是一种依靠经验和知识进行判断的职业，在很多情况下，各审计风险要素的评估、审计证据收集的数量及审计证据收集的方法等，主要依靠注册会计师的职业判断，具有很强的主观性，多数情况下很难依靠数学模型来进行审计规划。因此，在风险导向审计模式下，注册会计师尽管在执行审计时做出了很大的努力，但对风险的评估不可能很准确，再好的审计风险模型，真正运用起来也是有局限性的。我们研究审计风险模型的重要意义在于利用其指导价值。

第 13 章

舞弊审计实施的制约因素及对策

舞弊审计概念的提出一方面是独立审计界为应对审计环境变化和满足社会公众的期望做出的适应性反应，另一方面也是审计目标的重新定位以及独立审计自身谋求新的发展的要求。独立审计作为舞弊的制度性防范措施，是舞弊治理机制中的最后一道防线，对于舞弊的查证和揭示有着不可回避的社会责任。在我国目前与舞弊治理相关的机制并不完善、审计职业界的实务水平与准则规范的要求还存在相当差距的现实环境下，实施舞弊审计也不可避免地会面对各种制约性因素，其有效实施依赖于注册会计师职业道德水平和执业能力的提高、行业监管机构监督力度的加强以及法律制度的完善。

13.1　舞弊治理机制理论

国内外关于舞弊问题的研究主要集中于三个方面：一是舞弊形成的动因分析；二是舞弊的识别研究；三是舞弊的防范与治理研究。前两者在国内外学者及实务界的共同努力下，取得了丰硕的研究成果，但舞弊的治理问题却始终是一个难题。国内外许多专家学者专门研究舞弊治理理论，其中最著名的是四层次舞弊治理机制理论。

该理论最先在美国著名的垂德威委员会的调查报告中提出，它最全面地阐述了舞弊的防范体系。该理论建议可通过建立四道防线来防止企业舞弊：高层的管理理念；业务经营过程的内部控制；内部审计；外部独立审计。这些控制机制相辅相成，共同形成综合的、多层面的企业反舞弊防线，能有效检查和防止企业舞弊。

1. 高层的管理理念

舞弊性财务报告的产生环境在很大程度上取决于整个公司的管理思想，其具体表现形式为公司书面及非书面的管理规章等。该防线是防止企业舞弊性财务报告举足轻重的一环。

为确定和宣传正确的管理思想，高层管理人员必须辨别能够导致企业舞弊的各种因素，并设立内部控制制度，以合理保证防止和及早发现舞弊。所有公司均应制定、完善并有效执行公司管理规章，规范员工的行为。此外，拥有稳定的规章制度是公司防止舞弊的重要前提，只有建立成文的、完善的公司管理规章才能为内部成员树立明确的道德守则，才能引导员工行为趋向公司利益最大化，使员工从整体上理解整个公司的目标和活动，正确执行行为标准。

2. 业务经营过程的内部控制

广义地讲，可将保护某一实体的资产或法定权益免受损失或虚报的任何一方面称为一项内部控制。1992 年垂德威委员会下设的发起组织委员会提交的报告中将内部控制定义为：内部控制是一个组织实体的董事会、经理人员以及其他人士参与的为实现各种目标而提供相关保证的过程。这些目标包括：①经营活动的效率和效益；②财务报告的可靠性；③合法性（遵守相关法律规章）。内部控制系统包括五个密切联系的控制要素：控制环境、风险评价、控制活动、信息与沟通、监控。

其中控制环境奠定了其他四个控制要素的基础，并确定整个公司的管理思想，它包含管理哲学、经营风格、授权与责任方式、组织结构、董事会指示、员工的团结观念和竞争意识等许多因素，因而实际上主要属于舞弊治理机制的第一道防线的范畴。其他四个控制要素则属于第二、三道防线的内容。

风险评价涉及公司面临的内部和外部诸多风险，进行风险评价的主要前提是树立目标，只有树立了明确的目标，公司才能据以确认和评价威胁目标实现的风险。

控制活动则囊括了所有者为确保风险控制在评价机制内而建立的各种政策和程序，包括业务分工、授权、协调、资产和记录的安全以及认可等。

信息与沟通则与编制财务报告的观念有关，这一观念要求及时确认、掌握并传递信息，供公司加工、处理并编制财务报告。

监控是指对控制系统在一定时间内的运行效率进行评价的过程，既可采用随时跟踪检查的方式，亦可进行定期评价，或两者兼而有之。

这五项因素相互联系、密切配合、不可或缺，形成组织内部矛盾的有机整体。任何一种控制因素的缺乏或不足均将导致整个控制系统目标的无法达成。从舞弊治理的角度出发，这些目标包括：①使舞弊难以发生；②使舞弊在某些场合下不可能发生；③使已发生的舞弊易于发现，并使相关的舞弊责任易于确认。

此外，内部控制对于审计，尤其对于舞弊审计起着绝对重要的作用。审计师可以通过内部控制的检查判定其强点、弱点，据以确定审计测试的范围，改善内部控制系统（尤其应注意过度控制、过时控制、无效控制、不符合成本效益原则的控制等），从而有效地防止、检查与控制企业舞弊。另外，以反舞弊思想为出发点的内部控制还强调了“热线”（如举报电话）的重要功能，使发现可疑现象的人员有机会直接将问题反映到企业监督部门或上层，而这一点往往被传统的内部控制所忽视。

经营业务过程的内部控制实为舞弊治理防线成功的重要保证，是企业高层管理者管理思想和相关载体形式得以最终贯彻实施的基础设施，因而是舞弊治理机制中至为基础的一环。

3. 内部审计

有效、客观的内部审计对公司内部防止和检查舞弊性财务报告起着主要的作用。公司内部审计人员的资格、组织、地位、报告渠道及其与董事会下属审计委员会的关系等，均应充分保证内部审计的有效性和客观性。

由于与注册会计师相比，内部审计人员与公司高层管理人员有着更为密切的联系和频繁的接触，因而容易察觉整个公司的危险信号。他们可以通过适当授权、协调分工、交叉审核、定期报告及差异分析等多种程序，及时避免有关差错和舞弊行为的发生。内部审计人员还可以审查公司对可疑付款的调查和处理情况；审计大额的、非正常的或无理由的费用支出（尤其是超过授权权限的超额支出）；审查敏感性支出，诸如诉讼费用、咨询费用、广告费用以及国外销售佣金等；调查对公司的反常捐助等。这些均将增强企业舞弊治理防线的防范功能，同时也增强了与内部审计人员日常事务息息相关的道德准则建设。

4. 外部独立审计

外部独立审计在舞弊治理机制中有着重要的、不可替代的作用。作为舞弊治理的最后一道防线，注册会计师有着不同于其他三道防线的特点与功能，首先便是其客观、公正、独立的鉴证地位。

综合四道防线而言，前三道防线均直接或间接地受管理层的监督与控制，属于公司内部防线。鉴于大多数舞弊案件都是管理层舞弊的事实，前三道防线在管理层舞弊发生时均会沦陷而完全丧失功能，这时注册会计师审计这一防线的重要性不言而喻。

注册会计师审计是独立于被审计对象的组织外部的防线，无论是公司的管理层还是社会公众，均依赖于注册会计师在客观、公正、独立基础上提供的鉴证服务。公司管理层希望注册会计师发现其内部审计人员和管理层未能发现的舞弊行为及内部控制系统的薄弱环节，而社会公众希望注册会计师确保企业对外公布的财务报告没有舞弊（注册会计师强调的是无重大错报），尤其是保证管理层没有做出蒙蔽社会公众的虚假陈述。

总之，社会对舞弊治理的需求强化了注册会计师对舞弊性财务报告所承担的审计责任，舞弊治理最后一道防线的地位又使其承担了更多的社会期望与责任，注册会计师在舞弊审计中的舞弊识别能力与审计策略亦是本书研究的重点。

13.2 舞弊审计实施的制约因素

从独立审计发展变革的历史进程中，我们不难看出，审计环境和审计目标的变化以及社会公众的期望促进审计模式不断改进和完善，审计模式又往往需要经历一个从提出到认知、从接受到广泛应用、从思想理念到切实行动、从简单的概念到行业规范的蜕变和升华过程。这一过程的完成又要受到独立审计界外部的社会环境、监管环境、法律环境、市场环境，以及独立审计界自身的行业发展状况、审计的独立性的保持、注册会计师职业道德和执业能力水平的高低等诸多因素的制约。

13.2.1 独立性的缺失

舞弊审计的实施首先要求注册会计师明确自己在审计中对舞弊责任的定位，承担起查找和揭示舞弊的责任，但这是以注册会计师能够在审计中保持独立的姿态并具备与其职业相称的专业胜任能力为前提的。独立性是现代审计中的一个十分重要的概念，是构建注册会计师职业道德理论体系的基石，没有独立性，就没有客观、公正的态度和立场。独立性不仅是对注册会计师的一项重要的品行要求，也是独立审计的精髓和灵魂所在，是注册会计师职业取信于投资大众和社会公众的必要条件，对于审计质量的保证起着决定性作用，各国的审计法律法规都将独立性作为审计师职业的价值核心。

但是大量舞弊案的爆发引发了社会公众对独立审计行业的信用危机，独立性问题也一次次成为会计职业界和监管界的热点问题。从根本上说，无论什么样的审计模式，也无论多么先进的审计技术和方法，如果注册会计师未能在审计中保持独立性，就极可能出现注册会计师对舞弊行为的默认、配合甚至合谋，查找和揭示舞弊的责任就无从谈起，审计就无质量可言。

可以说，独立审计行业的信用危机源于其独立性危机，独立性问题不仅困扰我国审计界，也是困扰世界各国审计界的难题，而且随着会计师事务所业务的不断拓展，会计师事务所与客户的关系似有更加“亲密”之势。理论与实证研究都表明，只有破解审计独立性的难题，审计质量才可能有质的提升。独立性缺失不仅是导致审计失败的第一原因，也是制约舞弊审计实施的最重要的实质性因素。

2010 年 5 月，美国垂德威委员会发布了一项题为“舞弊性财务报告：1998—2007 年美国上市公司的分析”的研究报告，该报告揭示了 1998 年 1 月到 2007 年 12 月受到美国证券交易监督委员会（SEC）调查的 347 个被指控舞弊案的检查结果，对这 10 年间发生的舞弊案的性质、范围和特征进行了深入的分析。关于外部审计的有关信息，该研究报告收集到 347 家舞弊公司中的 223 家公司的数据，研究发现，在舞弊发生之前最后一期财务报表审计意见中，有 43% 的舞弊公司被出具了标准无保留审计意见，79% 的舞弊公司的财务报表是由六大会计师事务所审计的，其中有 22 家公司的舞弊期间扩展到 2004 年《萨班斯 – 奥克斯利法案》（SOX）生效以后。美国典型的会计舞弊案例的主角还有安然公司（Enron）、世通公司（WorldCom）和施乐公司（Xerox）等。审计安然公司的安达信会计师事务所，在安然公司舞弊的1997—2000年期间的审计意见均为无保留意见，安达信会计师事务所直接参与了特殊目的交易实体（SPE）的设计，并为SPE的会计处理提供咨询服务，在此期间就此业务获得570万美元的咨询费。从1989年开始的10多年来，安达信一直为世通公司提供审计与咨询服务，1999—2001年安达信出具的均是无保留意见，2001年收取的总费用为1680万美元，其中760万美元为咨询费。到2000年为止，毕马威已经为施乐公司提供审计服务长达40年，在公司舞弊的1997—2000年，公司支付审计费用2600万美元，咨询费用则高达5600万美元，这些案例都无一例外地表明外部审计机构独立性不足甚至完全丧失的现实情况。

实际审计工作中，导致注册会计师审计失败的原因有很多，但是大量的舞弊案例分析发现，审计失败与财务报告舞弊密切相关，且在舞弊审计中会计师事务所和注册会计师独立性的丧失是导致审计失败最主要的原因。独立性的丧失直接导致审计毫无质量可言，可是我们不能否认，在注册会计师执业过程中存在大量损害独立性的因素，现有的审计聘任的制度安排、审计市场的激烈竞争以及审计与被审计双方建立的利益共生关系都对独立性产生严重损害，而且在特别人情化的中国，潜在的、难以识别的、纵横交错的社会关系对独立性的损害尤其严重。

安然事件爆发后，各国的审计职业界都意识到独立性对于审计质量的重要性，纷纷制定了提升独立性的措施，如审计业务与非审计业务分离制度、审计项目合伙人和签字会计师轮换制度、回避制度等。美国更多地关注了注册会计师行业的分业经营问题和独立性问题，德勤宣布要拆分咨询和审计业务，普华永道宣布将不再为审计客户提供咨询服务，安永将其咨询公司出售，毕马威则将咨询业务分拆上市。我国的监管部门也对注册会计师行业的独立性问题给予了高度的关注，并做了相关规定，要求会计师事务所不能同时为上市公司提供报表审计和会计咨询代理等业务，也不能同时为上市公司提供资产评估业务；签字注册会计师实行轮换制以保持独立性。

从目前实际情况来看，注册会计师行业的独立性问题仍不容乐观。因为这些形式上的强制性要求并不意味着注册会计师就能在执业中保持实质上的精神独立。形式上的独立是一种外在表现，容易识别，我们不做讨论，但实质上的独立则是一种内心状态，是注册会计师在精神上是否自愿、自觉地保持相对于客户和委托人的独立，这种内心活动不仅外界难以辨识，而且在注册会计师背离这一精神时难以取证。也就是说，注册会计师在执业时是否真正做到了实质上的独立只有自己知道，别人不得而知。

理论界与实务界的共识是，独立性问题是审计委托模式的缺陷造成的，是制度使然。然而，从精神层面上说，保持精神独立应该是注册会计师的一种自觉，是作为一名注册会计师必须具备的精神境界，如果这种独立还需要用各种制度和规范来强制约束的话，那只能说，注册会计师的职业操守与应该达到的水平还相差甚远。

实质上的独立从心理上体现为注册会计师“想不想独立”，是一种精神立场和价值选择，如果注册会计师不想独立，就会要么找出各种说明自己不能或无法独立的借口，要么证明自己在保持独立性方面在表面上是多么符合有关规范要求。这种形式上的符合使得再严密的制度和规范要求都可能沦为摆设，并成为注册会计师掩盖其合谋行为、抵挡公众质疑和舆论谴责的盾牌。

13.2.2　职业道德水平不高

注册会计师行业从诞生的那一天起就注定要义不容辞地承担维护公众利益的社会责任，这是注册会计师的天职和存在的价值，注册会计师也只有维护好社会公众的利益，才能赢得社会公众的信任。前世界银行行长沃尔芬森在第 15 届世界会计师大会上指出：“注册会计师是正直的监护人，注册会计师在道义上和伦理上的责任就是为大众利益服务，离开了这个立场，注册会计师就没有继续存在的必要。”

很多学者从多方面探讨导致注册会计师职业道德低下的原因，但这些原因归根结底是出于对利益的追逐。上市公司的发行审计及上市后的年报审计风险性很高，但同时也充满了巨大的利益诱惑，这对注册会计师的职业操守无疑是巨大的挑战。资本市场频频爆发的财务舞弊案不仅是对公众利益的肆意侵害，注册会计师作为会计监督的最后一道防线不仅没有履行好“经济警察”的职业责任，甚至置社会责任于不顾。实际上，很多舞弊案如果没有注册会计师的默认、合谋甚至鼎力相助，仅凭上市公司个体是很难完成的，绿大地案中所涉及的会计师事务所及注册会计师、律师事务所及相关律师、证券保荐机构及保荐人员都无一逃脱的现实发人深省。应该说，注册会计师对利益追逐的动机有多强，其对责任的推卸和逃避的动机就有多强。现在很多注册会计师不仅逐利意识深厚，而且社会责任感淡漠，在利益面前，道德防线一退再退，直至道德底线的丧失。

注册会计师是一个高风险的职业，从国外的许多诉讼案例来看，一旦出现审计失败，注册会计师将在一定时期内被禁止执业并承担严厉的经济制裁，所以国外的注册会计师都非常珍惜自己的职业声誉和专业人士形象，因而他们也备受尊重。但在我国却并非如此，高风险只是一种理论上的高风险，并不意味着严厉的制裁。实际上，法律因素对社会审计的影响更为直接。虽然监管部门对一些参与作假的事务所和注册会计师给予一定的处罚，但多是一些行政处罚，经济处罚的金额也少得可怜。而且由于我国很多事务所并不具备与其职业风险相适应的经济赔偿能力，再加上我国法律的不完善及相关法律之间的矛盾，遭受损失的投资者很难获得相应的赔偿，这些都大大削弱了该职业的真实风险，宽松的法律环境助长了审计合谋之势。

很多文章在分析审计失败的原因时，都将注册会计师风险意识欠缺作为一个主要原因，但通过博弈均衡理论的实证分析，我们发现，他们并不是欠缺风险意识，每一次审计都是注册会计师在充分权衡了收益与风险之后才做出选择的。我们在强调法律约束、职业道德教育和行政处罚的同时，还应该注意到，会计师事务所作为提供会计服务的中介机构，同样是一个追逐利益的经济个体，注册会计师也同样是“理性经济人”，在收益与风险的博弈中，获取的收益远远大于为风险所付出的代价使得注册会计师做出为收益而放弃职业道德的“理性”选择，而且只要收益大于成本，这种选择就永远是“理性”的。

13.2.3　专业胜任能力不足

审计的过程实际上是注册会计师以专业人士的身份，站在独立、客观、公正的立场上对被审计单位的财务报告是否公允表达发表鉴证性意见。审计质量是审计人员发现财务报告的问题并愿意披露这种问题的联合概率，即审计质量同时取决于审计人员的专业胜任能力和独立性这两种因素的交互影响。这说明，在强调审计独立性的同时，审计的专业性决定注册会计师必须具备与其职业相称的专业胜任能力。但是频繁爆发的舞弊案使公众在指责注册会计师未能在审计中保持独立性的同时，越来越多地将目光转向了注册会计师的专业胜任能力问题。而事实上，我国注册会计师专业胜任能力的低下已经成为审计事业发展的桎梏。

1. 专业胜任能力的重要性

注册会计师向社会公众提供的服务专业性很强，为了保证其服务质量，我国的《注册会计师职业道德规范指导意见》规定注册会计师必须具备与其执业要求相适应的专业胜任能力，不但要熟悉会计、审计、税务、法律等领域的标准与实务，而且要具备高水平的职业判断能力，并且不得承办不能胜任的业务。《美国政府审计准则》（2004）中的一般准则也对审计人员的胜任能力进行了规定，要求审计组织承担责任，保证每一项审鉴证业务是由整体上具备完成这项工作所必需的知识、技能和经验的人员来承担的。

从中外审计准则对有关审计从业人员自身业务素质的要求来看，审计业务必须由胜任的注册会计师来承担，这意味着没有胜任能力或专业胜任能力较差的注册会计师不能承担审计工作，即不能发现和揭示管理层舞弊行为。也就是说，注册会计师要想具有较高的识别舞弊的能力，就必须具有较高的专业素质和强大的职业判断能力，而专业素质和职业判断能力是注册会计师专业胜任能力的基础。

专业素质是指注册会计师为实现胜任能力而应当具有的专业知识、职业技能、职业价值观、道德与态度。处于不同职业阶段的注册会计师，其专业素质的水平存在差异，并且需要通过终身学习培养、保持和提高专业素质。注册会计师应当具备足够的专业知识，以便能够在日益复杂、不断变化的职业环境中胜任工作。注册会计师需要具备的专业知识是不断变化和扩展的，从事特定环境或行业的事务所需要的专业知识也存在差异，注册会计师应当持续更新其专业知识，具备在不同的职业环境中能够合理、有效地运用专业知识、职业价值观、道德与态度的各类职业技能。

舞弊审计要求注册会计师在审计中运用舞弊推定假设和大量的“心证”，审计程序的设计和审计证据的获取需要注册会计师有非常高的反舞弊能力，对注册会计师的知识结构及审计过程中的分析判断能力提出更高的要求，有效地识别和查找舞弊要求注册会计师不仅有较高的职业道德水平，还要有与舞弊风险导向审计相匹配的专业胜任能力，这对于揭示舞弊、提高审计质量，推动舞弊风险导向审计的实施具有重要作用。

2. 专业胜任能力具有识别和抑制舞弊的作用

20 世纪 70 年代以来国外学者对行为审计的研究持续不断，80 年代中期研究审计人员专业判断能力影响因素的文章急剧增加，研究者不断发掘新的因素。与此同时，审计师行业专长（Audit Firm Industry Expertise）的研究也成为一个重要分支，继 1993 年毕马威率先按照行业服务线（Industry Service Line）对其组织结构进行战略重构后，美国许多大型会计公司已进一步形成了行业专门化的显著特征，旨在提高审计师的专业能力，有效降低审计风险。

由于行业专长能够加深注册会计师对某一行业的认识，从而增强注册会计师在该行业的专业判断能力，因此，很多学者用行业专长作为审计质量的替代变量，来研究其与舞弊的关系，以此反映注册会计师的专业胜任能力是否有效抑制管理层的舞弊行为。

研究发现，具有行业专长的事务所在其专长的行业里相对在其非专长的行业里，能够发现更多的报告差错，经过行业专长者审计的财务报告盈余管理水平明显偏低（Balsam，2003）；同时由具有行业专长的审计师审计的 IPO 公司的股票抑价水平和盈余管理水平都较低（Elderetal，2002）；同样，在增发股票的样本里，审计师的行业专长与较低的公司盈余管理相关（Jianetal，2004），而且具有行业专长的审计师更能限制客户通过应计项目从事的盈余管理，其审计的财务报告中，盈余更为稳健（Krishnan，2003），因此具有行业专长的审计师能提供高质量的审计服务。

研究结果表明，具有行业专长的审计师能够更有效地限制激进和随机的盈余管理行为，审计师的行业专长对舞弊具有抑制作用，审计师可以以专业能力提高舞弊识别的效率，审计师的专业胜任能力与舞弊存在显著的负相关关系。

随着中国资本市场的发展，国内学者也开始关注注册会计师的专业胜任能力对舞弊的抑制作用。

夏立军（2004）和余玉苗（2004）从理论上分析了行业专长对提高审计质量的作用。

陈涛、张雁翎（2006）则首次实证发现具有行业专长的事务所审计的公司进行利润操纵的范围会更小，而且在 IPO 市场具有行业专长的审计师能够有效抑制管理层盈余管理的动机，降低盈余管理的程度（李仙等，2006）。

而后郑建明（2009）也发现在全国三大产业群中，具有行业专长的注册会计师能够有效地约束正向盈余管理行为；崔宏（2005）则发现从事证券业务的注册会计师相对于从事非证券业务的注册会计师，其盈余操纵的识别能力更高。

李俊梅（2010）发现，注册会计师的学历水平和从业经验都与识别和发现舞弊的效率相关，说明现代审计对注册会计师的专业胜任要求更高，要求其不仅要有较强的专业理论水平，还要有更丰富的实践经验，尤其是反舞弊的实践经验。

综合上述内容，国内外的实证研究都表明，会计师事务所的行业专长和注册会计师的专业胜任能力对于舞弊具有明显的抑制作用。这也说明，注册会计师是否具备专业胜任能力对于舞弊审计的实施具有显著的制约作用。

3. 专业胜任能力不足对舞弊审计的制约

由于注册会计师承担着一定的社会责任，对注册会计师专业胜任能力的要求实际上构成其与社会公众之间的契约，也就是说，注册会计师应该具备也必须具备与职业相称的专业胜任能力，否则就是一种“欺诈”。

但专业胜任能力是注册会计师的“内功”，一般无法用语言来准确描述，也无法用某种标准来衡量，从社会公众的角度来看，只能通过执业结果的质量对其专业胜任能力情况进行判别。就上市公司年报审计来说，审计报告的质量应该是对注册会计师专业胜任能力最好的验证，但是每年上市公司年报审计结果中占压倒性多数的无保留意见审计报告并不代表注册会计师提供的是高质量的审计。当注册会计师的违规行为被揭露时，“未能关注到某些不当处理”“未能实施恰当审计程序”“未能做到勤勉尽责”等执业能力方面的问题成为证监会对会计师事务所和注册会计师进行处罚的原因，但并未有明确的“合谋”或参与舞弊的定性。

专业能力不足导致审计失败和因参与舞弊导致审计失败的性质完全不同，所承担的法律责任也有很大区别，因此，在很多情况下，胜任能力不足反而成为减轻法律责任的借口。正如曾任中国注册会计师协会秘书长的陈毓圭所说：“审计工作的好坏只有我们自己知道，评价审计工作的标准只有良心知道。”

在上市公司经济业务处理日益复杂和会计舞弊泛滥的背景下，公众对注册会计师胜任能力的要求也日益提高，而注册会计师并没有在公众面前展示出应具备的专业水准，反而表现出太多“不专业”之处。由不专业的审计人员所进行的查找舞弊的审计，其质量恐怕难以想象。

13.2.4 执业环境的影响

注册会计师执业环境实质上是指所有作用于注册会计师执业且不断发展变化的各种因素的综合，是注册会计师、被审计单位、企业管理层、会计信息使用者、政府、行业协会、媒体等建立的生态链关系。从独立审计产生和发展的历史变革可以看出，执业环境对注册会计师的执业活动的影响是客观存在，执业环境决定注册会计师执业的实践活动，促进和推动着审计方法与模式的发展变革。目前我国注册会计师行业的执业环境对于舞弊审计的实施是不利的。

1. 独立审计市场的激烈竞争

独立审计本应该是一个“以质量求生存”的行业，但是对一个还需要为生存而奋斗的行业来说，关系生存大事的不是质量而是客户，谈质量恐怕是一种奢侈。许多会计师事务所为了生存不得不采取“低价揽业”、支付佣金等不公平竞争手段。经过脱钩改制和会计师事务所的合并，审计市场不正当竞争的表现虽有所变化和缓和，但是会计师事务所和上市公司多年的合作关系仍然存在，会计师事务所仍在采取各种不正当竞争手段吸引和留住客户，很多会计师事务所合伙人的主要精力都用在拉客户上。

在审计市场上，上市公司拥有的是选择权，而会计师事务所只能去争夺，恶性的价格竞争必然会导致会计师事务所的低价收费。现实情况表明，众多会计师事务所为了生存和发展不惜以牺牲审计质量为代价，以低成本竞争来应对巨大的经济压力。这样变异的审计关系使得作为独立审计行业灵魂的独立性在审计实务中成为一个悖论，会计师事务所和注册会计师根本无法在客户面前保持独立，在客户的不正当要求面前无法理直气壮地说“不”，职业道德的保持也就成了空谈。

2. 高质量审计服务的无效需求

我国的审计市场存在严重的高质量审计服务需求不足的现象，这主要由两个方面的原因导致。

（1）审计市场中缺少对高质量审计服务的需求

由于上市公司很多行为不是面对市场的，而是面对政府和相应监管机构的，上市公司管理层没有要求高质量审计服务的利益驱动，绝大多数企业聘请注册会计师审计报表不是出于自愿，而是为了应付政府部门和监管机构的相关法规要求，只要能取得政府等监管机构的认可，就可以取得或保留上市资格，或达到增资扩股的目的。

所以，很多上市公司对独立审计服务的需求仅仅是基于政府管制性干预所产生的名义上的审计需求，需要的是审计报告的肯定性意见，而并不是真正的高质量的审计服务。

（2）证券市场机制不完善

市场机制要发挥资源配置的作用，需要有健全的法律、高效率的行政管理手段和市场对高质量审计服务的认可等机制为前提，我国的证券市场发展还不够成熟，资本市场投机行为十分普遍，缺少对真实会计信息的内生需求，投资者很少会利用上市公司提供的财务信息进行分析决策，也并不十分关心报表的质量和注册会计师的审计报告，会计信息不能对社会资源配置起基础性引导作用，因而高质量审计服务的需求不足。上市公司缺少来自投资者的压力，在选择会计师事务所时主要考虑的不是执业质量和市场声誉，而是能否按照自己的意志披露信息以及与政府部门的关系、收费标准等因素，造成“劣币驱逐良币”的现象。

在缺乏对高质量审计服务的需求的情况下，上市公司自然会选择愿意与其配合的会计师事务所。没有对高质量审计服务的真正需求，审计市场的竞争就不会是审计质量的竞争，而是审计客户的竞争，会计师事务所也就没有动力和压力去提高审计质量。

3. 注册会计师协会的双重身份难以起到真正有效的监管作用

注册会计师协会作为全国注册会计师的自律性组织，它的地位、权威和独立性直接影响其监督管理作用的发挥。《注册会计师法》颁布以后，尤其是“两会”实现联合以后，财政部将对注册会计师行业的行政管理职能委托给注册会计师协会。从此，注册会计师协会对内作为财政部门的一个事业单位行使法律规定的行政职权，对外作为社会团体行使法律赋予的自律管理权限。

不可否认，这些年来，注册会计师协会在加强行业监管方面做了大量卓有成效的工作，为促进整个审计行业的健康发展，维护国家、集体和社会公众的利益做出了很大贡献。但“半官方半自律”的双重身份又使注册会计师协会陷入了两难的境地。一方面受财政部门委托，对行业履行行政管理职能，另一方面收取会员会费，作为行业自律组织又要维护会员利益。身份的双重性导致协会在实际工作中的两面性和妥协性，因为要体现政府的意志，维护国家的利益，协会必须依法行政，加大对行业的监督与处罚力度，严厉打击一切不正当行为，规范市场秩序，而要代表行业利益，协会则应从维护会员的角度出发，以行业代言人的身份，积极同政府各部门进行沟通、协调，做好服务工作。当政府利益和行业利益发生冲突时，协会很难做出抉择，在很多情况下不能从根本上摆脱行政干预，不能代表其成员有效地保护和发展本行业，未能起到应有的行业管理和监督作用。

4. 制裁不力的法律环境

注册会计师行业始终存在相关的法律法规不健全且执行力度不够的问题。虽然审计风险模型明确了注册会计师进行风险识别和评估是针对舞弊导致的重大错报风险的识别与评估，但是在实务中，作为“理性人”的注册会计师很可能考虑的并不是审计风险，而是职业风险，注册会计师执业的潜在风险大但实际承担的损失却很小。实际承担的损失主要来自监管部门的行政处罚，直接经济损失一般只是一定数额的罚款或没收违规收入，与西方会计师事务所经常面临大量的委托人以外的第三方利益关系人的诉讼以及诉讼失败后的巨额经济赔偿相比，并不足以影响会计师事务所的生存，出具虚假审计意见而承担刑事责任的案例并不多见。明显过小的处罚力度不仅起不到有效的威慑作用，还对他人的“效仿”起了示范作用。注册会计师低廉的失信成本和极具诱惑的高收益相比就显得微不足道了。

目前我国有关审计失败的诉讼法律制度还不健全，缺乏对中小投资者合法利益的保障制度。有些重大舞弊案件之所以能长期“潜伏”，表明市场的发现机制低效，存在监管不及时也不到位的问题，对舞弊案涉及的上市公司管理层、中介机构的处罚以行政处罚居多，加以一定的罚款，对民事赔偿责任关注不够，涉及的刑事责任也较轻，在巨大的利益诱惑面前不足以形成威慑力，宽松低效的法律环境为会计师事务所的违规行为提供了强有力的诱因。

13.3 推动舞弊审计实施的对策

13.3.1 健全和完善注册会计师法律责任体系，积极营造诚信的社会环境

良好的社会环境和执业环境是企业和注册会计师赖以生存和发展的客观条件，对注册会计师的执业实践起着规范和引导作用，其中法律环境对注册会计师的行为选择的影响最为深刻。良好的执业环境会形成良好的职业氛围，使注册会计师在执业时自觉坚守独立、客观、公正的原则，从而使审计质量得到根本保证。建立健全法律法规和规章制度可以从制度上防范注册会计师的合谋舞弊行为，有利于注册会计师树立关于舞弊责任的理念。

目前，我国有关法律法规对注册会计师法律责任规定的内容相互矛盾、衔接不够。进一步完善注册会计师法律责任体系首先要进一步规范行政处罚，推进注册会计师协会的行业自律。其次，要建立和健全追偿制度，既可以督促注册会计师认真地执行业务，也有利于保护受害者的利益。同时，还要建立一个强有力的有效监督的执行机构，使对注册会

计师责任的认定更为准确有效并且使注册会计师承担更大的责任，一旦注册会计师违背了法律法规的规定，必须加以追究并严肃处理。

营造诚信的社会环境有助于推动注册会计师提高道德水平，使其规范执业。我国的信用环境令人担忧，在会计和审计市场情况更严重，危害也更严重，舞弊大量盛行，投资人和债权人不能正确预测被投资企业财务状况和经营成果，很难做出正确的决策，从而造成社会经济资源的浪费，社会公众对注册会计师行业的信任度锐减。因此，营造诚信的社会环境和执业环境，并以此推动注册会计师行业的规范执业是推行舞弊审计的基础条件。

13.3.2　加强独立性保持的制度建设

虽然会计师事务所和注册会计师独立性的丧失是导致舞弊案审计失败的罪魁祸首，但从根本上讲，道德风险与审计模式无关。审计模式只是会计师事务所控制审计风险的一种技术和方法，不管是什么审计模式，都是技术层面的问题，并不是最重要的，而注册会计师的独立性和职业道德更为重要。独立性的问题不解决，任何审计模式应用的研究都没有意义。但现有的制度安排对注册会计师独立性的保持极为不利，甚至存在致命性损害。

根据审计失败案例的研究，会计师事务所丧失独立性的主要原因是经济利益和外部压力。经济利益对独立性的损害包括：收费主要来源于某一重要客户、过分担心失去某项业务、或有收费等；外部压力对独立性的损害主要包括受到有关单位或个人不恰当干预和受到客户降低收费的压力而不恰当地缩小工作范围等。

会计师事务所应制定保持独立性的制度性保障措施，在审计中有效识别和评估舞弊风险，并制定恰当的应对程序，当存在损害独立性的因素时，注册会计师应当采取必要的措施消除影响或将其降至可接受的水平；当维护措施不足以消除影响或将其降至可接受的水平时，会计师事务所应当拒绝承接业务或解除业务约定，决不应该为了经济利益或在外部压力下，或为了事务所的生存而参与上市公司舞弊。

会计师事务所从整体上提升独立性的措施主要包括高级管理人员重视独立性并要求鉴证小组人员保持独立性、制定有关独立性的政策和程序、建立必要的监督及惩罚机制以促进有关政策和程序得到遵循；保持独立性的措施包括安排鉴证小组以外的注册会计师进行复核、定期轮换项目负责人及签字注册会计师、将独立性受到损害的注册会计师调离鉴证小组等。

13.3.3 提高注册会计师的专业胜任能力

高质量的审计来自高素质的审计队伍，舞弊风险导向审计模式能否有效实施关键在于人的因素。从根本上讲，注册会计师应该具备也必须具备与这个职业相称的专业胜任能力，否则就是一种“欺诈”。专业胜任能力不仅是执业质量的保证，也是注册会计师的核心价值和安身立命的关键所在。

注册会计师的专业胜任能力是以专业素质为基础的，包括专业知识、职业技能、职业价值观、道德与态度等。专业知识和职业技能是注册会计师必备的职业要求，而职业价值观、道德与态度则对专业知识和技能如何正确发挥起决定性作用。

审计日益体现为一种综合性很强的专业性工作，需要注册会计师的知识结构、层次呈现多学科、多领域的状态，注册会计师如果没有日益精进的专业胜任能力，就无法满足舞弊审计对注册会计师应具备较高的专业能力的要求。

舞弊审计的实施要求审计人员具有更高的分析问题及解决问题的能力，应有职业的判断，克尽应有的谨慎和关注。

审计是一种依靠经验和知识进行判断的职业，注册会计师的审计过程实质是排除疑虑或证实某一事项的取证过程。在这个过程中，注册会计师必须依靠证据进行专业判断。对于直接或间接取得的证据注册会计师应判断证据来源的可靠性、证据的真假、证据的适当性和充分性，并以此决定是否扩大或追加审计程序；对于审计中发现的高舞弊风险的异常事项、重大事项，注册会计师要判断应追加实施哪些审计程序才能取得充分、适当的证据以排除疑虑或证实某一事项。这些都主要依靠注册会计师的职业判断，存在很强的主观性。不管审计准则制定得多么具体和详细，注册会计师的职业判断都是审计工作不可或缺的关键因素，将对审计质量产生重要影响。我国注册会计师一般专业知识较扎实，但缺乏丰富的职业经验，职业判断水平还不是很高，特别是在涉及审计风险的时候。因此，建议通过后续教育和工作培训来强化注册会计师的风险意识，增强注册会计师在审计风险评估和控制方面的职业判断能力，使其以应有的职业谨慎态度和独立性执行审计业务，从而降低审计风险。

在舞弊审计中，职业判断必须贯穿于审计的整个过程，提升审计人员的职业判断能力对于舞弊审计的实施至关重要。专业胜任能力的要求是不断变化的，注册会计师必须通过终身学习加以培养、保持和提高，只有注重专业素质的培养、切实提高专业胜任能力、减少与公众期望的差距才是控制审计风险、提高审计质量的有效之策。

13.3.4　切实加强注册会计师职业道德建设

注册会计师的职业性质决定了其所担负的是对社会公众的责任，高尚的职业道德是其为社会公众提供高质量的、可以信赖的专业服务，在社会公众中树立良好的职业形象和职业信誉的前提和保证。

尽管我国的注册会计师事业经过三十几年的发展，在理论研究和执业质量上都有了很大的提高，但注册会计师行业在职业道德方面存在的诸多问题令人忧虑，道德阵地的失守将使审计监督这最后一道防线变得不堪一击。在上市公司舞弊泛滥、审计诉讼大量增加的背景下，通过各种方式和途径提高注册会计师职业道德水平，并以此提高注册会计师的舞弊审计能力已经成为当务之急。

注册会计师的职业道德素质在降低和防范审计风险方面起着决定

性的作用。实证研究也表明，道德水平越高的注册会计师，识别和发现舞弊的能力就越强。随着行业内外部环境的变化，注册会计师的职业道德水平面临新的挑战与要求。尽管社会公众对于注册会计师职业道德水平的要求从未改变过，但是，随着我国市场经济的不断发展以及整个行业与国际接轨和国际交往的加强，行业自身需要进一步加强职业道德建设，尽快树立良好的行业形象和公信力。

但是，道德不会自发、自觉地形成，道德建设的过程可能很漫长，尤其是在缺乏对公众利益有效保护的制度环境下，注册会计师在巨大的利益面前极可能对法律制度的约束和惩罚持不屑的态度，有着强烈的违规动机和侥幸心理。

在目前职业道德的"软约束"相对弱化的情况下，必须发挥法律制度的"硬约束"的作用，完善相关行业规范和法律制度建设，提高违规成本，加大对违规行为的惩处力度，切实维护公众投资者的利益，以"硬约束"推动"软约束"的强化，并使两者能够形成良性互动。

另外，监管部门和行业也应该尽快推动职业道德水平规范化和标准化的进程，从而为社会公众评价注册会计师的职业道德水平建立一个被广泛认可的行为规范标准，最终促成注册会计师职业道德的形成和职业形象的重塑，推动我国注册会计师事业的健康、持久发展。

13.3.5 加强会计师事务所审计质量控制系统建设

实施舞弊审计的关键在于真正树立风险意识，严格控制审计质量。对于会计师事务所而言，审计质量始终是一个会计师事务所生存和发展的关键，提高审计质量是一个永恒的话题。

在注册会计师职业的质量控制系统中，会计师事务所内部质量控制属于实际控制环节，个人的道德约束必须在具有良好控制环境的事务所中才能发挥作用。对会计师事务所而言，内部质量控制体系不只是某些部门或人员的事情，也不只是针对某些审计业务，而是会计师事务所整体管理的重要部分，它关系到会计师事务所所有的经营管理活动，也关系到会计师事务所所有的部门和人员。

具体来说，内部质量控制体系的建立需要在会计师事务所内部建立相互联系的子系统。

1. 建立审计质量的组织结构控制系统

审计质量控制组织结构反映了会计师事务所中关于质量控制的权利、责任，审计业务的执行和管理等各方面的关系。有效的质量控制组织结构可以明确审计质量控制的权利和责任，为会计师事务所的质量管理、确定质量控制目标及制定质量控制政策和程序提供组织保证。

每个会计师事务所都应该根据各自的实际情况，优化组织结构，健全质量控制的组织系统。有条件的会计师事务所可以直接在首席合伙人或董事长之下建立质量控制管理委员会，专门负责质量控制制度的设立和执行，制定质量控制标准，检查监督审计质量，统一组织质量信息的沟通。

2. 建立质量控制信息的传送和反馈系统

会计师事务所组织内部的信息沟通对于控制审计质量具有重要作用。审计质量控制标准和目标的传送、审计质量问题的处理及控制责任的授权与委托等都依赖信息系统的传送。同时应加强信息的反馈机制，增强信息系统工作的主动性，提高审计质量的改进效果和效率。

会计师事务所可以采取审计项目抽查、审计质量考评等方式，收集质量控制信息，分析质量上存在的主要问题，找出原因及关键质量控制点，及时反馈给有关当事人和管理者，迅速采取措施，加强质量控制。

3. 建立质量控制责任的考核评估系统

首先，要建立健全会计师事务所内部的质量标准体系及审计质量责任体系。依据独立审计准则和质量控制准则，建立质量控制标准和健全相关辅助性的规章制度。同时，审计质量责任体系应遵循人尽其责、全员控制的原则，将责任落实到各个部门和人员，在执行具体审计项目时，实现全过程控制。

其次，建立和健全质量控制责任的考核评估体系。会计师事务所可以建立质量控制责任的考核机制、审计项目质量责任追究机制及质量责任完成情况的评估汇报制度，对没有遵守质量控制标准的注册会计师给予一定的惩罚，对严格遵守质量控制责任的注册会计师给予一定的奖励。

4. 针对具体项目建立审计业务流程的质量控制系统

审计业务流程的质量控制系统是会计师事务所质量控制体系构建的最重要环节，主要包括审计业务的事前、事中、事后控制。

事前控制主要包括做好业务承接的质量控制，了解客户的经营、行业情况及其他情况，选择有胜任能力的人员，做出合理的工作委派；事中控制主要包括严格执行工作底稿的复核程序，保证审计证据的质量，采用有效的审计技术，加强督导和控制等；事后控制包括及时总结审计工作，加强对审计档案的管理等。

5. 针对审计质量控制建立相应的人力资源管理系统

会计师事务所应树立“人合”而不是“资合”的经营理念。审计质量的提高不仅要依靠各项制度，更为重要的是提高审计人员的素质，选用德才兼备的人员，做好后续教育和专业培训。同时，更要注重对现有人力资源的配置，在指派任务时，要考虑审计人员的经验、特长和项目特征，保证将工作指派给有专业胜任能力的人。

第 14 章

研究结论与后续研究方向

14.1　研究结论

本书遵循从提出问题、运用有关理论分析到最终提出解决问题的策略的研究思路展开研究，研究的主题是资本市场的舞弊及相应的审计策略，即以注册会计师为审计主体，以资本市场中上市公司的行为和相关数据作为研究对象，借助对资本市场典型舞弊案例的剖析，充分借鉴国外审计界对舞弊审计研究的成果，采用规范分析和案例分析相结合的研究方法，探索我国资本市场舞弊行为的影响因素，揭示舞弊的内涵及其形成规律，进而确立舞弊审计的概念框架、技术规范与审计策略。研究结论如下。

1. 舞弊三角理论适用我国上市公司财务舞弊动因分析

三角理论是目前应用最广泛的舞弊动因理论。依据舞弊三角理论，我国上市公司会计舞弊不仅有着强烈的舞弊动机（经济利益及其他隐形利益），而且面临着巨大的舞弊机会（公司治理缺陷和外部监督的漏洞），此外，整个经济环境假象丛生，社会道德水平下降，“法不责众”的心态，不会被发现的侥幸心理，为企业“脱困”、解决就业、增加税收等冠冕堂皇的理由都成为上市公司管理层将舞弊行为“自我合理化”的借口。从目前情况来看，我国上市公司所处的内外部环境都有利于管理层实施舞弊行为。政府政策导向和不恰当的行政干预、市场经济中非平衡的利益格局、法律法规的缺乏或不健全及执行效率的低下及注册会计师审计监督制度的失灵都是上市公司实施舞弊的有利外部环境因素；而公司治理结构的缺陷、内部控制不健全或无效等则构成对管理层实施舞弊的有利内部环境因素。

2. 低劣的舞弊手段加上审计师的“合谋”是舞弊案一再爆发的重要原因

从技术上说，注册会计师识别和查找舞弊的难度并不太大，舞弊公司所使用的手段并不高明，有的手段是赤裸裸地伪造政府文件、进出口报关单、发票、金融票据等，手段低劣，多数属于传统型的会计舞弊，舞弊区域主要集中于会计凭证、账簿、报表等会计资料和相关材料。对于低劣的舞弊的识别和查找本来并不难，只要注册会计师稍加注意，哪怕有起码的职业谨慎就能发现，却仍然发表无保留意见，简直令人匪夷所思。注册会计师作为专业人士，如果连低劣的舞弊都查不出来，恐怕就不是执业能力的问题，而是职业道德的问题，提供严重失实或虚假报告最大的可能就是参与舞弊，这与注册会计师的独立性缺失和道德防线失守有关。

3. 风险导向审计模式应对舞弊风险的局限性促使舞弊审计概念的提出，并对注册会计师的知识结构和执业能力提出更高要求

进入 21 世纪以来，风险导向审计逐渐成为审计的主流模式，一方面是因为在国际背景下，财务舞弊已成为全球资本市场关注的焦点，查找和揭示舞弊成为注册会计师审计的主要目标；另一方面是风险导向审计在查找舞弊问题上存在局限性，不能适应舞弊审计的需要。由于大规模的财务舞弊丑闻都是管理层舞弊所致，而管理层舞弊往往能凌驾于企业内控之上且毫无障碍，也就是说，无论内控多有效，也防止不了管理层舞弊。在舞弊审计中，这种审计模式无法确定审计的重点领域，使审计既无效率更无效果。舞弊审计强调职业判断和职业关注在舞弊审计中的重要性。同时，舞弊审计对注册会计师的素质、知识结构和专业胜任能力提出更高的要求，原有的以会计审计知识为中心将转向以管理知识、行业知识为中心。这就要求注册会计师不断补充相关知识，掌握常用分析工具的运用，接受行业知识培训，利用社会知识资源来保持和提升胜任能力。

4. 遵守审计职业行为规范与科学制定审计策略在舞弊审计中至关重要

舞弊审计强调的是审计技术的有效性、审计程序的周密性、审计证据的可靠性和审计风险的可控性。因此，注册会计师在实施审计时，保持清晰的审计思路，充分认识舞弊行为的相互关联性，排除干扰，直奔

重点、有效取证。虽然规范审计技术与审计策略，提高舞弊的识别和查找能力虽然在舞弊审计中至关重要，但从根本上讲，道德风险与审计模式无关，审计模式只是会计师事务所控制审计风险的一种技术和方法，只是技术层面的问题，并不是最重要的，而注册会计师的独立性和职业道德更为重要。独立性的问题不解决，就很难有审计质量的实质性提高。但现有的制度安排对注册会计师独立性的保持极为不利，甚至存在致命性损害。只有改变制度安排，让注册会计师博弈的结果是遵守规则和职业道德，保持形式和实质上的独立，才能真正实现独立审计的监督职能和舞弊审计的目标，也才能使审计技术与审计策略的规范具有实际意义。

5. 舞弊审计的实施仍存在诸多制约性因素

独立性是独立审计的精髓和灵魂所在，是注册会计师职业取信于投资大众和社会公众的必要条件，是审计职业的价值核心，但独立性问题却不仅困扰我国审计界，也是困扰世界各国审计界的难题。

我国的独立审计事业发展时间短，独立审计的发展路径属于政府推动型，目前的会计服务市场主要是在政府的干预下形成的，虽然已经脱钩改制多年，但独立性缺失问题尤其严重，而且大量舞弊案的涉案注册会计师都有逃脱不掉的审计合谋嫌疑。

独立性缺失不仅是造成审计失败的罪魁祸首，也是舞弊审计实施的最大障碍。

审计的过程实际上是注册会计师以专业人士的身份，站在独立、客观、公正的立场上对被审计单位的财务报告是否公允表达发表鉴证性意见，审计质量实际上取决于审计人员的专业胜任能力和独立性这两种因素的交互影响。

虽然我国审计准则已实现与国际审计准则的持续、全面趋同，但注册会计师的实际执业能力和水平并不高却是不争的事实，在实务中很多会计师事务所和注册会计师还停留在账项基础审计与制度基础审计之间，很多注册会计师没有风险意识，也不具备识别和评估舞弊风险的能力，风险识别与评估只是个形式。实证研究也表明，专业胜任能力不足是仅次于独立性导致审计失败的第二大原因，因此，注册会计师执业能力与舞弊审计的要求不相称是制约舞弊审计实施的第二大因素。

舞弊审计除了受到独立性缺失和注册会计师专业胜任能力不足两大因素制约外，还受到审计市场缺乏对高质量审计服务的需求、会计师事务所之间的不正当竞争、注册会计师协会的低效监管、制裁不力的法律环境以及社会环境普遍缺乏诚信等执业环境中大量不利因素的影响。客观地说，舞弊审计的全面实施还有很长的路要走，它需要社会、政府、公众以及注册会计师的共同努力。

14.2 后续研究方向

资本市场的舞弊问题是一个综合和复杂的现象，受到众多因素的影响，从现实情况来看，只要资本市场中信息不对称存在，舞弊就不可能根除，只能通过提高会计信息披露质量、改善公司治理结构、优化现有制度安排、加强法律法规监管等措施进行抑制。因此，资本市场中舞弊与反舞弊的斗争必将长期存在。从目前对国内外关于舞弊及其治理的研究成果来看，对舞弊动因及识别的理论研究相对丰富成熟，但对于舞弊的治理虽然从不同的角度也有颇多研究，但多数研究都是在原因分析和案例剖析的基础上，提出一些宏观性和方向性的治理措施，如加强道德建设、完善相关法律法规、改进和修订会计准则与审计准则、加大监管和惩罚力度等，缺乏针对性和对具体实务工作的指导性，难以达到治本的目的。实际上，舞弊是一个困扰世界各国政府的难题，但是如何能够卓有成效地治理舞弊是一个更难的问题。后续研究方向将集中于以下两个方面。

1. 从市场监管的角度研究舞弊的治理问题

由于本书的研究视角是界定在资本市场中与独立审计相关联的财务舞弊行为和相关的审计策略问题，即对独立审计中注册会计师如何识别和评估舞弊风险，并规范审计技术与策略来应对舞弊进行研究，这只是外部监督的一个方面，对其他监管部门的作用和监管措施的研究并未涉及。资本市场的发展实践表明，有效的市场监管是治理舞弊的关键。可以说，凡是资本市场成熟完善的国家，其市场监管也是严格有效的。由于证券市场是一个极其复杂的多方博弈市场，由多个不同利益主体参与，监管的对象应包括各种可能实施舞弊的利益主体，作为证券市场发展基石的上市公司则是理所当然的市场监管的第一对象。监管的主体包括政府机构如财政部、证监会等以及非政府机构如会计师事务所、注册会计师协会等。在目前情况下，中国证监会是全国证券业和证券市场进行监督管理的执行机构，是市场监管的最高行政机关。国内关于舞弊及其治理的实证研究也多是根据中国证监会对舞弊上市公司和违规会计师事务所做出处罚的案例作为样本进行分析的。由于我国的资本市场还不够成熟和完善，市场监管的质量和效率相对来说并不高，外部监管的低效和制度的漏洞一直使上市公司面临巨大的舞弊机会，如何通过提高市场监管的质量和效率来治理财务舞弊是理论研究的难点，也是本研究的后续研究方向之一。

2. 从公司治理结构的角度去深入研究舞弊产生的内在影响因素

公司治理从本质上说是保证公司投资者的投资得到合理回报的一整套制度安排，这些制度安排可以分为公司内部治理和公司外部治理。公司内部治理的制度安排包括董事会结构、公司高层管理人员之间的制衡机制和高层管理人员的激励机制等。按委托代理理论，公司高级管理层与股东之间是委托代理关系。在这种委托代理关系中，由于信息不对称的客观存在，导致了公司高管的道德风险和逆向选择等代理问题，而舞弊则是一种最为严重的代理问题。国内外重大舞弊案均属于管理舞弊的事实强烈证明了公司内部治理的问题是导致舞弊的重要内在因素。会计数据虽然是上市公司经营业绩的最直观表现，但是会计数据实际上是公司管理层行为选择的结果。因此，明智的投资者在进行投资决策时，已不只是关注上市公司的财务指标，而越来越关注公司是否有违规行为，越来越重视公司董事会、管理层诚信等公司治理状况。公司治理，特别是董事会治理水平甚至比财务指标更重要。相对而言，我国目前关于舞弊上市公司的治理特征的研究尚处于起步阶段，且实证研究不足，难以从公司治理的角度出发研究会计舞弊的治理提供充足数据和治理思路，而且由于我国的文化观念、市场环境和法律制度等都与西方发达国家相比有很大差异，对于如何通过完善公司治理来抑制舞弊的研究较少有突破性成果，这也是此论题成为后续研究方向的原因。

3. 舞弊审计模式下审计证据的收集、处理与评价等方面的深入研究

舞弊审计的实施需要更具方向性的、指导性的业务规范，以指引注册会计师在不同的情况下，根据不同客户的舞弊风险评估的结果设计适当的审计方案、实施个性化的审计程序以更有效地识别和发现舞弊，实现审计目标。

作为支持注册会计师发表审计意见的审计证据是审计理论中一个非常重要的概念，可以说，无论什么模式的审计，审计证据都处于中心地位，审计的过程实质就是收集、处理和评价审计证据的过程。舞弊风险导向审计的一个显著特征是审计证据外部化，也就是说，注册会计师不仅要从账簿资料以外获取审计证据，还要学会从企业所处的外部环境取得证据，而且这些证据对注册会计师发现舞弊起着越来越重要的作用。

然而，获取和评价这些证据需要综合运用各种知识和技能，同时随着职业判断成分的增加，审计证据的主观性也越来越强。如何在进行成本效益权衡的同时，综合运用这些“软”的审计证据与传统的“硬”的审计证据，将审计风险降低至可接受的低水平是一个需要深入研究的问题。

舞弊审计尤其强调对被审计单位及其环境的了解，因为在舞弊普遍存在的情况下，与客户打交道是一个智慧较量的过程，对客户了解得越深越透，胜利的把握越大。但是在审计时间和成本的压力下，到底需要在多大程度上了解被审计单位情况，如何事半功倍地进行舞弊风险的识

别与评估都难以准确说明或量化。

目前我国的风险导向审计准则的规定是比较有原则性的，即了解的程度足以使注册会计师能够识别和评估重大错报，在舞弊审计模式下，应解释为了解的程度足以使注册会计师能够识别和评估由舞弊导致的重大错报。但每个注册会计师对“足以”的判断可能都是不同的。从审计理论建设的角度而言，这些问题都需要对新型证据的特点、证明力及获取的具体途径进行更深入的研究。

4. 舞弊审计模式实施效果及存在问题的实证研究

舞弊问题是一个困扰了管理层、学术界、政府机构和审计实务界数十年的问题。随着各种舞弊行为和案例的不断出现，国内外理论界人士也投入了大量的研究，取得了重大进展。相对来说，国外学者对于舞弊问题的研究起步较早，研究方法也相对成熟，既有规范研究，也有大量实证研究。

美国的独立审计界对虚假财务报告和舞弊行为审计的研究积累了大量的经验。例如美国的垂德威委员会在 1987 年提交的著名研究报告《反舞弊财务报告委员会关于舞弊性财务报告的研究报告》，其发起组织委员会 COSO 于 1999 年和 2010 年分别发布了对美国上市公司财务报告舞弊案例统计研究的结果，概括了有关公司舞弊的特征、典型的舞弊手法并提出相关的建议。

舞弊及舞弊审计相关理论研究的进步为舞弊导向审计模式的研究提供了扎实的理论基础。

我国会计理论与实务界对于舞弊问题的研究起步较晚，进入 21 世纪以来，我国资本市场频繁爆发的上市公司重大舞弊案推动了审计理论界和实务界对舞弊问题的研究，如何有效识别和治理舞弊已经成为会计学乃至管理学研究的重要课题之一。

从现有的研究成果来看，研究形式多为规范研究，实证研究并不多，且集中于舞弊审计准则、舞弊审计责任、舞弊审计技术的规范以及通过案例分析进行舞弊问题研究等方面。我国的制度背景使上市公司的舞弊手段、动机等与英国、美国等发达国家资本市场的舞弊行为特征呈现出很多不同之处，运用国外实证研究的结果检验我国资本市场的舞弊行为的有效性不能确定。

本书的研究也主要运用规范研究的方法，实证研究部分则借鉴了国外关于舞弊问题的研究成果。舞弊审计是现代风险导向审计的一种创新形式，其实施效果如何、实施过程中有哪些主要问题、运用哪些方法对舞弊风险的识别与评估更为有效、在设计审计程序时注册会计师更倾向运用哪些方法等问题都需要实证研究，以使舞弊审计模式更具实用性和指导性。但实证研究往往需要对研究对象进行大量的观察、实验和调查，对重要数据需要进行长时间的跟踪、收集、处理和分析，由于舞弊审计尚未全面实施，而且在实施中存在诸多制约因素，一些实证资料的获取难度很大，这也是国内研究主要以规范研究为主的原因。舞弊审计的有效实施需要大量实证研究成果作为理论支撑，这也将是本研究未来的一个重要研究方向。

附录一

中国注册会计师审计准则第1141号——财务报表审计中与舞弊相关的责任

（2019年2月20日修订）

第一章 总则

第一条 为了规范注册会计师在财务报表审计中与舞弊相关的责任，制定本准则。

第二条 在涉及识别、评估和应对由于舞弊导致的重大错报风险时，本准则是对注册会计师如何应用《中国注册会计师审计准则第1211号——通过了解被审计单位及其环境识别和评估重大错报风险》和《中国注册会计师审计准则第1231号——针对评估的重大错报风险采取的应对措施》的进一步扩展。

第三条 财务报表的错报可能由于舞弊或错误所致。舞弊和错误的区别在于，导致财务报表发生错报的行为是故意行为还是非故意行为。

第四条　舞弊是一个宽泛的法律概念，但注册会计师关注的是导致财务报表发生重大错报的舞弊。与财务报表审计相关的故意错报，包括编制虚假财务报告导致的错报和侵占资产导致的错报。

尽管注册会计师可能怀疑被审计单位存在舞弊，甚至在极少数情况下识别出发生的舞弊，但注册会计师并不对舞弊是否已实际发生作出法律意义上的判定。

第五条　被审计单位治理层和管理层对防止或发现舞弊负有主要责任。

管理层在治理层的监督下，高度重视对舞弊的防范和遏制是非常重要的。对舞弊进行防范可以减少舞弊发生的机会；对舞弊进行遏制，即发现和惩罚舞弊行为，能够警示被审计单位人员不要实施舞弊。对舞弊的防范和遏制需要管理层营造诚实守信和合乎道德的文化，并且这一文化能够在治理层的有效监督下得到强化。

治理层的监督包括考虑管理层凌驾于控制之上或对财务报告过程施加其他不当影响的可能性，例如，管理层为了影响分析师对被审计单位业绩和盈利能力的看法而操纵利润。

第六条　在按照审计准则的规定执行审计工作时，注册会计师有责任对财务报表整体是否不存在由于舞弊或错误导致的重大错报获取合理保证。

由于审计的固有限制，即使注册会计师按照审计准则的规定恰当计划和执行了审计工作，也不可避免地存在财务报表中的某些重大错报未被发现的风险。

第七条　在舞弊导致错报的情况下，固有限制的潜在影响尤其重大。舞弊导致的重大错报未被发现的风险，大于错误导致的重大错报未被发现的风险。其原因是舞弊可能涉及精心策划和蓄意实施以进行隐瞒（如伪造证明或故意漏记交易），或者故意向注册会计师提供虚假陈述。如果涉及串通舞弊，注册会计师可能更加难以发现蓄意隐瞒的企图。串通舞弊可能导致原本虚假的审计证据被注册会计师误认为具有说服力。

注册会计师发现舞弊的能力取决于舞弊者实施舞弊的技巧、舞弊者操纵会计记录的频率和范围、舞弊者操纵的每笔金额的大小、舞弊者在被审计单位的职位级别、串通舞弊的程度等因素。即使可以识别出实施舞弊的潜在机会，但对于诸如会计估计等判断领域的错报，注册会计师也难以确定这类错报是由于舞弊还是错误导致的。

第八条　管理层舞弊导致的重大错报未被发现的风险，大于员工舞弊导致的重大错报未被发现的风险。其原因是管理层往往可以利用职务之便，直接或间接操纵会计记录，提供虚假的财务信息，或凌驾于为防止其他员工实施类似舞弊而建立的控制之上。

第九条　在获取合理保证时，注册会计师有责任在整个审计过程中保持职业怀疑，考虑管理层凌驾于控制之上的可能性，并认识到对发现错误有效的审计程序未必对发现舞弊有效。本准则的规定旨在帮助注册会计师识别和评估舞弊导致的重大错报风险，以及设计用以发现这类错报的审计程序。

根据法律法规或相关职业道德要求，对于被审计单位的违反法律法规行为（包括舞弊），注册会计师可能承担额外责任。这些责任可能与本准则和其他审计准则不同，或超出了本准则和其他审计准则的规定，例如：

（一）应对识别出的或怀疑存在的违反法律法规行为，包括要求与管理层和治理层专门进行沟通，评价其对违反法律法规行为所作应对的适当性，并确定是否需要采取进一步行动；

（二）向其他注册会计师（例如，在集团财务报表审计中）沟通识别出的或怀疑存在的违反法律法规行为；

（三）对识别出的或怀疑存在的违反法律法规行为的记录要求。

对额外责任的履行，可能提供与注册会计师按照本准则和其他审计准则执行工作相关的进一步信息（如与管理层和治理层诚信相关的信息）。

第二章　定义

第十条　舞弊，是指被审计单位的管理层、治理层、员工或第三方使用欺骗手段获取不当或非法利益的故意行为。

第十一条　舞弊风险因素，是指表明实施舞弊的动机或压力，或者为实施舞弊提供机会的事项或情况。

第三章　目标

第十二条　注册会计师的目标是：

（一）识别和评估由于舞弊导致的财务报表重大错报风险；

（二）通过设计和实施恰当的应对措施，针对评估的由于舞弊导致的重大错报风险，获取充分、适当的审计证据；

（三）恰当应对审计过程中识别出的舞弊或舞弊嫌疑。

第四章　要求

第一节　职业怀疑

第十三条　按照《中国注册会计师审计准则第 1101 号——注册会计师的总体目标和审计工作的基本要求》的规定，注册会计师应当在整个审计过程中保持职业怀疑，认识到存在由于舞弊导致的重大错报的可能性，而不应受到以前对管理层、治理层正直和诚信形成的判断的影响。

第十四条　除非存在相反的理由，注册会计师可以将文件和记录作为真品。但如果在审计过程中识别出的情况使注册会计师认为文件可能是伪造的或文件中的某些条款已发生变动但未告知注册会计师，注册会计师应当作出进一步调查。

第十五条　如果管理层或治理层对询问作出的答复相互之间不一致或与其他信息不一致，注册会计师应当对这种不一致加以调查。

第二节　项目组内部的讨论

第十六条　按照《中国注册会计师审计准则第 1211 号——通过了解被审计单位及其环境识别和评估重大错报风险》的规定，项目组成员之间应当进行讨论，并由项目合伙人确定将哪些事项向未参与讨论的项目组成员通报。

项目组内部讨论的重点应当包括财务报表易于发生由于舞弊导致的重大错报的方式和领域，包括舞弊可能如何发生。

在讨论过程中，项目组成员不应假定管理层和治理层是正直和诚信的。

第三节　风险评估程序和相关活动

第十七条　当按照《中国注册会计师审计准则第 1211 号——通过了解被审计单位及其环境识别和评估重大错报风险》的规定实施风险评估程序和相关活动，以了解被审计单位及其环境时，注册会计师应当实施本准则第十八条至第二十五条规定的审计程序，以获取用以识别由于舞弊导致的重大错报风险所需的信息。

第十八条　注册会计师应当向管理层询问：

（一）管理层对财务报表可能存在由于舞弊导致的重大错报风险的评估，包括评估的性质、范围和频率等；

（二）管理层对舞弊风险的识别和应对过程，包括管理层识别出的或注意到的特定舞弊风险，或可能存在舞弊风险的各类交易、账户余额或披露；

（三）管理层就其对舞弊风险的识别和应对过程向治理层的通报；

（四）管理层就其经营理念和道德观念向员工的通报。

第十九条　注册会计师应当询问管理层和被审计单位内部的其他人

员（如适用），以确定其是否知悉任何影响被审计单位的舞弊事实、舞弊嫌疑或舞弊指控。

第二十条 如果被审计单位设有内部审计，注册会计师应当询问内部审计人员，以确定其是否知悉任何影响被审计单位的舞弊事实、舞弊嫌疑或舞弊指控，并获取这些人员对舞弊风险的看法。

第二十一条 除非治理层全部成员参与管理被审计单位，注册会计师应当了解治理层如何监督管理层对舞弊风险的识别和应对过程，以及为降低舞弊风险而建立的内部控制。

第二十二条 除非治理层全部成员参与管理被审计单位，注册会计师应当询问治理层，以确定其是否知悉任何影响被审计单位的舞弊事实、舞弊嫌疑或舞弊指控。治理层对这些询问的答复，还可在一定程度上作为管理层答复的佐证信息。

第二十三条 注册会计师应当评价在实施分析程序时识别出的异常或偏离预期的关系（包括与收入账户有关的关系），是否表明存在由于舞弊导致的重大错报风险。

第二十四条 注册会计师应当考虑获取的其他信息是否表明存在由于舞弊导致的重大错报风险。

第二十五条 注册会计师应当评价通过其他风险评估程序和相关活动获取的信息，是否表明存在舞弊风险因素。存在舞弊风险因素并不必然表明发生了舞弊，但在舞弊发生时通常存在舞弊风险因素，因此，舞弊风险因素可能表明存在由于舞弊导致的重大错报风险。

第四节 识别和评估由于舞弊导致的重大错报风险

第二十六条 按照《中国注册会计师审计准则第 1211 号——通过了解被审计单位及其环境识别和评估重大错报风险》的规定，注册会计师应当在财务报表层次和各类交易、账户余额、披露的认定层次识别和评估由于舞弊导致的重大错报风险。

第二十七条 在识别和评估由于舞弊导致的重大错报风险时，注册会计师应当基于收入确认存在舞弊风险的假定，评价哪些类型的收入、收入交易或认定导致舞弊风险。

如果认为收入确认存在舞弊风险的假定不适用于业务的具体情况，从而未将收入确认作为由于舞弊导致的重大错报风险领域，注册会计师应当按照本准则第五十一条的规定形成相应的审计工作底稿。

第二十八条　注册会计师应当将评估的由于舞弊导致的重大错报风险作为特别风险。如果此前未了解与此类风险相关的控制，注册会计师应当了解相关控制，包括了解控制活动。

第五节　应对评估的由于舞弊导致的重大错报风险

第二十九条　按照《中国注册会计师审计准则第 1231 号——针对评估的重大错报风险采取的应对措施》的规定，注册会计师应当针对评估的由于舞弊导致的财务报表层次重大错报风险确定总体应对措施。

第三十条　在针对评估的由于舞弊导致的财务报表层次重大错报风险确定总体应对措施时，注册会计师应当：

（一）在分派和督导项目组成员时，考虑承担重要业务职责的项目组成员所具备的知识、技能和能力，并考虑由于舞弊导致的重大错报风险的评估结果；

（二）评价被审计单位对会计政策（特别是涉及主观计量和复杂交易的会计政策）的选择和运用，是否可能表明管理层通过操纵利润对财务信息作出虚假报告；

（三）在选择审计程序的性质、时间安排和范围时，增加审计程序的不可预见性。

第三十一条　按照《中国注册会计师审计准则第 1231 号——针对评估的重大错报风险采取的应对措施》的规定，注册会计师应当设计和实施进一步审计程序，审计程序的性质、时间安排和范围应当能够应对评估的由于舞弊导致的认定层次重大错报风险。例如，针对由于舞弊导致的认定层次重大错报风险，注册会计师应当考虑实施函证程序以获取更多的相互印证的信息。

第三十二条　管理层处于实施舞弊的独特地位，其原因是管理层有能力通过凌驾于控制之上操纵会计记录并编制虚假财务报表，而这些控制却看似有效运行。

尽管管理层凌驾于控制之上的风险水平因被审计单位而异，但所有被审计单位都存在这种风险。由于管理层凌驾于控制之上的行为发生方式不可预见，这种风险属于由于舞弊导致的重大错报风险，从而也是一种特别风险。

第三十三条　无论对管理层凌驾于控制之上的风险的评估结果如何，注册会计师都应当设计和实施审计程序，用以：

（一）测试日常会计核算过程中作出的会计分录以及编制财务报表过程中作出的其他调整是否适当；

（二）复核会计估计是否存在偏向，并评价产生这种偏向的环境是否表明存在由于舞弊导致的重大错报风险；

（三）对于超出被审计单位正常经营过程的重大交易，或基于对被审计单位及其环境的了解以及在审计过程中获取的其他信息而显得异常的重大交易，评价其商业理由（或缺乏商业理由）是否表明被审计单位从事交易的目的是对财务信息作出虚假报告或掩盖侵占资产的行为。

第三十四条　在设计和实施审计程序，以测试日常会计核算过程中作出的会计分录以及编制财务报表过程中作出的其他调整是否适当时，注册会计师应当：

（一）向参与财务报告过程的人员询问与处理会计分录和其他调整相关的不恰当或异常的活动；

（二）选择在报告期末作出的会计分录和其他调整；

（三）考虑是否有必要测试整个会计期间的会计分录和其他调整。

第三十五条　在复核会计估计是否存在偏向时，注册会计师应当：

（一）评价管理层在作出会计估计时所作的判断和决策是否反映出

管理层的某种偏向（即使判断和决策单独看起来是合理的），从而可能表明存在由于舞弊导致的重大错报风险。如果存在偏向，注册会计师应当从整体上重新评价会计估计；

（二）追溯复核与以前年度财务报表反映的重大会计估计相关的管理层判断和假设。

第三十六条　当按照本准则第三十三条至第三十五条实施的程序无法涵盖特定的管理层凌驾于控制之上的其他风险时，注册会计师还应当确定是否有必要实施其他审计程序，以应对识别出的管理层凌驾于控制之上的风险。

第六节　评价审计证据

第三十七条　在就财务报表与所了解的被审计单位的情况是否一致形成总体结论时，注册会计师应当评价在临近审计结束时实施的分析程序，是否表明存在此前尚未识别的由于舞弊导致的重大错报风险。

第三十八条　如果识别出某项错报，注册会计师应当评价该项错报是否表明存在舞弊。

如果存在舞弊的迹象，鉴于舞弊不太可能是孤立发生的事项，注册会计师应当评价该项错报对审计工作其他方面的影响，特别是对管理层声明可靠性的影响。

第三十九条　如果识别出某项错报，并有理由认为该项错报是或可能是由于舞弊导致的，且涉及管理层，特别是涉及较高层级的管理层，无论该项错报是否重大，注册会计师都应当重新评价对由于舞弊导致的重大错报风险的评估结果，以及该结果对旨在应对评估的风险的审计程序的性质、时间安排和范围的影响。

在重新考虑此前获取的审计证据的可靠性时，注册会计师还应当考虑相关的情形是否表明可能存在涉及员工、管理层或第三方的串通舞弊。

第四十条　如果确认财务报表存在由于舞弊导致的重大错报，或无法确定财务报表是否存在由于舞弊导致的重大错报，注册会计师应当评价这两种情况对审计的影响。

第七节　无法继续执行审计业务

第四十一条　如果由于舞弊或舞弊嫌疑导致出现错报，致使注册会计师遇到对其继续执行审计业务的能力产生怀疑的异常情形，注册会计师应当：

（一）确定适用于具体情况的职业责任和法律责任，包括是否需要向审计业务委托人或监管机构报告；

（二）在相关法律法规允许的情况下，考虑是否需要解除业务约定。

第四十二条　如果决定解除业务约定，注册会计师应当采取下列措施：

（一）与适当层级的管理层和治理层讨论解除业务约定的决定和理由；

（二）考虑是否存在职业责任或法律责任，需要向审计业务委托人或监管机构报告解除业务约定的决定和理由。

第八节　书面声明

第四十三条　注册会计师应当就下列事项向管理层和治理层（如适用）获取书面声明：

（一）管理层和治理层认可其设计、执行和维护内部控制以防止和发现舞弊的责任；

（二）管理层和治理层已向注册会计师披露了管理层对由于舞弊导致的财务报表重大错报风险的评估结果；

（三）管理层和治理层已向注册会计师披露了已知的涉及管理层、在内部控制中承担重要职责的员工以及其他人员（在舞弊行为导致财务报表出现重大错报的情况下）的舞弊或舞弊嫌疑；

（四）管理层和治理层已向注册会计师披露了从现任和前任员工、

分析师、监管机构等方面获知的、影响财务报表的舞弊指控或舞弊嫌疑。

第九节　与管理层和治理层的沟通

第四十四条　如果识别出舞弊或获取的信息表明可能存在舞弊，除非法律法规禁止，注册会计师应当及时与适当层级的管理层沟通此类事项，以便管理层告知对防止和发现舞弊事项负有主要责任的人员。

第四十五条　如果确定或怀疑舞弊涉及下列人员，注册会计师应当及时与治理层沟通此类事项，除非治理层全部成员参与管理被审计单位：

（一）管理层；

（二）在内部控制中承担重要职责的员工；

（三）其他人员（在舞弊行为导致财务报表重大错报的情况下）。如果怀疑舞弊涉及管理层，除非法律法规禁止，注册会计师应当与治理层沟通这一怀疑，并与其讨论为完成审计工作所必需的审计程序的性质、时间安排和范围。

第四十六条　如果根据判断认为还存在与治理层职责相关的、涉及舞弊的其他事项，除非法律法规禁止，注册会计师应当就此与治理层沟通。

第十节　向被审计单位之外的适当机构报告舞弊

第四十七条　如果识别出或怀疑存在舞弊，注册会计师应当确定法律法规或相关职业道德要求是否：

（一）要求注册会计师向被审计单位之外的适当机构作出报告；

（二）规定了相关责任，基于该责任，注册会计师向被审计单位之外的适当机构报告在具体情形下可能是适当的。

第十一节　审计工作底稿

第四十八条　《中国注册会计师审计准则第 1211 号——通过了解被

审计单位及其环境识别和评估重大错报风险》规定注册会计师应当记录对被审计单位及其环境的了解以及对重大错报风险的评估结果。注册会计师应当将下列内容形成审计工作底稿：

（一）项目组内部就由于舞弊导致财务报表重大错报的可能性进行讨论所得出的重要结论；

（二）识别和评估的由于舞弊导致的财务报表层次和认定层次的重大错报风险。

第四十九条《中国注册会计师审计准则第 1231 号——针对评估的重大错报风险采取的应对措施》规定注册会计师应当记录对评估的重大错报风险采取的应对措施。注册会计师应当将下列内容形成审计工作底稿：

（一）对评估的由于舞弊导致的财务报表层次的重大错报风险采取的总体应对措施；

（二）审计程序的性质、时间安排和范围；

（三）审计程序与评估的由于舞弊导致的认定层次的重大错报风险之间的联系；

（四）实施审计程序（包括用于应对管理层凌驾于控制之上的风险而实施的审计程序）的结果。

第五十条　注册会计师应当在审计工作底稿中记录与管理层、治理层、监管机构或其他相关各方就舞弊事项进行沟通的情况。

第五十一条　如果认为收入确认存在舞弊风险的假定不适用于业务的具体情况，注册会计师应当在审计工作底稿中记录得出该结论的理由。

第五章　附则

第五十二条　本准则自 2019 年 7 月 1 日起施行。

附录二

中国注册会计师审计准则第1211号——通过了解被审计单位及其环境识别和评估重大错报风险

（2019年2月20日修订）

第一章 总 则

第一条 为了规范注册会计师通过了解被审计单位及其环境，识别和评估财务报表重大错报风险，制定本准则。

第二章 定义

第二条 本准则所称内部控制，与适用的法律法规有关内部控制的概念一致。

控制，是指内部控制一个或多个要素，或要素表现出的各个方面。

第三条 认定，是指管理层在财务报表中作出的明确或隐含的表达，注册会计师将其用于考虑可能发生的不同类型的潜在错报。

第四条 风险评估程序，是指注册会计师为了解被审计单位及其环境（包括内部控制），以识别和评估财务报表层次和认定层次的重大错报风险（无论该错报由于舞弊或错误导致）而实施的审计程序。

第五条 经营风险，是指可能对被审计单位实现目标和实施战略的能力产生不利影响的重要状况、事项、情况、作为（或不作为）而导致的风险，或由于制定不恰当的目标和战略而导致的风险。

第六条 特别风险，是指注册会计师识别和评估的、根据判断认为需要特别考虑的重大错报风险。

第三章 目标

第七条 注册会计师的目标是通过了解被审计单位及其环境，识别和评估财务报表层次和认定层次的重大错报风险（无论该错报由于舞弊或错误导致），从而为设计和实施针对评估的重大错报风险采取的应对措施提供基础。

第四章 要求

第一节 风险评估程序和相关活动

第八条 注册会计师应当实施风险评估程序，为识别和评估财务报表层次和认定层次的重大错报风险提供基础。但是，风险评估程序本身并不能为形成审计意见提供充分、适当的审计证据。

第九条 风险评估程序应当包括：

（一）询问管理层、适当的内部审计人员（如有），以及注册会计师判断认为可能掌握有助于注册会计师识别由于舞弊或错误导致的重大错报风险的信息的被审计单位内部其他人员；

（二）分析程序；

（三）观察和检查。

需要询问的被审计单位内部其他人员，是注册会计师根据判断认为可能拥有某些信息的人员，这些信息有助于识别由于舞弊或错误导致的重大错报风险。

第十条　注册会计师应当考虑在客户接受或保持过程中获取的信息是否与识别重大错报风险相关。

第十一条　如果项目合伙人已为被审计单位执行了其他业务，项目合伙人应当考虑所获取的信息是否与识别重大错报风险相关。

第十二条　如果拟利用以往与被审计单位交往的经验和以前审计中实施审计程序获取的信息，注册会计师应当确定被审计单位及其环境自以前审计后是否已发生变化，进而可能影响这些信息对本期审计的相关性。

第十三条　项目合伙人和项目组其他关键成员应当讨论被审计单位财务报表存在重大错报的可能性，以及如何根据被审计单位的具体情况运用适用的财务报告编制基础。项目合伙人应当确定向未参与讨论的项目组成员通报哪些事项。

第二节　了解被审计单位及其环境

第十四条　注册会计师应当从下列方面了解被审计单位及其环境：

（一）相关行业状况、法律环境和监管环境及其他外部因素，包括适用的财务报告编制基础；

（二）被审计单位的性质，包括经营活动、所有权和治理结构、正在实施和计划实施的投资（包括对特殊目的实体的投资）的类型、组织结构和筹资方式。了解被审计单位的性质，可以使注册会计师了解预期在财务报表中反映的各类交易、账户余额和披露；

（三）被审计单位对会计政策的选择和运用，包括变更会计政策的原因。注册会计师应当根据被审计单位的经营活动，评价会计政策是否适当，并与适用的财务报告编制基础、相关行业使用的会计政策保持一致；

（四）被审计单位的目标、战略以及可能导致重大错报风险的相关经营风险；

（五）对被审计单位财务业绩的衡量和评价；

（六）被审计单位的内部控制。

第三节　了解内部控制

第十五条　注册会计师应当了解与审计相关的内部控制。虽然大部分与审计相关的控制可能与财务报告相关，但并非所有与财务报告相关的控制都与审计相关。确定一项控制单独或连同其他控制是否与审计相关，需要注册会计师作出职业判断。

第十六条　在了解与审计相关的控制时，注册会计师应当综合运用询问被审计单位内部人员和其他程序，以评价这些控制的设计并确定其是否得到执行。

第十七条　注册会计师应当了解控制环境。作为了解控制环境的一部分，注册会计师应当评价：

（一）管理层在治理层的监督下，是否营造并保持了诚实守信和合乎道德的文化；

（二）控制环境总体上的优势是否为内部控制的其他要素奠定了适当的基础，以及这些其他要素是否未被控制环境中存在的缺陷所削弱。

第十八条　注册会计师应当了解被审计单位是否已建立风险评估过程，包括：

（一）识别与财务报告目标相关的经营风险；

（二）估计风险的重要性；

（三）评估风险发生的可能性；

（四）决定应对这些风险的措施。

第十九条　如果被审计单位已建立风险评估过程，注册会计师应当了解风险评估过程及其结果。

如果识别出管理层未能识别出的重大错报风险，注册会计师应当评价是否存在这类风险，即注册会计师预期被审计单位风险评估过程应当识别出而未识别出的风险。如果存在这类风险，注册会计师应当了解风险评估过程未能识别出的原因，并评价风险评估过程是否适合具体情况，或者确定与风险评估过程相关的内部控制是否存在值得关注的内部控制缺陷。

第二十条　如果被审计单位未建立风险评估过程，或具有非正式的风险评估过程，注册会计师应当与管理层讨论是否识别出与财务报告目标相关的经营风险以及如何应对这些风险。注册会计师应当评价缺少记录的风险评估过程是否适合具体情况，或确定是否表明存在值得关注的内部控制缺陷。

第二十一条　注册会计师应当从下列方面了解与财务报告相关的信息系统（包括相关业务流程）：

（一）在被审计单位经营过程中，对财务报表具有重大影响的各类交易；

（二）在信息技术和人工系统中，被审计单位的交易生成、记录、处理、必要的更正、结转至总账以及在财务报表中报告的程序；

（三）用以生成、记录、处理和报告（包括纠正不正确的信息以及信息如何结转至总账）交易的会计记录、支持性信息和财务报表中的特定账户；

（四）被审计单位的信息系统如何获取除交易以外的对财务报表重大的事项和情况；

（五）用于编制被审计单位财务报表（包括作出的重大会计估计和披露）的财务报告过程；

（六）与会计分录相关的控制，这些分录包括用以记录非经常性的、异常的交易或调整的非标准会计分录。

了解与财务报告相关的信息系统应当包括了解信息系统中与财务报表所披露信息相关的方面，无论该信息是从总账和明细账中获取，还是从总账和明细账之外的其他途径获取。

第二十二条　注册会计师应当了解被审计单位如何沟通与财务报告相关的人员的角色和职责以及与财务报告相关的重大事项。这种沟通包括：

（一）管理层与治理层之间的沟通；

（二）外部沟通，如与监管机构的沟通。

第二十三条　注册会计师应当了解与审计相关的控制活动。与审计相关的控制活动，是注册会计师为评估认定层次重大错报风险并设计进一步审计程序应对评估的风险而认为有必要了解的控制活动。审计并不要求了解与财务报表中每类重大交易、账户余额和披露或与其每项认定相关的所有控制活动。

第二十四条　在了解被审计单位控制活动时，注册会计师应当了解被审计单位如何应对信息技术导致的风险。

第二十五条　注册会计师应当了解被审计单位用于监督与财务报告相关的内部控制的主要活动，包括了解针对与审计相关的控制活动的监督，以及被审计单位如何对控制缺陷采取补救措施。

第二十六条　如果被审计单位设有内部审计，注册会计师应当了解下列事项，以确定是否能够利用内部审计的工作：

（一）内部审计的职能范围以及内部审计在被审计单位中的地位；

（二）内部审计已实施或拟实施的活动。

第二十七条　注册会计师应当了解被审计单位监督活动所使用信息的来源，以及管理层认为信息对于实现目的足够可靠的依据。

第四节　识别和评估重大错报风险

第二十八条　注册会计师应当在下列两个层次识别和评估重大错报

风险，为设计和实施进一步审计程序提供基础：

（一）财务报表层次；

（二）各类交易、账户余额和披露的认定层次。

第二十九条　在识别和评估重大错报风险时，注册会计师应当实施下列审计程序：

（一）在了解被审计单位及其环境（包括与风险相关的控制）的整个过程中，结合对财务报表中各类交易、账户余额和披露（包括定量披露和定性披露）的考虑，识别风险；

（二）评估识别出的风险，并评价其是否更广泛地与财务报表整体相关，进而潜在地影响多项认定；

（三）结合对拟测试的相关控制的考虑，将识别出的风险与认定层次可能发生错报的领域相联系；

（四）考虑发生错报的可能性（包括发生多项错报的可能性），以及潜在错报是否足以导致重大错报。

第三十条　作为本准则第二十八条所述的风险评估的一部分，注册会计师应当根据职业判断，确定识别出的风险是否为特别风险。在进行判断时，注册会计师不应考虑识别出的控制对相关风险的抵消效果。

第三十一条　在判断哪些风险是特别风险时，注册会计师应当至少考虑下列方面：

（一）风险是否属于舞弊风险；

（二）风险是否与近期经济环境、会计处理方法或其他方面的重大变化相关，因而需要特别关注；

（三）交易的复杂程度；

（四）风险是否涉及重大的关联方交易；

（五）财务信息计量的主观程度，特别是计量结果是否具有高度不确定性；

（六）风险是否涉及异常或超出正常经营过程的重大交易。

第三十二条　如果认为存在特别风险，注册会计师应当了解被审计单位与该风险相关的控制（包括控制活动）。

第三十三条　对于某些风险，注册会计师可能认为仅从实质性程序中获取充分、适当的审计证据是不可能或不可行的。这些风险可能与对日常和重大类别的交易或账户余额作出的不准确或不完整的记录相关，对这些交易或账户余额通常可以采用高度自动化处理，不存在或存在很少人工干预。在这种情况下，被审计单位针对这类风险建立的控制与审计相关，注册会计师应当了解这些控制。

第三十四条　注册会计师对认定层次重大错报风险的评估，可能随着审计过程中不断获取审计证据而作出相应的变化。

如果实施进一步审计程序获取的审计证据，或获取的新信息，与注册会计师之前作出评估所依据的审计证据不一致，注册会计师应当修正风险评估结果，并相应修改原计划实施的进一步审计程序。

第五节　审计工作底稿

第三十五条　注册会计师应当就下列事项形成审计工作底稿：

（一）根据本准则第十三条的规定，项目组进行的讨论以及得出的重要结论；

（二）根据本准则第十四条的规定对被审计单位及其环境各个方面的了解要点、根据本准则第十七条至第二十七条的规定对内部控制各项要素的了解要点，获取上述了解的信息来源，以及实施的风险评估程序；

（三）根据本准则第二十八条的规定，在财务报表层次和认定层次识别和评估的重大错报风险；

（四）根据本准则第三十条至第三十三条的规定，识别出的风险和了解的相关控制。

第五章　附则

第三十六条　本准则自 2019 年 7 月 1 日起施行。

附录三

中国注册会计师审计准则第1231号——针对评估的重大错报风险采取的应对措施

（2019年2月20日修订）

第一章　总则

第一条　为了规范注册会计师针对评估的重大错报风险设计和实施应对措施，制定本准则。

第二章　定义

第二条　实质性程序，是指用于发现认定层次重大错报的审计程序。实质性程序包括下列两类程序：

（一）对各类交易、账户余额和披露的细节测试；

（二）实质性分析程序。

第三条 控制测试，是指用于评价内部控制在防止或发现并纠正认定层次重大错报方面的运行有效性的审计程序。

第三章 目标

第四条 注册会计师的目标是，针对评估的重大错报风险，通过设计和实施恰当的应对措施，获取充分、适当的审计证据。

第四章 要求

第一节 总体应对措施

第五条 注册会计师应当针对评估的财务报表层次重大错报风险，设计和实施总体应对措施。

第二节 进一步审计程序

第六条 注册会计师应当针对评估的认定层次重大错报风险，设计和实施进一步审计程序，包括审计程序的性质、时间安排和范围。

第七条 在设计拟实施的进一步审计程序时，注册会计师应当：

（一）考虑形成某类交易、账户余额和披露的认定层次重大错报风险评估结果的依据；

（二）评估的风险越高，需要获取越有说服力的审计证据。形成某类交易、账户余额和披露的认定层次重大错报风险评估结果的依据包括：

（一）因相关类别的交易、账户余额或披露的具体特征而导致重大错报的可能性（即固有风险）；

（二）风险评估是否考虑了相关控制（即控制风险），从而要求注册会计师获取审计证据以确定控制是否有效运行（即注册会计师在确定实质性程序的性质、时间安排和范围时，拟信赖控制运行的有效性）。

第三节　控制测试

第八条　当存在下列情形之一时，注册会计师应当设计和实施控制测试，针对相关控制运行的有效性，获取充分、适当的审计证据：

（一）在评估认定层次重大错报风险时，预期控制的运行是有效的（即在确定实质性程序的性质、时间安排和范围时，注册会计师拟信赖控制运行的有效性）；

（二）仅实施实质性程序并不能够提供认定层次充分、适当的审计证据。

第九条　在设计和实施控制测试时，对控制有效性的信赖程度越高，注册会计师应当获取越有说服力的审计证据。

第十条　在设计和实施控制测试时，注册会计师应当：

（一）将询问与其他审计程序结合使用，以获取有关控制运行有效性的审计证据；

（二）确定拟测试的控制是否依赖其他控制（间接控制）。如果依赖其他控制，确定是否有必要获取支持这些间接控制有效运行的审计证据。

注册会计师获取的有关控制运行有效性的审计证据应当包括：

（一）控制在所审计期间的相关时点是如何运行的；

（二）控制是否得到一贯执行；

（三）控制由谁或以何种方式执行。

第十一条　注册会计师应当按照本准则第十二条和第十五条的规定，测试其拟信赖的特定时点或整个期间的控制，为预期信赖程度提供恰当的依据。

第十二条　如果已获取有关控制在期中运行有效性的审计证据，注册会计师应当：

（一）获取这些控制在剩余期间发生重大变化的审计证据；

（二）确定针对剩余期间还需获取的补充审计证据。

第十三条　在确定利用以前审计获取的有关控制运行有效性的审计证据是否适当，以及再次测试控制的时间间隔时，注册会计师应当考虑下列因素：

（一）内部控制其他要素的有效性，包括控制环境、被审计单位对控制的监督以及被审计单位的风险评估过程；

（二）控制特征（人工控制还是自动化控制）产生的风险；

（三）信息技术一般控制的有效性；

（四）控制设计及其运行的有效性，包括在以前审计中发现的控制运行偏差的性质和程度，以及是否发生对控制运行产生重大影响的人员变动；

（五）是否存在由于环境发生变化而特定控制缺乏相应变化导致的风险；

（六）重大错报风险和对控制的信赖程度。

第十四条　如果拟利用以前审计获取的有关控制运行有效性的审计证据，注册会计师应当通过获取这些控制在以前审计后是否发生重大变化的审计证据，确定以前审计获取的审计证据是否与本期审计持续相关。

注册会计师应当通过实施询问并结合观察或检查程序，获取这些控制是否发生重大变化的审计证据，以确认对这些控制的了解，并根据下列情况作出不同处理：

（一）如果已发生变化，且这些变化对以前审计获取的审计证据的持续相关性产生影响，注册会计师应当在本期审计中测试这些控制运行的有效性；

（二）如果未发生变化，注册会计师应当每三年至少对控制测试一次，并且在每年审计中测试部分控制，以避免将所有拟信赖控制的测试集中于某一年，而在之后的两年中不进行任何测试。

第十五条　如果确定评估的认定层次重大错报风险是特别风险，并拟信赖针对该风险实施的控制，注册会计师应当在本期审计中测试这些控制运行的有效性。

第十六条　在评价相关控制运行的有效性时，注册会计师应当评价通过实施实质性程序发现的错报是否表明控制未得到有效运行。但通过实质性程序未发现错报，并不能证明与所测试认定相关的控制是有效的。

第十七条　如果发现拟信赖的控制出现偏差，注册会计师应当进行专门查询以了解这些偏差及其潜在后果，并确定：

（一）已实施的控制测试是否为信赖这些控制提供了适当的基础；

（二）是否有必要实施追加的控制测试；

（三）是否需要针对潜在的错报风险实施实质性程序。

第四节　实质性程序

第十八条　无论评估的重大错报风险结果如何，注册会计师都应当针对所有重大类别的交易、账户余额和披露，设计和实施实质性程序。

第十九条　注册会计师应当考虑是否将函证程序用作实质性程序。

第二十条　注册会计师实施的实质性程序应当包括下列与财务报表编制完成阶段相关的审计程序：

（一）将财务报表中的信息与其所依据的会计记录进行核对或调节，包括核对或调节披露中的信息，无论该信息是从总账和明细账中获取，还是从总账和明细账之外的其他途径获取；

（二）检查财务报表编制过程中作出的重大会计分录和其他调整。

第二十一条　如果认为评估的认定层次重大错报风险是特别风险，注册会计师应当专门针对该风险实施实质性程序。如果针对特别风险实施的程序仅为实质性程序，这些程序应当包括细节测试。

第二十二条　如果在期中实施了实质性程序，注册会计师应当针对剩余期间实施下列程序之一，以将期中测试得出的结论合理延伸至期末：

（一）结合对剩余期间实施的控制测试，实施实质性程序；

（二）如果认为对剩余期间拟实施的实质性程序是充分的，仅实施实质性程序。

第二十三条　如果期中检查出注册会计师在评估重大错报风险时未预期到的错报，注册会计师应当评价是否需要修改相关的风险评估结果以及针对剩余期间拟实施的实质性程序的性质、时间安排和范围。

第五节　财务报表列报的恰当性

第二十四条　注册会计师应当实施审计程序，评价财务报表的总体列报（包括披露）是否符合适用的财务报告编制基础的规定。在作出这一评价时，注册会计师应当考虑财务报表中的列报方式是否能够：

（一）对财务信息及其依据的交易、事项和状况进行恰当分类和描述；

（二）使财务报表的列报、结构和内容恰当。

第二十五条　在得出总体结论之前，注册会计师应当根据实施的审计程序和获取的审计证据，评价对认定层次重大错报风险的评估是否仍然适当。

第二十六条　注册会计师应当确定是否已获取充分、适当的审计证据。

在形成审计意见时，注册会计师应当考虑所有相关的审计证据，无论该证据与财务报表认定相互印证还是相互矛盾。

第二十七条　如果对重大的财务报表认定没有获取充分、适当的审计证据，注册会计师应当尽可能获取进一步的审计证据。如果仍然不能获取充分、适当的审计证据，注册会计师应当对财务报表发表保留意见或无法表示意见。

第二十八条　注册会计师应当就下列事项形成审计工作底稿：

（一）针对评估的财务报表层次重大错报风险采取的总体应对措施，以及实施的进一步审计程序的性质、时间安排和范围；

（二）实施的进一步审计程序与评估的认定层次风险之间的联系；

（三）实施进一步审计程序的结果，包括在结果不明显时得出的结论。

第二十九条　如果拟利用在以前审计中获取的有关控制运行有效性的审计证据，注册会计师应当记录信赖这些控制的理由和结论。

第三十条　审计工作底稿应当能够证明财务报表中的信息与其所依据的会计记录是一致的或调节相符的，包括核对或调节披露中的信息，无论该信息是从总账和明细账中获取，还是从总账和明细账之外的其他途径获取。

第五章　附则

第三十一条　本准则自 2019 年 7 月 1 日起施行。

参考文献

1. 陈关亭．我国上市公司财务报告舞弊因素的实证分析［J］．审计研究，2007（05）．
2. 陈关亭．独立审计关系异化的分析［J］．审计研究，2004（05）．
3. 陈晓阳．审计失败原因探究及其规避措施［J］．南京审计学院学报，2005（01）．
4. 程安林，梁芬莲，季洁．基于会计舞弊的内部控制形式有效性研究［J］．南京审计学院学报，2013（02）．
5. 葛家树，黄世忠．安然事件的反思——对安然公司会计审计问题的剖析［J］．会计研究，2002（02）．
6. 黄世忠，陈建明．美国财务舞弊症结探究［J］．会计研究，2002（10）．
7. 黄世忠，黄京菁．财务报表舞弊行为特征及预预警信号综述［J］．会计研究，2006（08）．
8. 黄世忠，张胜芳，叶丰滢．会计舞弊之反思——世界通讯公司治理、会计舞弊和审计失败剖析［M］．东北财经大学出版社，2004.
9. 黄世忠．会计数字游戏：美国十大财务舞弊案例剖析［M］．中国财政经济出版社，2003.
10. 雷光勇．证券市场与审计合谋：识别与规制［M］．中国经济出版社，2005.
11. 黎仁华．试论会计报表粉饰的审计策略［J］．财会月刊，2002（02）．
12. 黎仁华．注册会计师在舞弊审计中的技术策略［J］．中国注册会计师，2003（02）．
13. 黎仁华．中国证券市场舞弊行为的法律特征及治理策略［J］．现代审计，2004（01）．
14. 黎仁华．确立舞弊审计的研究［J］．审计与经济研究，2002（01）．
15. 李平，王晓敏，侯丽辉．上市公司会计舞弊与审计失败的相关性分析［J］．财会月刊，2011（23）．
16. 李若山，何红．注册会计师法律责任的演变及社会因素探讨［J］．审计研究，1999（03）．
17. 李树华．审计独立性的提高与审计市场的背离［M］．上海三联书店，2000.

18. 李爽，吴溪．审计失败与证券审计市场监管——基于中国证监会处罚公告的思考［J］．会计研究，2002（02）．
19. 林钟高，叶德刚，刘先兵．论审计失败［J］．中国注册会计师，2002（07）．
20. 梁杰，位金亮．基于神经网络的会计舞弊混合识别模型研究［J］．统计与决策，2006（03）．
21. 梁杰，王漩，李进中．现代公司治理结构与会计舞弊关系的实证研究［J］．南开管理评论，2004（07）．
22. 刘姝威．上市公司虚假财务报表识别技术［M］．中国财政经济出版社，2002.
23. 刘小年．行为审计研究：回顾与启示［J］．审计研究，2005（02）．
24. 刘建军．注册会计师对舞弊现象承担审计责任的思考［J］．审计理论与实践，2003（05）．
25. 娄权．财务报告舞弊四因子假说［J］．财会通讯（综合版），2004（07）．
26. 娄权．财务报告舞弊四因子假说及其实证检验［D］．厦门大学，2004.
27. 马贤明，郑朝晖．会计迷局·解［M］．大连出版社，2005.
28. 綦好东．会计舞弊的经济解释［J］．会计研究，2002（08）．
29. 秦江萍．企业会计舞弊及其控制：基于博弈理论的分析［J］．财经论丛，2005（04）．
30. 秦江萍．上市公司会计舞弊：国外相关研究综述与启示［J］．会计研究，2005（06）．
31. 秦江萍．会计舞弊的市场反应与识别：理论分析与经验证据［M］．经济科学出版社，2006.
32. 秦江萍，段兴民．中外上市公司会计舞弊动机比较研究［J］．审计与经济研究，2005（04）．
33. 孙青霞，韩传模．会计舞弊识别研究经典文献导读［M］．经济科学出版社，2012.
34. 王学龙．舞弊的种类、成因及其治理［J］．Journal of Modern Accounting and Auditing，2006（02）．
35. 王泽霞．管理舞弊导向审计研究［M］．电子工业出版社，2005.
36. 王泽霞，梅伟林．中国上市公司管理舞弊重要红旗标志之实证研究［J］．杭州电子科技大学学报（社会科学版），2006（03）．
37. 王泽霞、张龙平．美国独立审计师揭露舞弊财务报告的研究成果及启迪［J］．审计研究，2003（03）．
38. 王泽霞．识别上市公司管理舞弊之预警信号：来自中国证券市场的经验证据［M］．上海三联书店，2007.

39. 韦琳，徐立文，刘佳．上市公司财务报告舞弊的识别——基于三角形理论的实证研究［J］．审计研究，2011（02）．
40. 吴联生．会计域秩序与会计信息规则性失真［J］．经济研究，2002（04）．
41. 吴革．财务报告粉饰手法的识别与防范［M］．对外经济贸易大学出版社，2003.
42. 吴溪．审计失败中的责任认定与监管倾向：经验分析［J］．会计研究，2007（07）．
43. 薛爽，蒋义宏．会计信息披露时机与内幕交易［J］．中国会计评论，2008，6（02）．
44. 谢荣，吴建友．现代风险导向审计基本内涵［J］．审计研究，2004（03）．
45. 徐经长．证券市场会计监管研究［M］．中国人民大学出版社，2002.
46. 杨国星．上市公司会计信息披露的政府监管［J］．中央财经大学学报，2007（08）．
47. 杨清香，俞林，陈娜．董事会特征与财务舞弊——来自中国上市公司的经验证据［J］．会计研究，2009（07）．
48. 叶雪芳．基于财务报表审计的会计舞弊揭示机制研究［J］．会计研究，2006（02）．
49. 袁春生．上市公司财务舞弊研究——公司治理监督失效假说及其实证检验［M］．经济管理出版社，2010.
50. 油小峰．中国上市公司财务治理研究［M］．经济科学出版社，2005.
51. 俞杰．会计报表舞弊审计思路战略调整初探［J］．审计月刊，2005（03）．
52. 岳殿民．中国上市公司会计舞弊方式实证研究［J］．审计研究，2009（05）．
53. 章立军．中国上市公司审计失败研究［M］．立信会计出版社，2012.
54. 赵德武，马永强．管理层舞弊、审计失败与审计模式重构——论治理系统基础审计［J］．会计研究，2006（04）．
55. 张维迎．产权、激励与公司治理［M］．经济科学出版社，2005.
56. 郑朝晖．上市公司十大管理舞弊案件分析及其侦查研究［J］．审计研究，2001（06）．
57. 郑朝晖．上市公司 48 大财务迷局［M］．机械工业出版社，2011.
58. 朱国泓．财务报告舞弊的二元治理［M］．中国人民大学出版社，2004.
59. 朱锦余，高善生．上市公司舞弊性财务报告及其防范与监管——基于中国证券监督管理委员会处罚公告的分析［J］．会计研究，2007（11）．
60. 朱锦余．法律诉讼与注册会计师执业报告演进：规避责任论［J］．审计研究，2003（03）．
61. 崔奇．对注册会计师审计独立性缺失的原因分析［J］．审计理论与实践，2003（05）．
62. 崔奇．年报审计技巧［J］．审计理论与实践，2003（12）．

63. 崔奇 . 注册会计师舞弊审计的职业关注［J］. 财会通讯，2014（10）.

64. 崔奇 . 非经常性损益对上市公司利润影响［J］. 会计之友，2014（17）.

65. 崔奇 . 基于舞弊导向的高风险客户特征识别与审计策略［J］. 会计之友，2014（12）.

66. AICPA.SAS No.99，Consideration of Fraud in Financial Statement Audit［EB/OL］. www. aicpa. org

67. Agrawal A，Sahiba Chadha.Corporate Governance and Accounting Scandals［J］. Journal of Law and Economics，2005，48（02）.

68. An Analysis of Audit Fees and Their Determinants in New Zealand，Auditing：A Journal of Practice and Theory［J］. Spring，1998（04）.

69. Albreht W S，M B Romney. Red-flagging Management Fraud A Validation［J］. Advances in Accounting，1986（03）.

70. Abbott L J，Susan Parker，Gary F Peters，K Raghunandan. The Association Between Audit Committee Characteristics and Audit Fees［J］. Auditing，2003，22（02）.

71. Bologna G Jack，Lindguist Robert J，Wells Joseph T. The Accountants'Handlook of Fraud and Commerical Crime［M］. John Wiley & Sons，Inc. 1996.

72. Bell Timothy B，Carcello Joseph V. A Decision Aid for Assessing the Likelihood Fraudulent Financial Reporting［J］. Auditing，2000.

73. Bruner D，Michael Mckee，Rudy Santore. Equity-based Compensation and Managerial Fraud：An Experimental Investigation［EB/OL］. www.ssrn.com.

74. Charles W Mulford，Eugene E Comiskey. The Financial Number Game，Detecting Creative Accounting Practices［M］. John Wiley & Sons，Inc. 2002.

75. Chen Gongmeng，Michael Firth，Daniel N Gao，Oliver M Rui. Ownership Structure，Corporate Governance and Fraud：Evidence from China［J］. Journal of Corporate Finance，2006（12）.

76. Ch Spathis，M Doumpos，C Zopounidis. Detecting Falsified Financial Statements：A Comparative Study Using Multilateral Analysis and Multitudinous Statistical Techniques［J］. The European Accounting Review，2002（11）.

77. Coffee J G. Internal Controls the Scarlet Letter：What Happens After an Adverse Opinion on Internal Controls［J］. Corporate Governance Advisor，2005，13（01）.

78. Datar S，G A Feltham，J S Hughes. The Role of Audits and Audit Quality in Valuing New Issues［J］. Journal of Accounting and Economics，1999（14）.

79. Desai H，Chris E Hogan，Michael S Wilkins. The Reputational Penalty for

Aggressive Accounting: Earning Restatements and Management Turnover [J] . Accounting Review, 2006, 81 (01) .

80. Eichenseher J W, P Danos. The Analysis of Industry – specific Auditor Concentration: Towards an Explanatory Model [J] . The Accounting Review, 1998 (07) .

81. Feroz E H, K Park, V S Pastena. The Financial and Market Effects of the SEC's Accounting and Auditing Enforcement Releases [J] . Journal of Accounting Research, 1991 (29) .

82. Fich E M, Anil Shivdasani. Financial Fraud, Director Reputation and Shareholider Wealth [EB/OL] . www. ssrn. com.

83. Jerry W, Lin Mark, I Hwang, Jack D Becker. A Fuzzy Neural Network for Assessing the Risk of Fraudulent Financial Reporting [J] . Managerial Auditing Journal, 2003 (18) .

84. Karamanou I, Nikos Vafeas. The Association Between Corporate Boards, Audit Committees and Management Earnings Forecasts: An Empirical Analysis [J] . Journal of Accounting Research, 2005, 43 (03) .

85. Krisha G Paiepu, Paul M Healy, Victor L Bernard. Business Analysis & Valuation: Using Financial Statements [M] . South–Western College Publishing, 2000.

86. Klein. A. Audit Committee, Board of Director Characteristics and Earnings Management [J] . Journal of Accounting and Economics, 2002 (33) .

87. Martin Fridson, Fernando Alvarez. Financial Statements Analysis: A Practitioner's Guide [M] . John Wiley & Sons, Inc. 2002.

88. Melissa Klein. Sarbanes–Oxley Fuels Firm's Forensic Boom, June 2003 Accounting Today: An Insider's View of the Insider Trading and Securities Fraud Enforcement Act of 1998 [J] . The Business Lawer, 1989 (11) .

89. Miller G S. The Press as a Watchdog for Accounting Fraud [J] .Journal of Accounting Research, 2006 (05) .

90. Thomas A Buckhoff, Richard. The Teaching of Forensic Accounting in the United States [J] . Journal of Forensic Accounting.

91. Uzun H, Samuel H. Szewczyk, Raj Varma. Broad Composition and Corporate Fraud [J] . Financial Analysis Journal, 2004 (05/06) .

92. Vander Banwhede Heidi, Marleen Willekens, Ann Gaeremynck. Audit Firm Size, Public Owership and the Firm's Discretionary Accruals Management [J] .

International Journal of Accounting，2003（38）.

93. Viaene S G，Dedene R A，Derrig. Auto Claim Fraud Detection Using Bayesian Learning Neural Networks［J］. Expert Systems with Applications，2005（29）.